《阳光家庭的实践与思考》编委会

主　任： 胡道明

副主任： 张建良

主　编： 任　莉

副主编： 肖小霞　冯博雅

编　辑：（以姓氏笔画为序）

马淑华　李淑恩　陈耀龙

吴嘉敏　梁裕聪　龚运玑

阳光家庭
的实践与思考

越秀区“阳光家庭”行动计划项目经验总结

广州市越秀区残疾人联合会　编

南方日报出版社
NANFANG DAILY PRESS
中国·广州

图书在版编目（CIP）数据

阳光家庭的实践与思考 / 广州市越秀区残疾人联合会编. — 广州 : 南方日报出版社，2014. 8

ISBN 978-7-5491-1144-2

Ⅰ. ①阳… Ⅱ. ①广… Ⅲ. ①社区服务—经验—中国 Ⅳ. ①D669.3

中国版本图书馆 CIP 数据核字(2014)第 184081 号

阳光家庭的实践与思考——越秀区“阳光家庭”行动计划项目经验总结

广州市越秀区残疾人联合会　编

出 版 人：周洪威
责任编辑：付惠平　陈盈璐
书籍设计：劳华义
责任技编：王　兰
责任校对：王　燕
出版发行：南方日报出版社
地　　址：广州市广州大道中 289 号
邮　　编：510601
电　　话：（020）87373998-8502
经　　销：全国新华书店
印　　刷：广州市岭美彩印有限公司
开　　本：787 mm×1092 mm　1/16
印　　张：17.25　彩插：1
字　　数：230 千字
版　　次：2014 年 8 月第 1 版
印　　次：2014 年 8 月第 1 次印刷
定　　价：35.00 元

投稿热线：（020）87373998-8503　读者热线：（020）87373998-8502

网址：http://www.nfdailypress.com/index.html

□ 2010年3月30日，越秀区残疾人联合会在大东街文化站举行广州市越秀区“阳光家庭”服务计划启动仪式

□ 2010年6月11日，越秀区残疾人联合会理事长张建良探访残障人士家庭

□ 2012年8月23日，越秀区区委书记、区人大常委会主任武延军到区残联调研残疾人工作

□ 2014年7月16日， 越秀区区长王焕清带队到区残联开展工作调研

□ 2012年12月7日，越秀区常委、区纪委书记聂贵新到区残联考察“阳光家庭”项目

□ 2013年5月6日，越秀区副区长段德海到区残联检查社工服务记录

□ 2014年1月22日，越秀区残疾人联合会理事长胡道明与社工上门探访服务对象

□ 2010年9月18日，越秀区残联举办了“中秋月圆人无缺，阳光家庭总有情”中秋大型宣传活动

□ 2010年11月4日，越秀区残联以“同赏花城美景，共享亚运盛事”为主题，组织区内“阳光家庭”成员和越秀区残疾人康复中心儿童开展了“迎亚运，残健携手同游广州新地标”活动

□ 2011年8月5日，残障人士在参加特奥主题竞技游园活动

2012年3月24日，一起“饼肩作战”的侨鑫地产义工与残障人士

2011年12月23日，康园中心的残障儿童一起欢度圣诞、元旦

□ 2012年8月25日，“让世界家满爱”活动，越秀区残疾人联合会副理事长胡道明向新世界义工队负责人颁发“阳光家庭之友”牌匾

□ 2012年8月25日，“让世界家满爱”活动中，社工与残障人士一起作画

□ 2012年9月9日，“宝洁靠谱团”活动义工与残障人士合照

□ 2012年12月19日，首届越秀区“梦·飞翔” 残障人士艺术作品展，残障人士代表向领导赠送作品

2012年12月29日，“共浴阳光，和你一样”社区零歧视活动

社工教无法出外的残障人士使用电脑

社工上门，帮助案主提高电脑操作技能

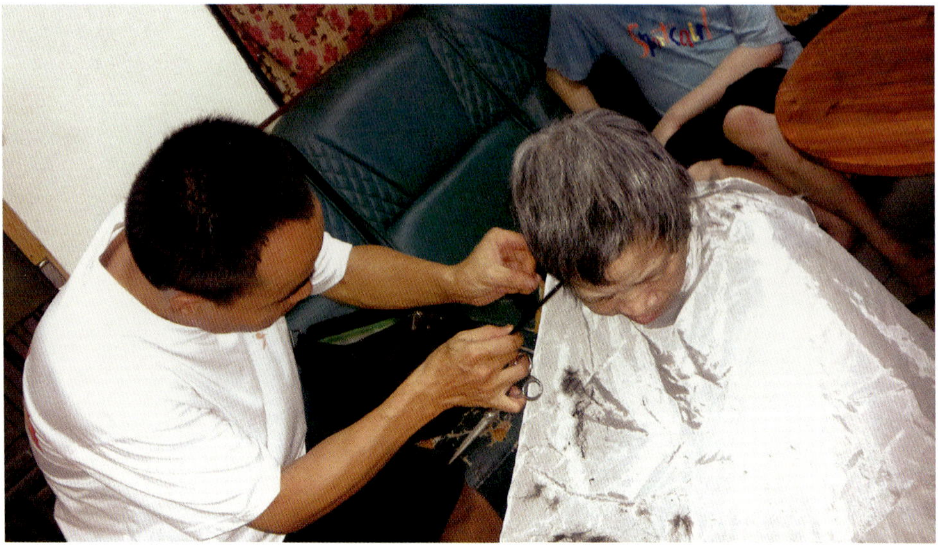

□ 残障人士家属彼此互助

□ 社工与香港督导服务案主家庭，帮助其缓和家庭关系

□ 残障人士家属参加“心灵呼吸站”小组活动

□ 社工带领志愿者上门服务案主

□ 社工陪同案主接受采访

□ 残障人士参加“我相信·我就行”小组活动

□ 残障人士家庭孩子参加“我有我力量”小组活动

□ 精神病康复者交流彼此的饮食趣事

□ 社工上门服务案主家庭，邀请案主到工疗站做训练

□ “阳光家庭”举办精神药物知识学堂

序 言

社工让残疾人家庭从黑暗走向光明

卓彩琴
（华南农业大学公共管理学院社会工作系　副教授、硕士生导师、社会学博士）

我非常荣幸地见证了广州市越秀区残疾人联合会推出的“阳光家庭”计划逐步成长，从越秀区残联领导产生为重度残疾人家庭提供服务这个想法开始，我便参与了他们的讨论。感动于越秀区残联领导的真诚踏实的工作作风和开拓创新精神，我们一起经历过几次思想的碰撞，“阳光家庭”计划的构想才慢慢成型。然后，我又有幸成为近三年来的评估专家，见证了项目每一年的进步、拓展以及社工们专业服务的精进，我由衷为他们感到高兴和骄傲，于是也就毫不犹豫地接受了他们邀请我作序的邀请。

随着“平等、参与、共享”的新残疾人观确立，我国的残疾人服务也走上了一个新的台阶；但是，由于社会资源有限，专业服务人员不足，社会歧视普遍存在，残疾人以及他们的家庭依然生活艰难、精神压力巨大、生活品质不高。一直以来，我国的残疾人服务重点关注的是残疾人个体以及疾病本身，但是，对智障人士、精神以及肢体重度残疾人而言，他们大部分一辈子成不了家，终身需要家庭照顾，这成为了家庭永远的“负累和伤痛”。当一个家庭无法承受这种沉重负担时，伦理悲剧随即发生：不堪重负的母亲亲手溺死自己的残疾孩子；绝望无助的家庭照顾者抱着孩子一起跳江……这都是我们不愿意看到的，我们期待“阳光家庭”计划会成为改变现状的契机。“阳光家庭”计划以残疾人家庭为服务对象，通过社会工作服务，改善家庭关系，重建家庭功能，构筑社区支援网络，增强家庭照顾的能力，提升家庭整体生活品质。这是一个大胆的尝试，也是一种思想的革命。

我还清楚地记得第一年项目评估时，十多个家庭的代表被邀请来谈谈他们对社工服务的评价，结果我和另外几位评估专家成了“救世主”，他们声泪俱下地讲述自己的悲惨故事、表达自己的诉求，他们非常感谢社工们愿意走进他们的家门、倾听他们的诉说，那一刻，我明白到正是社工的上门服务激发了他们的需求，给压抑了太久的心灵打开了一扇透进阳光的窗。

第二年项目评估时，又有十多个家庭代表被邀请接受访谈，这一次他们表现得更加理性，可以对社工服务做出客观评价了，还说出了很多专业术语，比如个案辅导、小组工作、社区活动、同行互助、调动社会资源等；还说出了社工服务的很多优点，同时提出了一些改进建议。那一刻，我明白到这是因为他们与社工一起成长了，他们对自己的生活有了更大的掌控能力，对未来有了更多的希望和规划。

到了第三年，专家组随机抽取了十多个家庭代表接受我们的集体评估访谈。他们的脸上充满感激和笑容，对社工赞不绝口，当被问到改进建议时，他们说希望社工可以服务更多残疾人家庭，希望有更多的家庭可以受惠。他们中的许多人在社工的引导下，还参与社区服务，成为了社区义工。由此，我看到残疾人及其家属的能力得到了发展，他们不只是被服务对象，也可以成为社区发展的贡献者。他们的自尊由此建立起来，对自己也有了更大的权能感和成就感。

从这三年的评估经验中，我看到了项目的成长，更看到了社工们的成长，这一切都源于最初的心愿与梦想。我当然知道，一路走来，社工们面临着重重困难和压力，但我更看到了爱的温暖和坚持的力量。

当这本凝结了社工们以及督导们心血的专著呈现在我面前时，我很激动。这本专著中充满了感性认识和理性思考，那一个个鲜活的案例，把我带到了生活现场，让我看见残疾人家庭重获新生；那一篇篇理论性文章，把我带到了学术场域，引导我思考“家庭照顾”这种社工支持模式未来发展的方向。

希望各位读者跟我一样喜欢这本专著，并就专著中的一些思想、观点展开进一步的思考和讨论，让我们一起推动残疾人家庭社会工作服务的本土化和专业化。

目 录

第一部分　创新经验

创残障服务新模式　造幸福越秀好帮手

——越秀区“阳光家庭”行动计划项目经验总结

创残障服务新模式
造幸福越秀好帮手

——越秀区“阳光家庭”行动计划项目经验总结

一、项目介绍

（一）项目背景

据有关统计显示，在以精神康复为代表的重度残疾人的残疾人服务领域，我国各级残疾人托养服务机构仅吸纳10万人，占有托养需求人数的0.56%。越秀区作为广州的中心城区、老城区，地方狭小，残疾人数量众多，有1万多个残疾人家庭，低保家庭中有60%为残疾人家庭，残疾人生活比较困难，需得到政府更多的帮助、支持。正由于托养服务能力明显不足，越秀区残联结合区情和经济能力，通过政府购买服务的方式，以居家安养作为项目的服务模式，引入专业社工队伍上门进行服务，开展了“阳光家庭”行动计划项目的尝试。

1. 项目基本用途、主要内容、涉及范围

越秀区“阳光家庭”行动计划是一个政府惠民政策的具体实施项目，由越秀区财政通过残疾就业保障金安排专款，适用于实施智力、精神和重度残疾人居家照顾，根据残疾人及其家庭的需要和期望，配套专业社工运用个案、小组、团体康乐等介入方法，有效整合社会各方面资源，为他们提供专业的社会工作介入服务，陪伴他们解决困难，走出困境，最终达到助人自助的目标。

2. 项目实施依据

（1）《中共中央 国务院关于促进残疾人事业发展的意见》（中发〔2008〕7号）；

（2）《中共广东省委 广东省人民政府关于加强残疾人事业发展的决定》（粤发〔2009〕9号）；

（3）越秀区2009年《政府工作报告》；

（4）广州市政府与中国残联共同签订《共建残疾人社会保障体系和服务体系建设先行市协议》；

（5）《关于印发〈“阳光家庭”计划〉的通知》（越残联字〔2010〕9号）。

3. 项目理念

“阳光家庭”行动计划以残疾人社会模型为核心工作理念，重视残疾人及其家庭成员相互之间的联系。社会建构模型认为：“残疾人问题是一种社会的客观存在，毫无疑问，应该将这个问题归于社会，残疾的产生并非由于残疾人的个人无能（不管这种无能是什么），而是由于社会本身无法为残疾人提供充分有效的服务，也无法确保残疾人的需要在社会组织中得到足够的重视。”同时，残疾人作为一个功能有缺陷的个体，尤其是重度残疾人无法实现生活自理，离不开他人的照顾和帮助，而我们“阳光家庭”计划中的案主，主要由其家人进行照顾，残疾人与其家人的关系是密不可分的。由于社会工作十分重视生态学观点以及社会系统对个人的影响，同时亦注重系统与系统间环环相扣的联系，强调把家庭看成一个整体。我们相信家庭系统的良好运行有利于残疾人的发展，所以“阳光家庭”服务计划不仅仅关注残疾人个人的问题，也充分关注照顾者和其他家庭成员的需要及其相互之间的关系。因此，“阳光家庭”行动计划秉承社会模型和家庭系统的工作理念，强调理清残疾人的需要和特点，根据残疾人及其家庭的需要和期望，为他们提供专业的社会工作介入服务，进一步挖掘残疾人及其家庭的潜能，陪伴他们解决困难，走出困境，最终达到助人自助的目标。

2012年，项目实施组创新性地引入“复元”概念，用以指导社工服务，凸显服务人性化、服务专业化。“复元”是一个崭新的精神复康概念，不同于以往的医学模式（目的只为减轻病症）、康复模式（目的是改善社交及工作生活），其主要内容是让康复者重新认识多方面的自我身份，活出有意义的人生，减轻因患病所受的歧视和限制，目标是促进康复者的全人健康，减少因精神病带来的各种负面影响，重新掌管自己的生活。“复元”的理念可分为三个层面：个人层面，包括个人化的服务、自主自决与选择、个人责任、参与；整全层面，包括在起伏中成长，保全人性、希望；支援层面，包括家庭为本、朋辈支持、重视个人优势、尊重与标签。

（二）项目目标

1. 预期目标

以满足残疾人的托养需求为重点，认真贯彻落实《中共中央　国务院关于促进残疾人事业发展的意见》和《中共广东省委　广东省人民政府关于加强残疾人事业发展的决定》的精神，实施为智力、精神和重度残疾人的居家照顾服务，改善智力、精神和重度残疾人的生存发展条件，促进残疾人共享经济社会发展成果，推进与越秀区建设国家中心城市核心区相适应的残疾人事业的发展。自2010年4月起，在三年内将“阳光家庭”行动计划推行到100户，为残疾人家庭提供服务，提高照顾者护理能力，缓解其心理压力和情感困扰，帮助其增强生活信心，提升社会参与能力，提高家庭生活质量；同时，挖掘社区资源，构建服务网络，最终达成社区共融。

2. 达成目标

（1）实际上，在2010年10月下旬，项目实施组已经分五批推进了100户残疾人家庭为“阳光家庭”行动计划居家照顾服务家庭，其中智力残疾的家庭为27户，肢体残疾的家庭为24户，精神残疾的家庭为46户，视力残疾的家庭为3户。

（2）社工通过上门为服务家庭提供服务，完成了项目预定目标，服务家庭对“阳光家庭”服务项目总体满意率达到94.8%。

（3）“阳光家庭”行动计划项目接受越秀区残联业务科通过抽查、上门核查及聘请第三方专家等方式进行年度绩效评估。该项目连续三年在组织工作及绩效方面均评为“优秀”。2011年10月，接受了越秀区财政局聘请的第三方专家的绩效考评，在组织工作及绩效方面均评为“优秀”。

3. 项目设计情况及调整

项目试点三年，每年进行一次评估，主要是聘请第三方专家进行评估，根据专家给予的意见，适当调整项目实施内容，但深度服务100户残疾人家庭的基本目标不变，在服务形式、方法等方面不断调整、完善，尽最大的努力服务残疾人家庭，以阳光服务照亮残疾人困难家庭。

（1）第一年，组建专业社工队伍，以上门探访服务残疾人家庭为主，辅以社区活动，扩大项目影响力

根据工作方案要求，首先由越秀区残联、区财政局、区民政局分管领导组成审批小组，审批小组下设办公室，工作人员由审批小组成员单位相关科室的工作人员担任，负责“阳光家庭”计划日常工作，同时召集辖区内各街道残联理事长布置工作，由街道按照要求上报需要服务的残疾人家庭。审批小组对资料进行审查后，由社工陪同分组逐户上门核实和调查，随后进行小组讨论，最终落实通过的家庭。自2010年4月至10月，已批准五批共100户残疾人家庭为“阳光家庭”计划居家照顾服务家庭，其中智力残疾的家庭为27户，肢体残疾的家庭为24户，精神残疾的家庭为46户，视力残疾的家庭为3户，超额完成预定目标。

①项目实施组建立专业化社工服务队伍

“阳光家庭”计划自2010年4月正式启动，为了给残疾人家庭提供专业的

服务，越秀区残联借助区康园工疗站服务中心平台，向社会公开招聘了7名专业人员，组成了专业服务队伍。其中，助理社会工作师6名，三级心理咨询师1名。而该项目负责人也具备中级社会工作师资格。

②周密策划、制定项目执行书

“阳光家庭”计划实施组严格按照《共建残疾人社会保障体系和服务体系建设先行市协议》的要求，仔细对“阳光家庭”计划方案进行研读，通过对过往相关服务的总结以及考察香港、内地等多家机构服务模式，最后制定出操作性较强的“阳光家庭”计划项目执行书，制定了工作目标、工作理念、工作内容及进度，并对人员管理、档案管理等方面进行了规范，确定了人员架构（如图1-1-1所示）和服务管理工作流程（如图1-1-2所示），为“阳光家庭”服务项目的顺利开展打下了坚实的基础。

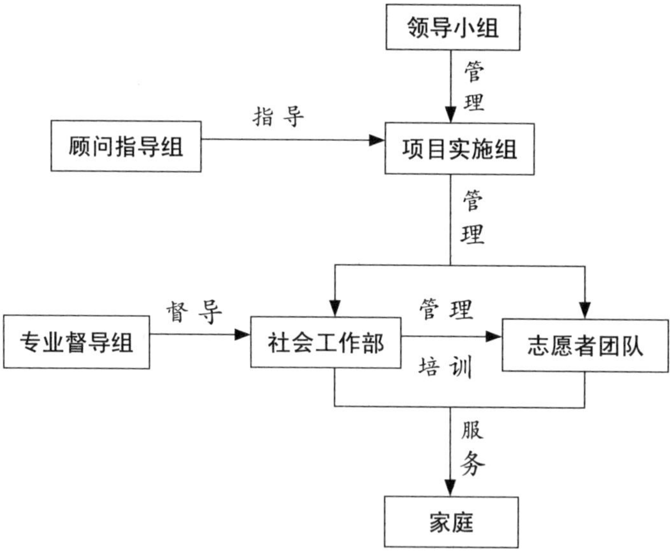

图1-1-1　人员架构图

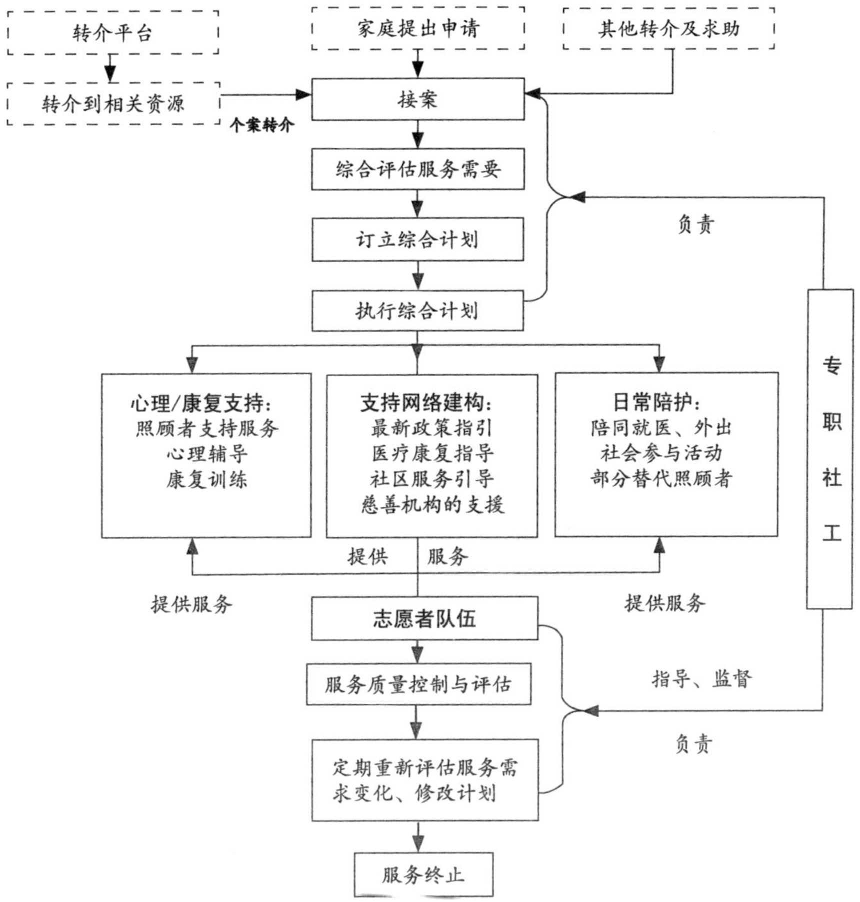

图1-1-2　服务管理工作流程图

③配备专业的指导、督导等技术支持

为了让一线社工具备良好的心理素质，拥有更好的专业理念和技巧，使服务更加专业化，我们寻求到香港利民会的帮助，由香港利民会组成督导团队，为“阳光家庭”计划的实施予以专业的督导，提供了坚强的专业技术后盾。项目实施初期，除了长期的网络交流外，督导团队坚持每周亲临广州对社工进行面对面指导，解答社工实务工作的疑难，陪同社工深入到服务对象家中进行专业技巧的示范和指导，并帮助社工疏导负面的情绪。同时，我们也联系华南农业大学和广东工业大学社会工作系的老师对社工进行专业培训，从工作态度、工作方向上给予指导，提升了社工的实务能力和工作技巧。为了更好地介入精神康复者家庭，我们派遣了两名社工前往香港利民会参与精神健康急救课程培训，他们通过考核获得了由澳洲墨尔本大学精神科学系ORYGEN研究中心唯一认可的香港心理卫生会颁发的精神健康急救课程证书，取得了“精神健康急救专业导师”资格。此次培训使我们的社工具备了服务精神康复者的专业能力。

“阳光家庭”计划的服务流程是：接案（Intake）—需求评估（Needs Assessment）—制订服务计划（Plan）—服务介入（Intervention）—评估（Assessment）—结案（Termination）。社工为每一户的残疾康复者及其家属进行全方位的测量，包括自理能力、社交能力、心理健康等方面，再结合残疾人及其家庭的实际需要制订服务计划，针对残疾人康复者及其家属的实际需要提供个案、小组、团体康乐等介入方法。“阳光家庭”服务的案主按照残疾类别可以分为智力残疾、精神残疾、肢体或视力残疾三大类，而不同残疾类型的家庭有不同的需求，需要用不同形式的介入手法。有智力残疾成员的家庭，主要需求是案主自理能力的提升、家庭信心的重建等，针对智力残疾的案主，我们会运用认知治疗、行为治疗等介入方法，提高案主的认知能力和自理能力；而针对有精神残疾成员的家庭，主要是帮助案主明确自己身为精神康复者角色的定位，让案主承认并自愿接受治疗，同时帮助案主及其家人重建一个健康的家庭系统；而有肢体或视力残疾成员的家庭，其案主本身思维是比较清晰的，他们比智力残疾人和精神残疾人更强烈地需要自我实现和被尊重，需要一个合适的生活环境，社工的介入主要是帮助案主重新融入社会。社工在介入精神、肢体、视力残疾的案主和家属的个案时，主要以人本治疗、心理与社会治疗等专业理念，让案主或照顾者的情感得到支持，重获对生活的信心。

（2）第二年，提升专业服务水平，体现专业服务质量，逐步开展小组、社区活动，邀请社会企业参与，提升社会效益首先，以家庭介入为模式的残疾人社会工作在国内甚至全世界都是一个新的尝试，没有太多的经验可以借鉴，我们需要不断摸索。其次，残疾人家庭作为弱势群体中的弱势，他们的住房困难和医疗困难问题特别突出，大部分残疾人家庭都希望能在政策上获得更多的优惠，特别是医疗方面的优惠。再者，残疾人家庭、社会各界对社会工作及社工还是缺乏深入的了解，社工进行介入的时候会遇到一定的阻力：有个别家庭回避社工的探访，更有个别家庭明确拒绝社工的服务。最后，部分残疾人家庭遇到的问题单单依靠残联和社工的能力还不能充分解决，需要社会各界的共同关注，协同解决。

①服务对象评价高，项目社会效益显著

“阳光家庭”服务项目每月为每个家庭提供300元的托养照顾资助。残疾人家庭属于社会困难群体，尤其是重度残疾人家庭，是这一群体中最困难的一部分，可以说是社会的最贫困阶层，是社会的最底层，300元的资助对于他们来说不仅是重要的经济支撑，更是实实在在的政府关怀。在座谈会上，一名作为残疾人家属发言的人士，其妻子是精神康复者，女儿是白血病患者，他说，要照顾残疾的妻子已经非常劳累，在得知女儿患上急性白血病的时候真的觉得是世界末日。幸亏“阳光家庭”服务项目把阳光送进了他家，尽管目前仍然困难，但有人来探望已令他感动不已，社工除了为他进行个案辅导，邀请他参与小组之外，还不断协助他筹集女儿的医疗费用，通过多方努力筹集到100多万的医疗经费让他觉得生活重新有了希望。座谈会上不少人感动落泪，他们知道还有人惦记着他们，政府还想着他们。“阳光家庭”服务项目是金子般的阳光，是及时雨，得民心，项目的社会效益显著。

“阳光家庭”服务项目通过社工深入每个案主家庭探访，理清残疾人的需要和特点，根据残疾人及其家庭的需求和期望，为他们提供专业的社会工作介入服务，进一步挖掘残疾人及其家庭的潜能，陪伴他们解决困难，走出困境，最终达到助人自助的目标。专业社工服务，深受残疾人家庭欢迎。许多人都希望这个项目继续办下去。

②社工热情有爱心，具备专业素质

社工的探访，得到了案主家庭的高度认可，大部分人给社工的评分为满分。热情、有爱心，是社工的基本素质，但社工面临的服务对象是非常具体和个性化的，需要社工具有丰富的经验，熟练掌握社工服务技巧。相对于工作热情和有爱心，社工服务技巧的提高至关重要。随着工作的深入开展，社工除了要协助服务对象解决问题以外，最重要的是让服务对象及其家庭恢复社会功能，发展社会功能，实现社会工作助人自助的价值理念。要让服务对象信赖社工而非依赖社工。

③专业服务档案管理水平明显提升

与2010年比起来，项目实施团队逐步完善社工服务记录制度，系统管理个案、小组和社区活动，督导培训记录等资料。各种工作流程、服务标准也已建立。个案、小组在计划、记录、总结各方面有了很大的改进，适应专业的发展。从案主的所有探访记录中，可以看出社工每次服务的经过，也有年度总结。通过引入更多专业的评估工具对服务对象进行全方位合理的评估，从而客观、系统地观察服务对象的能力提升及家庭环境的改善，以达到项目要求的各项目标。

④社工发挥转介功能，链接社会资源，提高服务效率

“阳光家庭”服务项目在2011年4月至2012年3月期间总共为服务家庭提供超过24561小时的大型活动时间，让残疾人家庭有更多的机会走入社会。同时社会各界对项目十分支持，如微基金为小碧心捐赠了医疗费，星巴克为残疾人青少年赞助了活动纪念品，等等。“阳光家庭”项目组建了“阳光志愿者服务队”，经过1年多的发展，在册志愿者已有151人，很多骨干成员已经参与到日常的残疾人服务当中来。通过举办不同的宣传活动，不仅为“阳光家庭”送上了节日的慰问，让他们共享到社会发展带来的实惠，更宣传了“阳光家庭”计划，让更多的热心企业、市民参与到关爱残疾人的行列中来。“阳光家庭”项目争取到社会各方支持，包括现金及物资合计1109987

元；通过各种专业技巧，社工帮助残疾人解决了他们所面临的心理、社交、经济、住房、医疗、康复等方面的困难，疏导了家庭成员的负面情绪，有效地缓解了家庭成员之间的紧张关系，改善了他们的社会人际关系等；协助其申请并及时有效地享受到政府优惠政策；寻求并链接包括慈善团体在内的各种社会资源。

（3）第三年，以构建残健共融、幸福社区为目标，以社会活动为重点，扩大服务范围，引入“复元”概念，鼓励残疾人及其家属走出家门，融入社区，以志愿者身份回馈社会，感恩社会

①推进越秀区1000户“以老养残”家庭社工服务

为了体现福利均等化和最优化，本年度项目扩大服务对象范围，服务逐步覆盖越秀区1000户“以老养残”家庭社工服务。一方面举办阳光成长学堂为残疾人家庭提供基础性培训，满足他们的基本需要；另一方面为需要社工深度探访的家庭实施接案，解决目标家庭需求。

②制订个案计划及周期性检讨

项目严格按照社工个案工作的服务指引，明确了服务对象的接案/结案程序。在此基础上，社工为服务对象制订个案计划，并定期与督导和项目负责人举行个案会议，商讨周期性个案检讨，不但提升了社工自身的服务技巧，更重要的是提升了服务质量和效率。

③引入“复元”新概念，服务更趋人性化

2012年，为提升服务质量，接触更前沿的残疾人复康新概念，越秀区“阳光家庭”项目决定邀请香港新生精神康复会（简称新生会）作为我们的督导团队指导社工专业服务。有着四十多年历史的香港新生会除了为项目带来不可多得的经验以外，还引进了2011年才在香港试运行的“复元”概念。有别于以往专注于消除病症的医学模式和复康模式，“复元”概念更体现人性化以及人重生的价值。“复元”概念包含三大范畴十一个元素，系统地为残疾人家庭提供更人性化的服务新理念。

④强化服务工具，体现社工专业服务

专业要求精细化，因此我们针对项目特点、服务特色和专业性要求等需要继续完善个案记录、接案/结案相关表格、小组活动表格、社区活动表格之余，同时通过绘制家庭图，运用家庭治疗模式和萨提亚模式分析家庭矛盾的内在原因；另外，我们又利用生理、心理、社会压力致病性评估模式来收集服务家庭资料，这种模式对于经验尚浅的社工来说，能够更全面细致地开展个案工作。

⑤开拓服务范围，多方合作社工介入

项目已经运营了两年时间，社工都积累了相当的经验，服务技巧更趋成熟和专业，而服务效率和服务质量都得到大大的提升。为此，项目社工利用业余时间开拓更多服务，其中包括针对越秀区0—14岁残疾人的康复中心开展的“你我天使心——康复中心社工介入服务”以及“康园乐业——越秀区康园工疗站珠光二站社工介入服务”，无论是服务群体、服务环境，还是服务手段都是崭新的尝试，目的是为日后能够服务更广更深入的目标群体做铺垫。

⑥项目社会效益突出，社工服务成效显著，得到社会爱心企业、热心人士积极赞助

项目运行三年，社工通过上门为服务家庭提供服务，完成了项目预定目标，服务家庭对“阳光家庭”服务项目总体满意度平均值为98.8分。

社工通过上门探访、个案服务形式协助他们解决困难，走出困境。社工针对不同残疾类别家庭的不同需求，运用不同介入手法提供服务。另外，我们还积极开展小组活动，构建同行互助网络，促使残疾人及其家属发现自己的价值，从他人的回馈中重新找回或进一步提升自我的价值感，增强自我形象，形成自助自救意识，为同行者谋求福利，为社区融洽献出一份力。与此同时，我们通过举办大型户外活动，让家属暂时放下身上的重担，让他们走出家门，同享社会发展成果以及政府对他们的关怀、尊重与关爱。

目前，“阳光家庭”项目组已与十多家中大型企业达成“阳光家庭之友”的合作关系，链接社会资金及物资资助约合136万元。

（三）项目期限

该项目执行时间为三年，自2010年4月至2013年3月。

（四）项目相关机构或单位简介

购买方：广州市越秀区残疾人联合会

越秀区残联是代表、管理、服务残疾人的单位，其主要任务是贯彻执行中央、省、市有关残疾人工作的法律、法规和方针、政策，结合实际，研究和制定区残疾人事业发展规划和年度计划，并组织协调实施。密切联系全区残疾人，听取残疾人意见，反映残疾人需求，维护残疾人合法权益。团结、教育残疾人遵守法律、法规，履行应尽的义务，发扬乐观进取精神，自尊、自信、自强、自立，为社会主义政治文明、物质文明和精神文明建设贡献力量。弘扬人道主义，宣传残疾人事业，密切政府、社会与残疾人之间的联系，争取政府和社会各界关心、帮助残疾人，支持、发展残疾人事业；负责按比例安排残疾人就业工作的检查和残疾人就业保障金的收缴。组织协调残疾人康复、教育、劳动就业、文化、体育、科研、用品供应、福利、社会服务、经济活动、无障碍设施和残疾预防等工作，创造良好的环境和条件，扶助残疾人平等参与社会生活。承担区政府残疾人工作协调委员会的日常工作；加强与港、澳、台地区和国际社会残疾人福利机构之间的交流与合作，促进残疾人事业发展。指导、管理和监督辖区内各类残疾人社团组织，协助他们开展业务工作；负责辖区内盲人按摩行业的指导和管理。完成区委、区政府和上级残联交办的其他任务。

越秀区残联设办公室和业务科两个科室，下设越秀区残疾人康复中心和越秀区残疾人就业服务所。

办公室负责机关的政务服务、事务管理工作；负责综合性会议、重大活动的组织工作；负责本机关组织、机构编制、人事、工资、文书档案、保密、统计、后勤等工作；指导基层残联组织建设；承担区政府残疾人工作协调委员会秘书组的日常工作。业务科组织拟订残疾人事业发展规划和年度计划，并组织实施；联系全区残疾人，听取残疾人意见，反映残疾人需求，维护残疾人合法权益；指导、监督区内各单位执行残疾人法律、法规情况；协助处理人大、政协的建议、方案、提案；为残疾人提供法律援助和服务工作；落实对残疾人的政策和措施；指导街道残联工作。

承办方：广州市越秀区康园工疗站服务中心

广州市越秀区康园工疗站服务中心，属民办非企业性质，由越秀区残疾人联合会主管，成立于2007年，承担着越秀区的社区康园工疗站的组建与管理工作，按照制定的发展计划，面向本区内的精神病康复者和智力残疾人，开设系列的工疗、娱疗等康复训练项目，恢复残疾人就业和社交能力，为社会和其家庭减轻负担，使其更好地回归社会。

越秀区辖内23个街道康园工疗站，是越秀区康园工疗站服务中心的连锁服务点，以精神病康复者及智力残疾人为主要服务对象，以日间托管、康复训练、辅助就业服务为主要内容，为精神病康复者及智力残疾人提供一个充满支持和接纳的就业康复环境。通过完成订单加工的工作方式，为学员提供一系列的手工加工简易劳动，锻炼学员的手眼协调能力、耐性及专注力；学员进入工疗站后，康复老师将对学员康复情况和工作情况建立学员档案，进行定期跟进；通过个案辅导的形式帮助学员面对康复中遇到的困难；在提高学员工作能力的基础上，通过文化学习、手艺劳动、文娱健身等多元化活动，寻找与发挥学员的兴趣；培养学员的适应性，帮助学员养成有规律的生活及工作习惯，改善情绪、行为发展及人际关系，增强自信心，提高自身素质，使其更好地回归社会。

越秀区康园工疗机构在广州市残联、越秀区政府和越秀区残联的关心和指导下，在区内各街道的大力配合下，在社会各方的关心与支持下，每年为近600名精神病康复者及智力残疾人提供服务。越秀区康园工疗学员提高了自信心，提升了自理能力。

二、项目的需求评估情况

（一）项目需求评估时的简介

据有关统计显示，在以精神康复为代表的重度残疾人服务领域，我国各级残疾人托养服务机构仅吸纳10万人，占有托养需求人数的0.56%。越秀区作为广州的中心城区、老城区，地方狭小，残疾人数量众多，有1万多个残疾人家庭，低保家庭约60%为残疾人家庭，可见残疾人家庭生活比较困难，需得到政府更多的帮助、支持。

正由于托养服务的明显不足，越秀区残联结合区情和经济能力，通过政府购买服务的方式，以居家安养作为项目的服务模式，引入社工专业队伍上门进行服务，开展了“阳光家庭”行动计划项目的尝试。

（二）根据需求评估落实项目目标群体

1. 越秀区100户智力、精神和肢体等重度残疾人家庭

“阳光家庭”计划的任务目标是：2010年至2012年，通过组织实施“阳光家庭”计划的试点，推进全区100户智力、精神和重度残疾人的居家照顾服务，帮助照顾人提高照顾水平，缓解照顾人的心情，提升居家照顾家庭的综合生活质量。2010年10月，已批准五批共100户残疾人家庭为“阳光家庭”计划居家照顾服务家庭，其中智力残疾的家庭为27户，肢体残疾的家庭为24户，精神残疾的家庭为46户，视力残疾的家庭为3户，超额完成预期目标。2010年10月后，“阳光家庭”计划服务的残疾人家庭不少于100户。

2. 交替有序，扩大覆盖面

按照2011年度越秀区“阳光家庭”项目外部评估小组意见，项目社工首先有序专业地结束原“阳光家庭”100户的服务家庭，然后根据工作方案要求，由区残联、区财政局、区民政局分管领导组成了审批小组。审批小组下设办公室，工作人员由审批小组成员单位相关科室的工作人员担任，负责

“阳光家庭”计划日常工作。同时召集辖区内各街道残联理事长布置工作，由街道按照要求重新上报需要服务的残疾人家庭，审批小组对资料进行审查后，由社工陪同分组逐户上门核实和调查，最后进行小组讨论，最终落实通过的家庭。2012年7月初，逐步确定了新100户智力、精神和肢体等残疾人家庭为“阳光家庭”计划居家照顾服务家庭。项目实施组及时布置社工开展服务，服务有序妥善地进行。

3. 越秀区1000户“以老养残”项目残疾人家庭

2011年末，越秀区残联推出了1000户“以老养残”项目残疾人家庭，每月为其提供资金补助，提升其生活质量。根据越秀区残联指示，为体现服务均等化，“阳光家庭”社工利用电话访谈、增设志愿服务、举办社区活动和“阳光家庭成长学堂”等服务手段延伸服务至1000户“以老养残”项目残疾人家庭。

4. 转介及求助个案

2011年项目建立了转介平台，2012年在此基础上通过电话访谈和各街道家庭综合服务中心转介，我们了解到部分受访家庭有个案服务的需求。随着转介平台的推广，我们接收了残疾人家庭的主动求助及其他机构的转介个案。社工根据需求进行分类，对残疾人家庭进行转介服务和社工上门服务及其他服务。

三、项目设计情况

（一）项目实施内容设计介绍

“阳光家庭”计划实施组严格按照《共建残疾人社会保障体系和服务体系建设先行市协议》的要求，仔细对“阳光家庭”计划方案进行研读，通过对过往相关服务的总结以及考察香港、内地等多家机构服务模式，最后制定出可操作性较强的“阳光家庭”计划项目执行书，制定了工作目标、工作理念、工作内容及流程，并对人员管理、档案管理等方面进行了规范，确定了人员架构（如图1-1-1所示）和各小组成员及其职责（如表1-1-1所示），为“阳光家庭”服务项目的顺利开展打下了坚实的基础。

表1-1-1　各小组成员及其职责介绍

	成员	职责
领导小组	由区政府、区残联、区卫生局、区民政局相关人员组成	业务指导、工作协调
顾问指导组	由广东省社会科学院、广东工业大学、华南农业大学等相关专业人员组成	专业指导，项目监督、评估，实践与经验分析
专业督导组	香港新生精神康复会资深顾问、资深社工组成	对社工工作实务、工作技巧的指导
项目实施组	由专职社工及其他人员组成	组织项目的具体实施

为了提升项目社工的心理素质，帮助他们拥有更好的专业理念和技巧，使服务更加专业化，2012年，我们寻求到香港新生精神康复会（简称新生会）的帮助，由新生会组成督导团队，为“阳光家庭”计划的实施予以专业的督导，提供了坚强的专业技术后盾。项目实施过程中，督导团队除了长期与我们网络交流外，还坚持每周亲临广州对社工进行面对面指导，解答社工实务工作的疑难，陪同社工深入服务对象家中进行专业技巧的示范和指导，并帮助社工疏导负面情绪。同时，我们联系华南农业大学、广东工业大学和广州大学社会工作系的教授对社工进行专业培训，从工作态度、工作方向上给予指导，提升了社工的实务能力和工作技巧。

（二）项目设计的可行性、可持续性

1. 项目设计的可行性

（1）项目得到了越秀区残联的支持，有了贯彻实施的坚强后盾。

（2）目前，广州社工的发展渐趋成熟，并与香港紧密合作，有一支较强的专业队伍，人员得到了保证。

（3）项目实施机构有较为丰富的为残疾人服务的经验，尤其是在电话访谈和上门探访服务方面，有利于项目的执行。

（4）项目实施机构对越秀区现有的资源较为了解，有利于对资源进行整合。

2. 项目设计的可持续性

（1）签订项目协议，确保项目的持续执行。

（2）适时调整实施方案。听取评估组意见，与购买方、承办方和监督方商讨，采纳建议，针对项目实施过程中出现的问题，进行方案调整。

（3）人员的稳定性得到确保。街道综合服务中心与项目的实施人员及专业督导组签订劳动合同或劳务协议，并培养自己机构的储备人才，使得项目组的人员得到持续的保证。

（4）项目实施组与区内的各机构互留联系方式，确保持续的沟通。

（5）适当地调整介入方案，更好地为残疾人家庭服务，并能得到他们的支持。

四、项目的实施过程

（一）项目组织管理

1. 签订协议及调整方案

越秀区残疾人联合会于2010年与项目承办方就项目的实施方向和具体实施步骤达成共识，签订《关于开展越秀区“阳光家庭”项目协议书》。

2010年，项目开展年度专家评估活动，评估组及时给予指导意见，经项目购买方、承办方和专家评估小组及监督方讨论，采纳了专家评估小组及监督方的建议，对项目进行调整，并提交了调整方案。

2. 专业督导

梁燕玲（香港新生会社工督导主任、资深社工）

李丽华（香港新生会资深社工）

李嘉慧（香港利民会资深社工）

（二）项目执行情况

1. 2010年度完成指标情况

社工通过个案服务、小组工作、大型活动和志愿活动等形式已为100户“阳光家庭”残疾人家庭提供超过7528小时的服务；共开展了112个个案服务；开展了以“认识自我工作坊”“花花宇宙”为主题的小组活动；组织了“一米阳光‘阳光家庭’志愿者招募及宣传活动”“‘中秋月圆人无缺，阳光家庭总有情’中秋大型宣传活动”“同赏花城美景，共享亚运盛事”“‘阳光信差，广州情怀’爱心派送活动”“兔气扬眉，幸福羊城”等专题大型活动；争取到社会支持，现金及物资合计12900元；组织建立了“阳光家庭”论坛（网址：http://www.yxygjt.org）以及“阳光家庭”博客（网址：http://blog.sina.com.cn/ygjt2010）；组建了人数超过40名的志愿者团队。通过各种专业技巧，社工帮助残疾人解决了他们所面临的心理、社交、经济、住房、医疗、康复等方面的困难，疏导了家庭成员的负面情绪，有效地缓解了家庭成员之间的紧张关系，改善了他们的社会人际关系等；协助残疾人申请并及时有效地享受到政府优惠政策；寻求并链接包括慈善团体等社会资源。（详细数据见表1-1-2、表1-1-3）

表1-1-2 “阳光家庭”服务项目家庭问题需求及问题解决统计表

单位：户

	心理、人际关系方面	经济、住房方面	医疗方面	康复方面	危机介入
存在需求家庭户数	41	22	21	42	10
介入后明显改善的家庭户数	36	13	14	35	9
解决问题百分比	87.8%	59.1%	66.7%	83.3%	90%

表1-1-3　2010年度“阳光家庭”计划服务统计表

	项目	服务时数	服务次数	总计时数
社工服务时数统计	上门探访服务	5016	1512次（上门） 2156次（电话）	6458
	个案讨论	760	80次	
	督导培训	682	31次	
大型户外活动时数统计	一米阳光“阳光家庭”志愿者招募及宣传活动	112	40人次	382
	“中秋月圆人无缺，阳光家庭总有情”中秋大型宣传活动	112	100人次	
	同赏花城美景，共享亚运盛事	56	52人次	
	“阳光信差，广州情怀”爱心派送活动	30	20人次	
	“兔气扬眉，幸福羊城”	72	86人次	
志愿者服务时数统计	开展培训	318	219人次	687
	上门探访服务	369	30人次	

*备注：时间从2010年4月1日至2011年3月31日

2. 2011年度完成指标情况

根据“阳光家庭”服务项目服务统计及相关服务档案显示，社工为每一户的残疾康复者及其家属进行全方位的测量，包括自理能力、社交能力、心理健康等方面，再结合残疾人及其家庭的实际需要制订服务计划，针对残疾人康复者及其家属的实际需要提供个案、小组、团体康乐等服务。2011年4月1日到2012年3月31日，社工通过个案服务、小组工作、大型活动、志愿活动等形式，已为103户越秀区辖内残疾人家庭提供超过43757小时的服务（详见表1-1-4、表1-1-5），共开展了103个个案服务；开展了10个主题共48节、111人次的小组活动；组织了“饺饺心意思——母亲节爱心饺子活动”“粽有情——残疾人家属端午节活动”“‘平等、共享、残健共融齐参与’助残日大型活动”“共享阳光，你我同行——特奥会活动”“阳光一路随行——中秋游园活动”“精神卫生日座谈会”“侨鑫家康圣诞嘉年华活动”“爱是科学的——关心照顾者”“微博传‘福’气，家康贺新年”等大型活动（项目年度完成主要工作见表1-1-5）。除此以外，项目实施方还积极发挥社会工作者资源链接者的角色，为有需要的残疾人家庭争取合适的社会资源，通过1

年的努力，共筹集社会资源合计940287元（详见表1-1-6）。值得注意的是，接受社工服务的对象当中，除了项目要求的“阳光家庭”服务对象以外，还包括越秀区“以老养残”及“关心照顾者”等服务对象。从服务覆盖率来考虑，服务对象的拓展有利于扩大服务面，满足更多有需要的残疾人家庭；但是从项目完成情况来考虑，则表示原来项目的资源部分流失到项目以外的人群中，这对于项目完成情况有影响，对符合项目资格的服务对象来说也稍欠公平，这是必须检讨及改善的。

表1-1-4　2011年度“阳光家庭”计划服务完成情况统计表

工作内容	工作时间	预期效果	达成效果
个案服务	2011年4月至2012年3月	全年深度服务100户家庭	合计服务家庭103户，2011年新接案家庭37户，服务重合率64%，完成指标103%
小组工作	2011年4月至2012年3月	全年小组活动50节	亲子小组2个共12节；娱乐性小组2个共8节；互助性小组3个共18节；家属支援性小组1个共8节；其他小组2个共8节，合共54节，完成指标108%
社区活动	2011年4月至2012年3月	全年社区活动4个	全年共举办各社区活动9个，参与总人数近3000人

表1-1-5　2011年度“阳光家庭”社工专业服务工作总体统计表

	项目	服务时数	服务数量	总计时数
社工服务时数统计	上门服务	6120	280人	8260
	电话探访	2140	803户	
大型活动时数统计	饺饺心意思——母亲节爱心饺子活动(4小时)	344	86人次	24561
	粽有情——残疾人家属端午节活动（5小时）	370	74人次	
	“平等、共享、残健共融齐参与”助残日大型活动（4小时）	600	150人次	
	共享阳光，你我同行—— 特奥会活动（5小时）	1725	345人次	
	阳光一路随行——中秋游园活动（4小时）	880	220人次	
	精神卫生日座谈会（3小时）	90	30人次	
	侨鑫家康圣诞嘉年华活动（5小时）	200	40人次	
	爱是科学的——关心照顾者（8小时）	352	44人次	
	微博传“福”气，家康贺新年（10小时）	20000	2000人次	

（续上表）

	项目	服务时数	服务数量	总计时数
小组工作时数统计	暖心——家属支援性小组（共8节）	192	8人次	1896
	书法，舒心，抒感受——亲子小组（共8节）	384	16人次	
	惺惺相食——精神病康复者互助性小组（共8节）	216	9人次	
	健康小常识——社区残疾人互助性小组（共4节）	216	18人次	
	娱乐性小组——游戏区间（共4节）	192	16人次	
	娱乐性小组——夏天我们一起游戏的日子（共4节）	144	12人次	
	亲子小组——用心聆听，用爱倾谈（共4节）	228	19人次	
	能力发展小组——我的生活我做主（共4节）	96	8人次	
	自助小组——我长大，我可以（共4节）	84	7人次	
	心灵呼吸站——家属情绪舒缓性小组（共6节）	144	8人次	
志愿者服务时数统计	开展培训	2760	920次	7864
	康园工疗站义教（GOGO补习社）（共15节）	2400	20人次	
	志愿驿站（共68天）	2176	4人次	
	上门服务	528	40户	
人力资源管理	督导指导	1176	24次	1176
合计		43757		43757

*备注：时间从2011年4月1日至2012年3月31日

计算方式：服务时数=服务人数×小时（小组活动还需乘以活动节数）

表1-1-6　“阳光家庭”项目链接社会资源详细统计表

活动内容	日期	物资	资助单位	金额（单位：元）
学生用品资助	2011年5月	学生书包5个	“松林物语”陈松伶广东歌迷会	500（折价）
“平等、共享、残健共融齐参与”助残日大型活动	2011年7月	游戏奖品（杯子20个，饰物20个）	星巴克	1000（折价）
医疗救助（指定对象）	2012年2月	爱心资助（现金）	微基金	300000
			行业协会	100000
			网上及银行转账	120000
			施乐会	10787
			义剪救碧心活动	380000

（续上表）

活动内容	日期	物资	资助单位	金额（单位：元）
阳光一路随行——中秋游园活动	2011年9月	活动奖品（饮料10箱，小食10箱，水5箱）	南丰中国	2500（折价）
		380盒月饼（300盒小，80盒大）	建筑企业（匿名）	23000（折价）
侨鑫家康圣诞嘉年华活动	2012年1月	20份礼物	侨鑫地产	2500（折价）
合计				940287

表1-1-7　针对2011年度项目评估提出建议及改善措施

建议及意见	改善措施
项目的资源过度集中，服务对象的重合率过高	项目逐步对原有的100户家庭进行专业结案，并在8月初逐步确定了新100户“阳光家庭”的名单，项目实施组及时布置社工开展服务，目前服务正有序妥善地进行
进一步完善项目社工专业化进程	制订个案计划及周期性检讨；引入“复元”新概念，服务更趋人性化；强化服务工具，体现社工专业服务

3. 2012年度完成指标情况

2012年，“阳光家庭”项目团队在香港新生会的督导下，学习了“复元”概念这一更系统、更人性化服务的新理念，并在个案、小组工作及社区活动中尝试运用，如“同行复元路小组工作坊”“社区零歧视，你我齐参与”的社区活动等均受到残障人士及家属的良好反馈。与此同时，鉴于项目团队运作越来越顺畅，效率越来越高，项目团队决定尝试更多的服务新形式，如“阳光成长学堂”“你我天使心”及“康园乐业”三种新服务，从而为辖区内的残疾人家庭提供更全面的服务。（具体服务内容见表1-1-8）

表1-1-8　2012年度完成指标情况

工作内容	工作时间	预期效果	达成效果
深度服务	2012年4月至2013年3月	全年深度服务100户家庭	接案家庭113户，结案家庭87户，服务家庭113户，重合率10%，完成指标113%

（续上表）

工作内容	工作时间	预期效果	达成效果
小组工作	2012年4月至2013年3月	全年小组活动50节	亲子小组1个共6节；娱乐性小组1个共4节；成长性小组1个共5节；家属支援性小组1个共4节；教育性小组4个共22节；其他小组2个共10节。合共51节，完成指标102%
社区活动	2012年4月至2013年3月	全年社区活动4个	全年共举办各社区活动28个，参与总人数近40000人，完成指标700%
督导培训	2012年4月至2013年3月	聘请香港督导团队指导和培训项目社工开展服务	项目聘请了香港利民会和香港新生会作为我们的香港督导团队。通过面谈和邮件指导服务，2012年4月至6月每月1次，由香港利民会开展督导培训；2012年7月至2013年3月每月4次，由香港新生会开展督导培训
阳光成长学堂	2012年11月至2013年3月	越秀区6条街道的1000户“以老养残”项目残疾人家庭	举行了4次阳光成长学堂，共邀请了14条街道的“以老养残”项目残疾人家庭约150人参与活动，完成指标233.3%
你我天使心	2012年8月至2013年3月	4节小组活动、1个社区活动	2个深度个案服务、14节小组活动、2个社区活动、1个团队建设活动
康园乐业	2012年9月至2013年3月	评估康园工疗站珠光二站学员情况；协助站内导师管理学员；举行8节小组活动；1个社区活动	1个深度个案服务、12节小组活动、7个社区活动
组建转介平台	2012年4月至2012年3月	协助求助家庭或接收其他机构开展转介服务	接收其他机构转介个案6个，主动求助个案2个，其他通过电话访谈、转介服务的服务人数超过1000人

（三）项目的活动内容

根据残疾人及其家庭的需要和期望，越秀区“阳光家庭”行动计划首先在经济上资助居家被照顾者每月300元的护理费，其次专门配套专业社工队伍，由社工根据项目实施方案，结合残疾人家庭的需求，提供相适应服务，具体服务内容如下：

一是评估家庭，明确需求。归纳、总结、分析残疾人家庭的状况，包括自理能力、社交能力等，明确其需求。

二是提供相适应社工服务。社工针对残疾人家庭的状况评估需求后，结合残疾人及其家庭的实际情况、社区资源情况等，制订服务计划，通过个案服务、小组及社区活动等形式，协助残疾人及其家属进行心理疏导，解决问题。

三是社区共融齐参与。协助残疾人及其家属建立互助组织，提供信息分享、情感交流、互帮互助平台；吸纳社会热心企业、爱心人士成为志愿者，服务残疾人家庭，更重要的是吸纳残疾人及其家属成为志愿者，感恩社会，回馈社会。

项目运营至2013年3月31日，社工上门开展心理辅导、情绪疏导及政策宣传共253户，服务总次数共4652次，服务总时数共11352小时（总时数＝总次数×3小时/户）；电话进行访谈、政策介绍及跟进服务共5918次，服务总时数共2959小时（总时数＝次数×0.5小时/户）。（具体见表1-1-9）

表1-1-9　“阳光家庭”项目服务家庭需求问题解决统计数据

单位：户

	慰问 一般访谈	心理咨询 情感宣泄	政策宣传 信息拓展	经济、住房方面	医疗方面	康复方面	危机介入
存在需求家庭户数	253	253	145	55	133	105	51
介入后明显改善的家庭户数	253	253	122	49	128	87	46
解决问题百分比	100%	100%	84.13%	89%	96.24%	82.85%	90.19%

此外，社工通过开展家属小组、教育小组、互助性小组等小组活动共234节，合共2574人，总时数共7722小时（总时数＝次数×每节人数×3小时/节）；开展社区共融、社区关怀、扶残助残等社区活动共37次，合共42160人，总时数共126480小时（总时数＝总人数×3小时/次）；从2010年4月服务至今，

服务总时数共148513小时（服务总时数＝个案服务总时数＋电话访谈总时数＋小组总时数）。另外，社工因应服务家庭的需求，努力实现社区残健共融的目标，积极链接各方资源，至今已与10多家中大型企业达成“阳光家庭之友”合作关系，链接社会资金及物资资助约合136万元。

1. 个案深度服务（选取其中2个个案进行案例分析）

案例一：家住广卫街的华哥是肢体一级残疾人。他的妻子琼姐是通过“阳光电话热线”主动求助的，今年44岁。琼姐在电话中情绪非常激动，一边哭一边喋喋不休地向我们诉说她的苦处，并提及到过往有自杀的想法，希望社工能为她做心理辅导，排除苦闷。社工初步评估得出琼姐是因为照顾丈夫和儿子的压力太大了，于是和她约了时间上门跟进。初次上门，琼姐就在言语间流露了她焦虑和压抑的精神状态。社工在她家坐了两个多小时，主要是采取倾听的方式，先让她把自己的情绪清空。通过交谈，社工了解到琼姐一直以来几乎独自担负这个家庭，而丈夫因为不能言语缺乏沟通，儿子进入青春叛逆期，经常做出一些让她非常伤心的行为。虽然服务当中我们只是以点头和微笑为主，但是有人愿意真正用心去倾听她那些郁结已久的烦恼，对于她来说，也是很有意义的。

此后经过跟进，社工逐渐与琼姐建立专业信任关系，鼓励她与外界多接触（建立社交网络）。于是社工就教琼姐用QQ，在QQ上认识更多的人，与他们多交流；平时在家，社工通过正向疗法，让她抄写一些积极的话语和文章，让她学习以积极思维去思考问题；社工也会把握时机为琼姐增加正能量。一次琼姐穿了件艳丽的衣服外出吃饭，社工就赞美了她衣着的品味，琼姐很开心，并跟社工谈了吃饭的很多趣事。渐渐地，琼姐将注意力从不开心的事情转移到令自己开心的事情上。目前该个案还没有结案，不过至少我们做到了一件事情：琼姐的心态好转了，变得正面积极了。下一个阶段，就是从她儿子这方面做些努力。

案例二：大塘街的Joe是精神二级残疾人，是新100户“阳光家庭”名单中的一员。社工首次陪同街道工作人员探访时谈到Joe的过往经历和案父，案母非常激动，泣不成声。社工考虑到当时人比较多，不便开展个案辅导，安抚了案母情绪之后就约了另外的时间再度上门。社工第二周马上就上门跟进服务。通过聚焦、澄清、聆听等社工技巧，案母逐渐信任社工，并把过往的经历详尽地跟社工倾述。原来Joe小学前一直正常，直至升小学时突然身体机能就恶化了，为此家庭倾尽一切医治。但祸不单行，Joe的父亲后来也确诊患上肝癌，最后家庭实在撑不住了，父亲选择用有限的积蓄医治儿子，自己却最终离开人世。所以每次案母谈到丈夫时都非常动容。社工听到案母的述说都深表同情，并体会到案母一直独自支撑非常不容易。服务当中，社工初步评估了案主的肢体情况。发现平时案主喜欢涂颜色，不过都是非常简单的操作，细致的东西并不能完成。下肢体能够借助母亲搀扶走一段距离。社工提出可以借助助行器让案主自行在家中走动，案母对此非常感兴趣。

第二次服务，社工带了助行器到案主家让Joe自行操作，实践发现适合使用，所以社工才向相关部门提出辅助器具申请。另外，案母也提出能否链接资源为案主购买社保，社工都认真记录，下一步将根据案主需求逐一解决。

之后，社工又带领志愿者定期上门服务。除了拓宽案主的社交环境以外，社工在上门服务之前还提前跟志愿者进行康复训练的培训。利用拼图、涂色本、扑克牌等工具锻炼案主的辨识力、手部肌腱及耐性等。案主及案母对社工带领志愿者上门服务都非常欢迎。不过社工一直建议案母同意让社工和志愿者带案主外出活动，但由于案主的肢体能力不断下降，案主又住在七楼且家中没有电梯，目前案母还是不愿意让社工带案主走出家门。但社工从案主的眼神里面能感受到他的渴望。

2. 小组活动服务

典型小组活动：2013年1月、2月开展的一个小组活动——“我有我能量——残疾人家庭孩子的成长性小组”，在小组开展之前的一次慈善送物资的活动中，社工和志愿者都注意到残疾人家庭的健康孩子，其自我分化能力低，会因家里压力的影响受到伤害，性格容易走向偏差，这类群体很需要我们的注意、关怀和引导。我们通过电影、游戏活动，深入浅出地类比启发，培养孩子学会如何承担自我成长的责任，学会用积极的方式爱自己，爱家人。在制订小组计划的时候，我们为了加强孩子对父母的感恩和理解父母的不易，为整个小组设计了“护蛋”计划；为了让孩子善于发现他人的优点和通过他人发现自己的优点，我们在整个小组推行了“小鱼文化”；社工对每个小组成员的家长进行探访，深入地了解成员在家长心中的形象，并以传达的方式告知小组成员，也给孩子布置任务，加强与父母的了解和沟通。通过游戏环节、电影环节、“小鱼文化”环节及榜样环节等丰富的内容，让小组成员相互鼓励，相互帮助，在小组中成为好朋友，并留下了彼此的联系方式。在小组结束后，有部分小组成员之间、成员和社工之间保持着联系，这无疑是一系列成功的小组活动。

3. 社区活动服务

2012年，“阳光家庭”行动计划得到了更多具社会责任的企业的赞助和支持，其中包括保利集团、新世界地产、宝洁集团等。结合残疾人家庭的实际需要，项目继续开展各类社区活动，其中包括“花花一朵朵，微笑一份甜”“小手拉大手，一起庆六一”“那些年，我们一起‘饼肩’作战”“让世界家满爱”和“‘侨’心独运传温暖，‘鑫’赏月明递欢乐——中秋节送温暖活动”等28个系列活动，都得到了残疾朋友和广大市民的热情参与。像上述提到的中秋节活动，侨鑫地产捐出30份价值两百多元的月饼礼包，送给特殊困难残疾人家庭，让他们在节前能够感受到社会热心企业和政府的关怀。部分活动的赞助单位同时也与我们项目达成“阳光家庭之友”合作关系，表示将继续关注与支持“阳光家庭”项目工作。

4. 完善越秀区残疾人转介平台

踏入“阳光家庭”项目的第三年度，社工整合现有资源，决定对转介平台进行改造，建立越秀区残疾人“阳光服务热线”。服务热线一方面是针对日常主动求助者的政策咨询和个案咨询，对求助者的即时需要实施转介；另一方面是针对旧有100户阳光家庭开展结案电话跟踪服务，让他们明白虽然因为项目需要和专业要求出现变化，但政府和社工并不会因此抛弃结案的服务家庭，假如这批家庭之后有出现任何新的状况需要社工介入，都可以随时拨打“阳光服务热线”。而社工也会定期再跟进这些家庭的最新状况，体现政府和项目的关怀。

5. 联系并确定第三年度香港督导团队

为了更好地推进项目发展，机构一直重视香港督导力量的引进，结合本土化的特点更好地运用社工的技巧服务家庭。2012年2月，项目实施方陪同越秀区残联领导到香港考察新的督导团队。根据项目要求，越秀区残联和项目实施方初步联系香港新生命精神康复会（简称“新生会”）作为我们第三年度的香港督导团队。回到广州之后，我们密切联系新生会做进一步的协商。2012年5月，机构派遣两名社工亲赴香港跟新生会进行更具体的合作交流。之后，新生会同样也派遣他们的同事来到我们项目实施场地，了解工作场地和我们的服务情况。2012年7月13日，新生会就合作细则和合作协议来到广州进行沟通协商和最终确定。（见表1-1-10）

表1-1-10 “阳光家庭”项目2012年督导培训情况汇总表

时间	主题	督导地点	督导机构	督导讲师	参与人数	授课时间（小时）
2012年4月11日	个案辅导及社工减压训练	越秀区残联培训室	香港利民会	李嘉慧	8	7
2012年5月18日	家属支持工作的分享以及社工学会处理自己的情绪	越秀区残联培训室	香港利民会	李嘉慧	8	7
2012年7月27日	香港新生会见面会及同工期望	越秀区残联培训室	香港新生会	梁燕玲	8	7
2012年8月19日	“复元”理念	越秀区残联培训室	香港新生会	梁燕玲	7	7
2012年8月24日	处理刁难人士之十型人格	越秀区残联培训室	香港新生会	梁燕玲	11	7

（续上表）

时间	主题	督导地点	督导机构	督导讲师	参与人数	授课时间（小时）
2012年9月14日	个人督导及精神病康复者特征	越秀区残联培训室	香港新生会	梁燕玲	12	7
2012年9月26日	个人督导——个案记录情况	越秀区残联培训室	香港新生会	梁燕玲	12	7
2012年10月12日	正向疗法	越秀区残联培训室	香港新生会	梁燕玲	15	7
2012年10月27日	个案会议应用	越秀区残联培训室	香港新生会	梁燕玲	15	7
2012年11月9日	致病性原因模式引入	越秀区残联培训室	香港新生会	梁燕玲	15	7
2012年11月23日	精神病评估方法	越秀区残联培训室	香港新生会	梁燕玲	15	7
2012年12月14日	个案督导及中途宿舍介绍	越秀区残联培训室	香港新生会	梁燕玲	15	7
2012年12月26日	上门督导及初次面谈简要填写指引	越秀区残联培训室	香港新生会	梁燕玲	15	7
2013年1月9日	行政工作安排建议及介绍个案管理	越秀区残联培训室	香港新生会	梁燕玲	15	7
2013年1月23日	性本自然：如何处理残疾人谈恋爱	越秀区残联培训室	香港新生会	梁燕玲	15	7
2013年2月28日	家庭治疗模式及个案会议	越秀区残联培训室	香港新生会	梁燕玲 李丽华	15	7
2013年3月6日	萨提亚模式及个案会议	越秀区残联培训室	香港新生会	李丽华	15	7
2013年3月15日	模拟评估	越秀区残联培训室	香港新生会	梁燕玲	15	7

6. “你我天使心——越秀区残疾人康复中心社工介入服务”

第三年度的“阳光家庭”项目进行了多方面的尝试，其中包括在越秀区残疾人康复中心引入社工开展服务。越秀区残联大楼的三楼设有针对0—14岁残疾儿童的康复训练中心。2012年8月，项目社工在兼顾100户阳光家庭上门服务的同时，特意开展“你我天使心——越秀区残疾人康复中心社工介入服务”计划。计划进展至今，共开展深度服务2个，小组服务2个［“用爱倾谈，用心聆听——亲子小组”（共6节）、“春田花花补习班——教育性小组”（共8节）］，3个大型活动，1个团体建设活动。（详见表1-1-11）

表1-1-11 “你我天使心”2012年工作汇总表

<table>
<tr><td></td><td colspan="2">类别</td><td>建档</td><td>接案数</td><td>完成数</td><td>指标达成情况</td></tr>
<tr><td>个案</td><td colspan="2">深度服务</td><td>18户</td><td>2户</td><td>2户</td><td>及时开展危机处理，链接了资源并协助家庭申请相关政策资源</td></tr>
<tr><td></td><td>类别</td><td>时间</td><td>名称</td><td>节数</td><td>人次</td><td>指标达成情况</td></tr>
<tr><td rowspan="2">小组</td><td>教育性小组</td><td>2012年8月</td><td>春田花花补习班</td><td>8</td><td>50</td><td rowspan="2">使家长获得了情感上的支援，初步建立互助联盟；学习了康复知识，促进了家长家居康复的技巧</td></tr>
<tr><td>亲子小组</td><td>2012年8月</td><td>用爱倾谈
用心聆听</td><td>6</td><td>54</td></tr>
<tr><td></td><td>类别</td><td>时间</td><td>名称</td><td colspan="2">人次</td><td>指标达成情况</td></tr>
<tr><td rowspan="4">社区活动</td><td rowspan="3">大型活动</td><td>2012年12月23日</td><td>“新生狂欢”
同乐圣诞Party</td><td colspan="2">32</td><td rowspan="4">参加活动的家庭对活动表示满意，在活动的过程中使得服务家庭加深对项目和彼此的认识</td></tr>
<tr><td>2012年12月29日</td><td>“光影天使
计划”启动仪式</td><td colspan="2">22</td></tr>
<tr><td>2013年1月17日</td><td>健康生活
从身开始</td><td colspan="2">12</td></tr>
<tr><td>团队建设</td><td>2012年11月19日</td><td>“共打一炉”
康复师团队
建设活动</td><td colspan="2">10</td></tr>
</table>

7. “康园乐业——越秀区康园工疗站珠光二站社工介入服务”计划

按照政府领导、部门合作、社会参与原则，越秀区康园工疗站服务中心首次引进香港新生会的康复理念，建立和完善精神残疾和智力残疾等康复者康复服务体系。“阳光家庭”项目的社工作为实际参与日常服务的实施方，为合乎资格的康复者提供支持和工疗服务，目的旨在减轻社会及家庭的负担，从而提升其生活质量，促进和谐社会的建设。社工在康园工疗站的主要工作包括：宣传并招募学员、学员入园初期评估、正式入园后周期性评估、协助站内老师管理学员、制定工疗站相关规章制度、协助站内老师完善站场布置；根据新生会指示指导学员开展日常工疗、娱疗工作；针对个别学员站内问题开展个案服务，定期开展小组工作，举办大型活动，链接资源，提升学员技能和生活质量。

自2012年9月康园工疗站珠光二站启动至今，项目社工共开展1个深度个案服务，举办或协办了“宝洁慈善之旅越秀行”“一起做阿茂”等8个大型活动（具体服务情况请见表1-1-12）。由于越秀区康园工疗站珠光二站同时引进了香港新生会的督导团队指导工疗站日常工作，负责跟进站内服务的社工成员同时也参加了关于康园工疗站职业康复、园艺治疗、人性化规章、奖惩制度等方面的督导培训。（详细情况见表1-1-13）

表1-1-12 “康园乐业”2012年工作汇总表

<table>
<tr><th></th><th>类别</th><th colspan="2">建档</th><th>接案数</th><th>完成数</th><th>指标达成情况</th></tr>
<tr><td>个案</td><td>深度服务</td><td colspan="2">15户</td><td>1户</td><td>1户</td><td>跟进案主与家庭的关系，利用家庭治疗模式解决家庭矛盾</td></tr>
<tr><td></td><td>类别</td><td>时间</td><td>名称</td><td>节数</td><td>人次</td><td>指标达成情况</td></tr>
<tr><td rowspan="3">小组</td><td>娱乐性小组</td><td>2012年10月</td><td>折出新天地</td><td>4</td><td>48</td><td rowspan="3">使工疗站学员提升了技能，加强了家长与子女间的联系，增强了社会对残疾人的认识</td></tr>
<tr><td>共融性小组</td><td>2012年11月</td><td>做多一点点</td><td>4</td><td>72</td></tr>
<tr><td>教育性小组</td><td>2012年12月</td><td>花花大世界</td><td>4</td><td>32</td></tr>
<tr><td></td><td>类别</td><td>时间</td><td>名称</td><td colspan="2">人次</td><td>指标达成情况</td></tr>
<tr><td rowspan="9">社区活动</td><td rowspan="8">大型活动</td><td>2012年9月</td><td>宝洁慈善之旅越秀行</td><td colspan="2">50</td><td rowspan="9">参加活动的案主及家长对活动表示满意，在活动的过程中使得服务家庭加深对项目和彼此的认识，部分户外大型活动同时提供实践机会给残疾人，展现残疾人的能力，使他们与社会更加和谐共融</td></tr>
<tr><td>2012年9月</td><td>一起做阿茂</td><td colspan="2">15</td></tr>
<tr><td>2012年10月</td><td>亲青汇创意沙面街市集活动</td><td colspan="2">1000</td></tr>
<tr><td>2012年12月</td><td>第二届志愿服务广交会</td><td colspan="2">2000</td></tr>
<tr><td>2013年2月</td><td>金蛇耀花市</td><td colspan="2">10000</td></tr>
<tr><td>2013年2月</td><td>不要等到花儿也谢了</td><td colspan="2">200</td></tr>
<tr><td>2013年2月</td><td>越秀粤地道广府庙会</td><td colspan="2">4000</td></tr>
<tr><td>2013年3月</td><td>爱心汇流慈善义卖义拍</td><td colspan="2">3000</td></tr>
<tr><td>团队建设</td><td>2013年2月</td><td>康园工疗站珠光二站家属新春茶话会</td><td colspan="2">27</td></tr>
</table>

表1-1-13 “康园乐业”2012年督导培训情况汇总表

时间	主题	督导地点	督导机构	督导讲师	参与人数	授课时间（小时）
2012年8月24日	对工疗站的认识	珠光二站	香港新生会	谭以晶	11	7
2012年9月14日	环境布置以及表格管理	珠光二站	香港新生会	谭以晶 欧嘉敏	11	7
2012年9月26日	园艺培训与卷纸花学习	珠光二站	香港新生会	谭以晶 欧嘉敏	11	7
2012年10月12日	物资购买布置环境	珠光二站	香港新生会	谭以晶 李英	11	7
2012年10月26日	特殊学员管理	珠光二站	香港新生会	谭以晶 莫艳萍	14	7
2012年11月2日	卷纸花多样化	珠光二站	香港新生会	欧嘉敏 李英	14	7
2012年11月16日	学员规范化管理与产品制作	珠光二站	香港新生会	谭以晶 李英	15	7
2012年11月23日	多样化产品制作	珠光二站	香港新生会	欧嘉敏 李英	15	7
2012年12月7日	园艺养护	珠光二站	香港新生会	李英 莫艳萍	15	7
2012年12月14日	布画的认识	珠光二站	香港新生会	欧嘉敏 李英	15	7
2013年1月7日	花市产品设计以及学员恋爱问题	珠光二站	香港新生会	莫艳萍 李英	15	7
2013年1月23日	工疗站工作总结指导	珠光二站	香港新生会	欧嘉敏 莫艳萍	15	7
2013年2月28日	新计划工作布置	珠光二站	香港新生会	欧嘉敏 李英	15	7

8. “阳光成长学堂”正式启动

越秀区“阳光家庭”项目社工经过两年的服务总结，加上2011年底至2012年初建立的针对1000户“以老养残”项目残疾人家庭的转介平台，了解这些残疾人边缘家庭的需求，其中包括残疾人的照顾技巧知识、精神病病理及药物知识、轻度残疾人士家属训练知识等。社工归纳总结了这些需求，再结合机构资源和自身能力，最终开办了“阳光成长学堂”。学堂面向全越秀区残疾人家庭，特别是已经划入“居家安养”项目的残疾人家庭，针对自身需求报名参加各类专门课程，完成课程的学员可获得课程荣誉证书，并可立即获准成为“阳光家长会成员”，协助社工参与日常探访工作，并享受会员活动优惠，表现优异者更可获得额外表扬。“阳光成长学堂”分阶段逐步推进，当初拟定如下课程，分别是：

●智障儿童康复训练课程（初级班）

●精神病康复者药物常识与康复技巧课程

●体弱及智障人士家居训练课程（初级班）

●心灵呼吸站照顾者减压班

●轻度残疾人卫生清洁课程（初级班）

●向日葵志愿者培训课程

2012年11月，考虑到服务家庭情况的多样性，以及在社工服务当中了解到他们的最实际需要，并且结合项目强大心理咨询师的服务团队力量，我们决定首先开展心灵呼吸站照顾者减压班、精神病康复者药物常识与康复技巧课程和向日葵志愿者培训课程。（详细情况见表1-1-14）

表1-1-14 “阳光成长学堂”2012年工作汇总表

时间	主题	参与者所在街道	学堂讲师	参与人数	授课时间（小时）
2012年11月8日	心灵呼吸站照顾者减压班	广卫街、建设街、大塘街、珠光街	张鑫琦	46	7
2012年11月24日	精神病康复者药物常识与康复技巧课程	农林街、梅花街、华乐街等14条街	符区长	34	7
2012年12月22日	向日葵志愿者培训课程	矿泉街、诗书街、大新街	吴嘉敏	21	7
2013年1月12日	心灵呼吸站照顾者减压班	六榕街、东山街、建设街、诗书街	张鑫琦	26	7

9. “同行复元路”——“复元”概念的引入与实践

2012年8月，即“阳光家庭”项目与香港新生会签订督导协议的次月，在第一次督导会议当中，新生会社工督导主任梁燕玲向“阳光家庭”项目社工介绍了目前由香港新生会与香港心理卫生会等香港前沿的复康机构联合发起的复康新概念——“复元”概念。有别于传统的复康观念着重追求病征的消除和恢复患病前的状态，“复元”（Recovery）这个崭新的精神复康概念，倡议精神病只是康复者生命的一部分，而非全部生命。“复元”的目标是促进精神病康复者的全人健康，协助康复者发掘和建立个人的优势强项，衍生出新的生命意义及目标，超脱精神病所带来的各种负面影响。督导通过由新生会社工和精神病康复者参与的宣传视频介绍了“复元”概念的基本要领，该视频深入浅出的理论解释和康复者真情流露的演出让第一次接触“复元”概念的项目社工非常震撼。梁燕玲介绍，“复元”概念在香港做尝试性应用自2011年底开始，至今还不足一年，但在香港取得的成效得到了服务对象和家属以及社会诸多层面的认同，所以说将“复元”概念运用到国内精神复康服务当中应该是首次。当天，经过项目负责人和项目社工的一致同意，决定全面将“复元”概念应用在社工服务当中，香港新生会将全面支持这次广州本土化的尝试。

综合研究“复元”概念的内在原理和本土政策性因素，结合服务对象的家庭状况和病情，本年度最终挑选了矿泉街的彭仔（化名）和诗书街的明仔（化名）作为个案工作的样本家庭，进行“复元”概念的试验性操作。同时，从2012年10月开始，项目社工邀请了15名精神病康复者家属举办了为期2个月共6节的“家属复元训练之‘同行复元路’小组工作坊”，整体目标是通过“复元”概念，增进精神病家属对社区康复的认识，改善他们的情绪，增加对残疾子女的接纳、尊重、信心，使他们能够对残疾家属有更新的看法和适当的照顾方法。另外，项目社工又根据“复元”概念当中支援范畴里面的“尊重与反污名”元素，分别在越秀区的东部——大东街及中西部——六榕街举行了2个名

为“社区零歧视，你我齐参与”但形式各异的大型户外社区活动。（详情见表1-1-15）

表1-1-15　“同行复元路”2012年系列服务汇总表

	类别	建档	接案数	完成数	指标达成情况
个案	深度服务	—	2户	2户	运用“复元”概念让家庭重新定位精神病康复者的新生命的价值
	名称	**时间**	**主题**	**人次**	**指标达成情况**
小组	家属复元训练之“同行复元路”小组工作坊	2012年10月18日	让家属初步认识“复元”概念	15	通过案例分析促进组员之间的互动，同时巩固“复元”概念的知识，使组员能灵活运用“复元”元素帮助康复者。组员能正确运用“复元”元素解决案例中的问题，小组的成效凸现
		2012年11月1日	了解“复元”概念和传统“复康”概念的异同，重新定义康复	12	
		2012年11月15日	初步了解“复元”概念个人范畴的元素	14	
		2012年12月5日	初步了解“复元”概念整全范畴的元素	25	
		2012年12月13日	初步了解“复元”概念支持范畴的元素	16	
		2012年12月26日	全面回顾“复元”概念三大范畴以及十一个元素	13	
	类别	**时间**	**名称**	**人次**	**指标达成情况**
社区活动	大型活动	2012年11月	社区零歧视，你我齐参与（大东街）	450	根据“复元”概念支援范畴里面的“尊重与反污名”和“重视个人优势”元素而开展的社区活动，目的就是为残疾人创造一个没有歧视的社区环境和展现自己的平台，同时唤起社区对残疾人的认同
		2012年12月	社区零歧视，你我齐参与（六榕街）	350	
		2012年12月	首届“梦·飞翔”残疾人艺术展览及评比活动	2000	

10. 与港澳及国内同业交流活动

越秀区“阳光家庭”项目团队积极与国内外社工机构交流，注重与不同机构、团队的学习，了解国内外社工行业的发展情况，更新社工服务理念，以提升项目知晓度，开拓员工视野，更好服务残障人士及其家属。（详见表1-1-16）

表1-1-16　2012年“阳光家庭”项目外部交流活动

活动主题	日期	参与人数	交流机构	活动内容
残疾人社会工作心得体会交流活动	2012年5月	21	广州市穗星社会工作服务中心	借鉴越秀区“阳光家庭”社会工作服务经验，经验尚浅的社工提出服务过程中遇到的困境，由“阳光家庭”资深社工解惑
服务转介及学术交流	2012年6月	24	广州市启创社会工作服务中心（广卫街）	沟通建立互动转介平台，为有需要开展深度个案服务的残疾人家庭进行无缝转介召开通气会
服务转介及学术交流	2012年9月	8	广州市心悦社会工作服务中心（华乐街）	沟通建立互动转介平台，为有需要开展深度个案服务的残疾人家庭进行无缝转介召开通气会
服务转介及学术交流	2012年11月	4	广州市安永信社会工作服务社	沟通建立互动转介平台，为有需要开展深度个案服务的残疾人家庭进行无缝转介召开通气会
赴港参加“朋辈支援工作者学术研讨会”	2012年11月	200	香港新生会、香港心理卫生会、加拿大康福中心等国内外100间复康组织机构	了解社会复康理念新趋势——“复元”概念当中的“朋辈支援”元素的精细化应用。借鉴加利福利亚州和加拿大康福中心的先进经验以及香港新生会的试验结果

（续上表）

活动主题	日期	参与人数	交流机构	活动内容
服务转介及学术交流	2012年12月	8	广州市普爱社会工作服务社（六榕街）	沟通建立互动转介平台，为有需要开展深度个案服务的残疾人家庭进行无缝转介召开通气会
残疾人个案服务技巧学术交流活动	2013年1月	8	佛山市顺德区宏德社会工作服务中心	学习“阳光家庭”社工个案辅导技巧及工作遇到的困难和应对策略

11. 阳光志愿服务队

（1）立体宣传，用心招募，个人志愿者与团队志愿者并重

阳光志愿服务队除了通过常规的设摊招募，到高校、医院等场所开设招募讲座以外，还联系本地媒体如广州青年报、南方都市报、广州新闻台、南方电视台等。通过刊登招募信息和大型活动资讯，呼吁广大热爱残疾人事业的市民参与我们的志愿服务。阳光志愿服务队还与时俱进，2011年底就已经开通了新浪微博@阳光志愿服务队，及时发布志愿培训信息、服务信息和大型活动招募信息，等等。我们通过微博即时公布活动情况，让关注越秀阳光志愿服务队的朋友可以帮助转发活动信息。

阳光志愿服务队除了吸纳个人志愿者外，还联合团队志愿者加入服务队当中，其中包括侨鑫地产义工队、南丰中国义工队、新世界地产义工队、联合安利志愿队、宝洁爱心义工队、白云学院义工队、华农义工队等企业和高校的服务队。团队志愿者经常出资出力协助“阳光家庭”项目及阳光志愿服务队开展上门服务和大型社区活动，让越秀区残疾人的幸福感不断提升。

（2）一切从培训开始，机构间密切交流，互利共赢

为了让越秀区残疾人家庭得到更贴心有效的服务，2012年阳光志愿服务

队每月都定期举办培训，培训课程及内容如表1-1-17所示。

表1-1-17　2012年阳光志愿服务队培训课程

课程	内容
如何做一个称职的志愿者	以事例及小品的形式引出志愿者的概念与定义。
自我认识工作坊	以游戏、体验、分享等活动的实施，让志愿者认识自己，并且把自己的特质与志愿者工作结合
彼此彼此工作坊	以游戏、体验、分享等活动的实施，让志愿者认识他人，从而做好工作
生命体征测量	向志愿者讲授生命体征及测量的相关知识
志愿者装备拍卖会	以拍卖会的互动形式介绍志愿者工作、含义、内容，所具备的素质及心态，并介绍“阳光家庭”计划的意义
残疾人帮扶技巧分享沙龙	以图片及沙龙形式了解残疾人分类，以及各类型残疾人的特点、帮扶技巧，包括拐杖、轮椅的操作及盲人的帮扶技巧
精神健康急救课程	运用香港利民会精神健康急救课程讲授精神病康复者健康知识
“同行复元路”分享沙龙	利用香港新生会的创新模式讲授新型精神病康复者康复理念
“急中生爱”急救技巧培训	邀请广州市红十字会组织和广州市医疗志愿服务队为讲师，讲授一般急救常识和技巧

每次阳光志愿服务队推出培训活动，都受到众多热心朋友的青睐。而且阳光志愿服务队的讲师还长期为其他志愿团队开展义务培训，包括广州青年志愿者协会助残队、广州青年志愿者协会医疗队和广州市义工联等。我们认为要实现社会残健共融，必须让更多的市民和团体重新认识残疾人这个群体，阳光志愿服务队与“阳光家庭”的社工一直以来都担当着排头兵的角色。阳光志愿服务队遵行“资源共享，你我共赢”的合作交流理念，在其他机构当中有良好的口碑。

（3）志愿服务抢先争优，齐建残健共融新越秀越秀区阳光志愿服务队，经过系统培训之后着力为越秀区有需要的残疾人家庭提供上门辅助服务，针对100户“阳光家庭”实行“一帮一，阳光行”计划，每月定期为服务家庭提供陪同就医、卫生清洁、简易电器维修、外出游玩、上门聊天等志愿服务。

阳光志愿服务队曾获“2011年幸福广州城市志愿服务站先进志愿服务集体”荣誉以表彰其管理白云山南门驿站的工作。到了2012年，阳光志愿服务队从白云山南门驿站搬到英雄广场志愿服务驿站，阳光志愿者们仍然坚持每周为市民提供便民服务和推广扶残、助残知识。

大型活动是展现志愿者风采必不可少的平台。2012年，越秀区阳光志愿服务队举办了各式各样的扶残、助残大型活动。

另外，2012年7月和8月暑假期间，越秀区残疾人康复中心利用阳光志愿者资源开展了“春田花花同学会暑期康复训练班”，对暑假期间开展康复训练的残障儿童进行日间托管及康复训练，获得家长的一致好评。

活动从服务家庭需求出发，形式多样，精彩纷呈。活动体现了残疾人自强不息的精神，发掘了他们潜在的才能，展现了残健共融的社会氛围。活动还积极发动热心企业赞助并参与服务，让服务对象感受到社会的关怀，志愿者也从中收获了快乐。

（4） On call志•援计划

针对原有“阳光家庭”服务对象结案之后需要持续跟踪，阳光志愿服务队从2012年10月中旬开始，每周六定期由社工带领开展“On call志•援计划”。工作内容包括：对原有“阳光家庭”服务使用者进行跟踪服务；评估新增“阳光家庭”服务使用者的志愿者需求；承接“阳光服务热线”宣传活动；上门开展服务等。项目通过前期联系策划，宣传并招募志愿者参与服务，定期开展检讨会议，更新服务内容，拓宽服务渠道和服务范围，力争让阳光志愿服务队成为一张书写着残疾人志愿服务典范的名片。（具体工作统计见表1-1-18）

表1-1-18 阳光志愿服务队“On call志•援计划”工作统计表

服务对象	残疾类别	服务内容	服务效果
阿荣	肢体	家政、卫生清洁	家居更整洁
杰仔	肢体	义教	成绩有提升
Joe	精神	倾谈、技能提升	生活质量提升
大新	精神	倾谈	自我意识增强
DEDE	听力	义教	成绩有提升
帆哥	精神	卫生清洁、倾谈	家庭关系和生活质量有改善
敏慧	精神	陪同外出、倾谈	社交能力提升
莹莹	智力	陪同外出	生活质量提升
小洁	视力	倾谈、链接资源	社交能力提升
诚哥	肢体	倾谈、陪同外出	家庭关系改善
玉燕	智力	倾谈	社交能力提升
德铨	多重	倾谈、康复训练	个人能力提升

（四）即时检测与评估

1. 固定办公地点

越秀区残联提供专门场地，包括接待办公区、档案资料区，配套必要的办公家具设备。

2. 档案管理

项目档案共涉及五类：服务对象资料、相关政策法规资料、活动资源、资源机构资料、项目内部管理行政资料、转介个案资料。

（1）服务对象资料：电访、上门服务、跟进服务记录。

（2）相关政策法规资料：国家、市、区制定的与残疾人士及其家人服务相关的政策、法规、阶段性办法等，以及各街道自行设立的服务相关资料。

（3）活动资料：各次社会性活动、小组计划与总结、活动计划与总结、活动签到表。

（4）资源机构资料：区内残疾人士相关的服务资源表。

（5）项目内部管理资料：会议记录、督导记录、项目立项申请、评估经过和意见、工作计划和总结、调整方案。

（6）个案资料：转介报告、个案记录、服务需求统计表、转介情况统计表。

五、项目目标的实现情况（截至2013年3月31日）

（一）项目活动对目标群体的改善程度

1. 社工上门专业服务遇困，成效依然突出

“阳光家庭”项目新100户服务家庭对比原100户的差异性，在上述报告中已有提出，最突出和棘手的问题就是他们当中有不少拒绝社工服务或者消极面对社工介入。但与此同时，部分资深社工积累了相关经验，并通过个案会议或者师徒式的督导方式，让新加入的社工都迅速掌握了初次接案技巧。社工通过深入每个案主家庭探访，理清残疾人的需要和特点，根据残疾人及其家庭的需要和期望，为他们提供专业的社会工作介入服务，进一步挖掘残疾人及其家庭的潜能，陪伴他们解决困难，走出困境，最终达到助人自助的目标。在最新一年的服务当中，社工评估与对象共同认定存在服务需求的问题合共278例，在接受“阳光家庭”服务项目服务后得到改善的问题有247例，问题解决率为88.85%（问题解决率＝接受“阳光家庭”服务项目服务后得到改善的问题数÷社工评估与对象共同认定存在需要的问题数）。

2. 新一批“阳光家庭”有序推进，重合率大幅下降

由于第二年度越秀区“阳光家庭”项目外部评估专家小组综合评估内容及项目发展趋势，提出了“项目的资源过度集中，服务对象的重合率过高，原100户‘阳光家庭’有必要有序地进行结案”的建议，为此，越秀区“阳光家庭”项目从2012年5月开始，逐步对原有的100户家庭进行专业结案，并在8月初逐步确定了新100户“阳光家庭”的名单。虽然项目要求新100户服务家庭必须接案并开展服务，而原100户必须结案，但社工根据专业判断和个别化

原则，对评估无法提供服务的家庭进行迅速转介服务，而原100户服务家庭存在服务需要甚至危机干预需要的，社工会及时跟进或者重新接案，跟进服务。本年度，项目社工秉承“新阳光优先，旧阳光兼顾，尽己所能，高效高能，专业领航，助人自助”的原则有序妥善地开展社工服务。

3. 转介平台合理转型，更贴合服务需要

2012年初，当时还处于“阳光家庭”项目开展后的第二年度，项目组建了转介平台，旨在通过电话访谈方式协助1000户“以老养残”家庭和求助者解决问题。随着求助者数目不断增加，而“以老养残”家庭的服务需求由于社工的介入，有需求的服务家庭逐渐减少，为此，社工整合现有资源决定对转介平台进行改造，建立越秀区残疾人“阳光服务热线”。服务热线一方面是针对日常主动求助者的政策咨询和个案咨询，对求助者的即时需要实施转介；另一方面是针对原100户阳光家庭开展结案电话跟踪服务，让已结案家庭明白，虽然因为项目需要和专业服务关系出现变化，但政府和社工并不会因此抛弃结案的服务家庭，假如这批家庭之后有出现任何新的状况需要社工介入，都可以随时拨打阳光服务热线。而社工也会定期再跟进这些家庭的最新状况，体现政府和项目对残疾人家庭的关怀，体现社工助人自助的服务宗旨。

4. 制订个案计划明确服务方向，提高服务效率

个案计划包含服务长期目标、短期目标、开展服务拟定的方法和服务对象签名认可。经过一个周期（三个月、六个月或一年）的运作，然后进行检讨，评估社工完成服务的质量。如长短期目标，以往在接案报告和个案记录里面都有体现，但本项目特意抽取部分内容制作个案计划表格，目的就是让前线社工更明确服务的方向，更坚定不移地执行服务目标。经过半年的尝试，实践证明制订个案计划极大程度地提高了服务效率。

5. 关注全人健康，运用“复元”概念

2012年8月，香港新生会将一个崭新的复康理念——“复元”概念介绍给本项目的社工，并协商决定将“复元”概念运用于阳光家庭项目的个案工

作、小组活动、社区活动甚至机构宣传当中。经过半年的尝试，社工基本掌握了“复元”概念的几种比较常用的元素，如“重视个人优势”“责任”“康复者参与”“朋辈支援”“尊重与反污名”“起伏中成长”“希望”等。通过运用这些元素，并在考虑康复者全人健康的前提下制定目标，能使康复者专注于生活、工作、学习，同时使康复者参与社会，享有丰富的社区生活。项目社工总结了小组报告的意见，制作了适用于本土化的宣传小册子《同行复元阳光路》。

6. 从需求出发，服务越秀区全年龄段残疾人

项目实施单位办公场地位于越秀区残疾人康复中心大楼二楼，而位于大楼的一楼和三楼分别是康园工疗站珠光二站和0—14岁残疾人康复中心。越秀区“阳光家庭”项目的服务群体年龄处于18—60岁，而且更集中在30—60岁这个区间。对于0—14岁的残疾儿童该如何开展服务，日间训练机构的残疾人的需要集中在哪些部分等问题，项目社工非常希望在“阳光家庭”第三年度，处于开拓创新的这个时期里，利用日常项目指标以外的时间去探索这些新的领域。为此，项目在兼顾常规服务的同时，针对越秀区0—14岁残疾人的康复中心开展了“你我天使心——康复中心社工介入服务”以及“康园乐业——康园工疗站珠光二站社工介入服务”。

“你我天使心”计划推进至今，健全了康复中心残障儿童档案工作，评估了残障儿童的能力，从而让其训练对症下药，提升了残障儿童的能力。同时，社工还协助释放残障儿童家属的精神压力，从而更好地照顾康复者。目前，社工会了解部分康复者的后续康复计划，丰富康复者的学习与生活，增强其社交能力和其他能力。

“康园乐业”计划以社工的介入缓解工疗学员与家长的紧张关系，增强社会与残疾人之间的积极互动。2012年10月中旬，社工带领三名工疗学员参加“亲青汇创意沙面街市集活动”，这是一个很好的平台，让工疗学员走进社会，参与社会实践。工疗学员现场制作创意书签，吸引大批市民驻足拍照

并购买他们的作品，学员的付出得到了认同，极大地鼓励着他们继续努力。到了10月底，《广州青年报》得悉珠光二站的创新性工疗模式，主动到访，并以封面及两页全版面详细报道了康园工疗站的特色和社工介入的理念。

7. 阳光志愿服务新平台——“On call 志·援计划”

“阳光家庭”服务项目实施第三年，阳光志愿服务队每个月都开展招募和培训，相比于上一年151名志愿者，今年增加到180名，而对接团体志愿队伍也增加了新世界地产义工队、安利集团志愿队、宝洁爱心义工队、白云学院义工队、华农义工队等。服务队成员除了常规化地参与到日常的残疾人服务以外，这一年度项目还推出了“On call志·援计划”志愿服务新平台。搭建这一平台其最初的构思是用以跟踪已结案的原100户阳光家庭。由于每周六志愿者都会通过热线电话跟进原100户家庭，不到一个月就完成了对全部家庭的了解。对有社工介入需要的残疾人家庭，志愿者会认真记录，再由当值社工转交给以往负责的社工跟进。为此，社工调整电话服务内容，由社工安排志愿者通过电话访谈对一些肢体能力偏低或视力残疾人长期跟进，指定服务对象，通过不断培训，让志愿者到服务对象家陪伴倾谈，从而满足部分只需要倾谈需求的残疾人。“On call志·援计划”逐渐成为越秀区残疾人心目中的民心品牌项目。

（二）项目设定的各项目标达成情况

1. 资源投放

表1-1-19　项目资源投放达标情况

资源投放	指标	达成情况
专职社工6名，社工助理1名，行政专业及文案1名	全员到岗6个月或以上	达成
人员费用及经费	按预算足额投放	达成
办公设备设施	按预算足额投放	达成

2. 活动/服务

表1-1-20　广州市越秀区残疾人社工专业服务工作总体统计表

	项目	服务时数（小时）	服务数量（人/次）	总计时数
社工服务时数统计	上门服务	5675	253人	8332
	电话探访	487	974次	
	督导指导	2170	31次	
大型活动时数统计	广州白云时尚音乐节暨亲青公益嘉年华（两天共14小时）	5000	5000	53533
	2012助残日活动（4小时）	1280	320	
	烈士陵园半日游（3小时）	126	42	
	“小手拉大手，一起庆六一”活动（4小时）	200	50	
	一起做阿茂（3小时）	45	15	
	那些年，我们一起“饼肩”作战（4小时）	520	130	
	大东社区粽有情——大东街工疗站学员暨残疾家庭端午节主题活动（3小时）	66	22	

（续上表）

	项目	服务时数	服务数量（人/次）	总计时数
大型活动时数统计	让世界家满爱（4小时）	180	45	
	“全城忆爱·小碧心纪念画展”及碧心追思会（5小时）	1500	1200	
	宝洁慈善之旅越秀行（4小时）	200	50	
	“侨”心独运传温暖，“鑫”赏月明递欢乐——中秋节送温暖活动（4小时）	120	30	
	“情系利康，同贺中秋”活动（3小时）	63	21	
	“迎中秋贺国庆”茶话会（4小时）	720	180	
	亲青汇创意沙面街市集活动（4小时）	10000	10000	
	“新生狂欢”同乐圣诞Party（3小时）	96	32	
	光影天使计划启动仪式（4小时）	400	100	
	健康生活从身边开始（两天共8小时）	2400	600	
	第二届志愿服务广交会（两天共10小时）	4000	2000	
	金蛇耀花市（12小时）	10000	10000	
	不要等到花儿也谢了（3小时）	600	200	

（续上表）

	项目	服务时数	服务数量（人/次）	总计时数
大型活动时数统计	越秀粤地道广府庙会（7小时）	4000	4000	
	爱心汇流慈善义卖义拍（4小时）	3000	3000	
	十字绣梦想课室（广府庙会）（4小时）	176	44	
	社区零歧视，你我齐参与（大东街）（4小时）	1800	450	
	社区零歧视，你我齐参与（六榕街）（4小时）	1400	350	
	首届“梦·飞翔”残疾人艺术展览及评比活动（共40小时）	4000	2000	
	光影天使计划（4小时）	240	60	
	红红火火拜早年——越秀利康茶话会（3小时）	150	50	
小组工作时数统计	与我同行——家属支援性小组（共4节）	96	6	2016
	我相信，我能行！——创业工业坊（共6节）	192	8	
	正确认识精神病，增进照顾技巧——教育性小组（共4节）	192	12	
	同行复元路——教育性小组（共6节）	360	15	

（续上表）

	项目	服务时数	服务数量（人/次）	总计时数
小组工作时数统计	春田花花补习班——教育性小组（共8节）	160	5	
	用爱倾谈，用心聆听——亲子小组（共6节）	240	10	
	折出新天地——娱乐性小组（共4节）	224	14	
	做多一点点——共融性小组（共4节）	224	14	
	花花大世界——教育性小组（共4节）	208	13	
	我信我力量——成长性小组（共5节）	120	6	
志愿者服务时数统计	开展培训	2400	600	8808
	On call志·援计划	1050	5	
	团建及大型活动	4750	453	
	上门服务	608	47户	
合计				72689

*备注：时间从2011年4月1日至2013年3月31日

计算方式：服务时数=服务人数×小时（小组活动还需乘以活动节数）

六、项目的总结与建议

（一）项目运作过程中可以借鉴的方面

1．加强购买方与承办方的沟通交流，达成共识，获得支持

本项目值得推广的地方在于服务购买方从筹备到服务开始前期，再到后期有意识地强化与承办方定期、有效的交流，按部就班提交计划与报告，使

得购买方了解项目进展情况，并与承办方就项目具体要求达成共识。购买方充分发挥自身优势，为项目开展提供前期联络，出具介绍信，提供目标群体名单及现有政策等资源，保证了项目的顺利开展。

2. 切实走访各类服务机构，了解特色及局限

通过走访各街道，与分管残联的工作人员座谈及参观工疗站，了解基层残联工作的情况。当向服务对象转介时，介绍具体且有针对性。

通过走访医疗单位和教育机关，了解不同管理部门之间协调的困难，以及专业间的隔膜。在这样的客观情况下，项目依然可以有自己的服务空间。

3. “阳光”作为服务家庭的灯塔而不是无法脱手的拐杖

“阳光家庭”项目在第一年探索阶段的确存在一些专业上的冲突，最突出的就是在项目运行上缺失社工接案/结案的专业程序。所幸“阳光家庭”项目本身有一个自我反省的机制，通过不断完善，项目的服务家庭不再对社工有依赖，“阳光家庭”社工通过评估发现残疾人家庭面对的问题主要包括家庭关系紧张、心理缺失、情感需要；缺乏康复训练知识，信息缺失以致未能享受到政府政策的优惠；经济困难、医疗困难、住房困难三大类。我们的社工针对不同家庭的需要提供专业服务，协助残疾人家庭面对种种困难，始终以助人自助为服务宗旨。

4. 不断求变，锐意创新

“阳光家庭”项目迈入第三年度，也是项目试行的最后一年。相对于第一年度的探索阶段，第二年度的稳步阶段，第三年度可说是开拓创新阶段。越秀区“阳光家庭”项目最原始的计划是，三年内将阳光计划推行到100户，为残疾人家庭提供服务，提高照顾者护理能力，缓解其心理压力和情感困扰，帮助其增强生活信心，提升社会参与能力，提高家庭生活质量；同时，挖掘社区资源，构建服务网络，最终达成社区共融。而实际上在2010年10月下旬，项目已经分五批推进了这100户残疾人家庭为“阳光家庭”计划居家照顾服务家庭，社工已经分配好自己负责的区域，并有序稳定地开展上门

服务。原始计划书里面没有要求原来的100户服务对象需要更替，但通过每年4月召开的专家评估会议，项目从第二年就跳出了计划书的局限，向着社工专业的方向不断前进。项目运行到今天，我们已经更替了原有的100户阳光家庭，还通过电话访谈、机构转介和残疾人的主动求助，根据专业社工评估准则决定是否接案，然后通过制订个案计划、填写专业表格，按部就班地推进个案，而到了固定周期，社工们通过个案会议和督导意见分析个案进展状况及结案的时间表。除此以外，专业小组、专业社区活动都在项目社工参与服务过程中通过自身学习，了解服务需求而陆续开展。第三年，项目社工还利用服务以外的时间开拓新服务方向，康复中心社工介入服务和康园工疗站社工介入服务都是项目崭新的尝试；"阳光成长学堂"同样是依据服务热线当中服务对象的需求应运而生的。"从需求出发，用专业说话"是"阳光家庭"运行第三年所总结出来的经验。项目实施组相信，只要项目还有生命力，还有创造力，它就会永不停息地运作，直至它无法跟上时代的步伐。越秀区"阳光家庭"项目虽然面临试行的最后时刻，但我们认为其没有落伍，它依然坚守着潮流的领先位置。

5. 做政府的好帮手，协助家庭解决问题

在电话访谈或上门服务中，有部分生活较为困难的残疾人，他们都表示并不是自己不愿意去申请一些社会资源的帮助，而是他们不懂得有哪些资源可以申请，又该如何去申请。经过社工们的指导或转介，他们对政策和社会资源有了一个大致的了解，并积极地到相应的部门去申请福利，改善生活质量。

6. 链接社会资源，建立资源平台

项目组事先走访区内的各种资源，与它们建立联系，再通过电话访谈和上门服务的形式，了解服务对象的需求情况后，再与相应的社会资源链接，使资源得到合理的利用，并逐步地建立资源转介平台。

7. 收集残疾人各种需求，发挥政策倡导作用

项目组发挥作为政策倡导者的角色，在服务过程中，收集和归纳各种需

求，针对一些目前政策或资源暂时未能解决的问题，提出解决倡议，如：困难残疾人家庭需要入院时，数千元的押金对他们而言是一个沉重的负担，为此，我们归纳问题，向越秀区残联积极反映，希望有关部门给予政策上的扶持。

越秀区“阳光家庭”行动计划项目实施以来，项目组坚持在越秀区委、区政府的正确领导下，在越秀区残联的指导下开展服务，积极响应党的十八大报告提出的“完善残疾人社会保障和服务，切实维护残疾人权益”的要求，继续加强培训和专业发展，保证服务品质，为残疾人家庭提供更加优质和专业的服务，扎实为残疾人办好事，做实事，让残疾人家庭生活幸福指数不断提升，为建构幸福越秀、和谐社区奠定和睦的家庭基础与和谐的社会基础。

第二部分　专业思考

机构照顾与居家照顾的比较
——以残疾人服务为例

|肖小霞　黎敬兴|

摘　要： 随着我国残疾人口日益增多，机构照顾面临容量有限、成本开支居高不下等问题。居家照顾成为解决这些问题的出路之一。文章以两家残疾人服务机构为例，就机构照顾和居家照顾在服务对象、服务提供者、服务提供方式、服务特点及优缺点等方面进行比较分析，指出机构照顾与居家照顾模式各有优缺点，针对不同类型残疾人的不同需求，可以取其优势更好地提供服务。

关键词： 机构照顾　居家照顾　残疾人社会工作

一、问题引入——机构照顾和居家照顾并存的残疾人服务

改革开放以来，机构照顾是残疾人康复和照顾服务的一种重要模式，这种照顾模式在实践中存在三个方面的问题。首先，相对于数量庞大的残疾人口而言，当前照顾机构的数量和服务水平远远不能满足残疾人和家属的需求。以广州市为例，广州市现有残疾人超过50万，由市、区（县级市）残联、民政局、教育局、卫生局等部门直接管理的事业单位性质的残疾人康复中心、家属资源中心、特殊教育学校、精神病院和福利院共计200余家，加上20余家民办残疾人服务机构[1]，数量和服务水平仍有很大差距。其次，院舍照顾基本建设费用、管理费用和运作成本高，投入大，受益面窄。以广州市

残疾人康复实验学校为例，据广州康复实验学校网的资料显示，该校建筑面积为4600平方米（据介绍，新校舍总建筑面积达20500平方米），教职工总数90人，训练仪器设备投入超过300万元，但目前只接收不到300名学生，即便满额也只有600名左右。虽然负责人不曾透露每年的经费数目，但该负责人表示从未担心经费不足，每年不菲的人工成本和器材维护费用等均来自政府财政拨款，可见政府的投入是很大的。最后，院舍照顾与机构生活对人产生有害影响，如对被照顾者的过度控制、监管和标签化倾向，妨碍被照顾者的人格完善。已有大量经验研究表明，相对于在家庭中成长的残疾儿童，在集中托养的机构中长大的残疾儿童更容易出现心理、情绪、个体认同、社会适应等方面的困难[2]。

机构照顾的诸多弊端使政府和学者们开始反思有没有一种比机构照顾更廉价，比家庭照顾更有效，能同时整合政府、机构、社区和家庭多种资源的照顾方式。在中国当前人口老龄化、高龄化而家庭照顾功能弱化的形势下，居家照顾能够较好地回应老年人的居住偏好和照顾需求，它同时链接了家庭照顾与社区照顾，既可让服务对象不必离开原有家庭，受到家人的照顾，其家庭也可以按自身情况获得所需要的资源，接受适当的服务[3]。因此，在中国部分发达城市地区目前已开展了居家照顾的试点，服务对象主要是独居老人、高龄老人和残疾老人，而专门针对残疾人的居家照顾则刚刚启动。

居家照顾不同于家庭照顾。笔者认为，居家照顾是以家庭为核心，以社区照顾服务网络为外围，以社会救助、社会保险、社会福利等制度为保障的居家照顾残疾人的服务体系。居家照顾是家庭照顾的延伸，在照顾的责任上，居家照顾把传统家庭照顾的责任由家庭延伸到整个社会；在具体承担照顾的社会责任的组织形式上，由家庭延伸到其他专业和非专业组织；在制度建设上，居家照顾把传统家庭照顾的意识形态基础由文化价值观延伸成为一种社会保障制度，并以法律作为这些制度的基础；在风险承担上，居家照顾把单个家庭的保障风险延伸到家庭和社会身上，由于风险相互交汇和转移，从而使得整个社会的照顾保障水平有了新的提高；在保障的目的上，居家照顾突破了家庭照顾只关注个别残疾人福祉的历史局限，其最终目标是构建残健共融、人人共享的社会。

那么，机构照顾和居家照顾的实际运作情况如何？这两种照顾模式分别有何特色？下面将以两家残疾人服务机构予以说明。

二、机构照顾与居家照顾的比较——以两家残疾人服务机构为例

据WHO（世界卫生组织）估计，目前全世界有5亿残疾人，占总人口的10%，其中有近2/3在发展中国家。根据2006年我国第二次残疾人抽样调查数据推算，我国各类残疾人的总数为8296万，占全国总人口的6.34%[4]。与1987年第一次全国残疾人抽样调查相比，残疾人口总量增加，比例上升，残疾类别结构变动，残疾人问题对社会的影响将日益加深。因此，残疾人的照顾模式、生存状况等问题也越来越受到政府、社会、大众和学者的关注。在众多残疾人服务机构中，本文分别选取了一家民办和一家公办残疾人服务机构，希望能从对典型案例的解剖中对两种不同的照顾模式进行分析和总结。

（一） 两家残疾人服务机构概况

1. 提供机构照顾服务的某民办机构概况

提供机构照顾服务的某聋儿语言训练中心（以下简称“语训中心”），已有15年的经营历史。该中心从起初只有一间房的场地，学生不足10人，教师2名，发展为现在两层楼，占地1000多平方米，学生41人，教师16名。附近居民由最初的不了解到现在已熟知语训中心，各地的听障儿童家长不远万里慕名而来。该中心的服务主要是语言康复训练、自理能力培养、社交能力培养以及体育锻炼等。学童们根据听力及语言康复程度分为大、中、小三个班级，分别接受不同的课程安排。语训中心的老师每天都会给各班的学童进行

不少于5小时的语言康复训练，并配以适量的外出锻炼时间与休息时间。

语训中心成立15年来，已有约300个学生接受康复训练，且生源逐年增加，其中接受3年以上康复训练的学生90%以上可转读普通小学，剩余的学生转入聋人学校。可以说，接受了语训中心服务的大部分学童在语言技能或者自理能力上都有一定的提升。据语训中心负责人介绍，附近也有三家类似的聋儿语训中心，但因其经营不善、急于求成而最终倒闭，这也说明机构照顾虽然能有效解决残疾人的康复和照顾问题，但如果不能切实提供其所承诺的服务，服务对象也会离开该机构。

2. 提供居家照顾服务的越秀区残联概况

广州市越秀区“阳光家庭”居家照顾服务项目内部资料显示，居家照顾服务是该区民政部门牵头，财政部门拨款，由区残联对辖区22条街的残疾人家庭提供。2010年4月，“阳光家庭”居家照顾项目正式启动。经过需求评估后，最终确定首期由6名社工向区内100户残疾人家庭提供服务。这些服务对象的家庭情况各不一样，残疾人多为肢体残疾、智力残疾、精神残疾等几种情况，残疾程度偏向一、二级等严重程度，或者是家中多人残疾，家庭生活困难。居家照顾通过上门服务来提供，由社工对该家庭进行评估，再根据所需由社工或者志愿者提供指导、转介、陪护、照料、咨询等服务。

由于项目处于试点阶段，除财政支持外，街道和社区均无居家照顾的相关配套设施，单靠社工及居委的力量很难提供大范围的服务。因此，由志愿者组成的非正式支持网络及民政局、残联等正式支持网络为居家照顾的顺利开展提供了坚实后盾。经过半年的服务后，社工已为一部分残疾人提供转介服务以及康复指导服务。虽然不能提供具体数据说明实施效果，但是社工能明显感受到服务对象的社会融合度提高了，从一开始的拒绝接受服务转变为乐于接受志愿者的帮助，同时社工也能感觉到残疾人家人对其支持产生的重要影响。

（二） 机构照顾与居家照顾的特点比较

以下将结合两家残疾人服务机构，就其服务对象、服务提供者、服务提供方式、服务特点及优缺点等方面进行比较分析。

1. 从服务对象看

实施机构照顾服务的机构，由于机构内的场地、人员限制，一般只提供专门专项服务，比如精神病院只接受患有精神病的病人入院，而不会接收智力障碍的残疾人。这样不仅能方便照顾，更能提高服务质量。笔者这次采访的语训中心同样主要接受听力障碍儿童，虽然机构内暂时有三名智障儿童，但由于机构发展需要，目前这三名儿童已转介给相关机构照顾。还有，语训中心也会逐渐减少普小、中学的听障儿童寄宿数量，做到只接收学龄前患有听力障碍的儿童。

而居家照顾则没有限制专门的服务类别，只要是在规定范围内的残疾人及其家庭都可接受服务。负责居家照顾的社工或居委可按照要求，给符合条件的残疾人家庭提供服务。

就服务对象的主动性来看，机构照顾中大多数家长是自己通过各种渠道找到院舍机构后提出入院要求，所以服务对象都是主动上门寻求服务，因而比较配合机构提供的各种服务。而目前越秀区残联推行的居家照顾服务则是由社工或居委根据政策要求主动寻找，经过服务对象的许可并签订服务协议后才正式提供服务，因此服务对象接受服务的主动性相对较弱。

就服务对象的确定标准来看，机构照顾的标准是残障类别。如语训中心就是根据儿童的年龄、听力状况、康复状况来综合评估是否适宜在中心内接受照顾，符合条件的儿童会依据自身情况编入大、中、小班。每位学童都有自己的语言训练记录本和卡片，不仅能方便教学改进，更能让家长了解孩子的近况。当孩子经过一段时间的训练后，会依据其康复情况和年龄或转介或继续升学。而居家照顾的服务对象是登记在册的户籍内残疾人及其家庭，确定标准是残疾人残障程度及其家庭的具体需求。相对于机构照顾的确定标准更为复杂和多元，并且由于服务对象限定为登记在册的户籍内残疾人，户籍外的、未登记的残疾人家庭则无法享受到这一服务，造成服务盲区，也带来福利资源分配的不平等问题。

2. 从服务提供者看

机构照顾模式中的院舍通常配有专业的特教人员、医务人员、护理人员（主体），少量机构会配备社工（辅助），如语训中心的日常语言训练与康复训练都是由特教人员辅导学童进行。机构负责人表示，这些特教老师主要是从大、中专师范院校直接聘请，由于目前开设特教专业的师范院校较少，因此绝大部分老师们的特教技能是在正式受聘后，通过相关培训或在工作中锻炼而获得。在照顾者数量方面，语训中心目前有16名教师、41名学生，师生比例达到约1∶2.56。较高的师生比率能有效增加每位儿童的康复训练时长，也使聋儿的康复效果得以有效提高。

居家照顾的服务主体是社工。以社工为桥梁，联系起民政局、街道、居委、残联、医院、精神病院、福利院及各种康复中心等正式的支持网络，社会工作者以及亲友、邻里、志愿者、社区领袖及社区积极分子等非正式的支持网络。社工要为残疾人及其家庭连接和配置两个网络的资源。此外，志愿者作为社工的助手，也成为居家照顾服务的主要提供者。为保证服务质量，从社会公开招募的志愿者在提供服务前，会接受来自社工、医师、心理咨询师等专家的相关培训，经过培训后志愿者方能入户参与到居家照顾的服务中去。据广州市越秀区"阳光家庭"居家照顾服务项目内部交流资料显示，6名社工、10多名志愿者、少量提供生活照料和清洁服务的工作人员为100户残疾人家庭服务，服务人员与服务家庭的比例接近1∶20。相对于语训中心1∶2.56的师生比，居家照顾模式显然更能节省社会资源，也更能提供长效的服务。

3. 从服务特点看

机构照顾模式因其服务对象、服务内容及服务提供方面的不同，具有集中性、专业性、规范性三个显著特点。集中性即机构照顾模式的院舍可以相对集中资源，给服务对象提供针对性的服务。专业性体现在语训中心里，大到课程设置、教学内容、教学方法、教师配备，小到课室布置、器材配备、活动场所设置、起居室设计等，基本上都考虑了学童的身体特点和生理需要，从而能够有效满足这一群体的特别需求。规范性在于语训中心只为聋儿这一群体服务，服务对象的专一性使其能够规范所提供的服务标准、服务质量与内部管理。此外，聋儿在机构中与相同群体相处，可以维持其正常社交、生理需求，获得朋友的支持，消除孤独感；也可使家庭的照顾者转移注意力，减少照顾者的负担以及家有残疾儿童的阴影。

居家照顾残疾人照顾模式通过社工链接社区的各种正式与非正式资源，尽量使残疾人能够继续留在原有社区或家庭中维持独立生活，同时又能获得必要的照顾。这样的模式使其具有服务对象的分散性、服务内容的多元化及服务方式的人性化等特点。服务对象的分散性有别于机构照顾的集中性特点，享受居家照顾服务的残疾人分居于服务范围内的原生家庭中，社工及志愿者等服务提供者需要走访于各街道、各家庭之间。服务内容的多元化强调正式支持网络与非正式支持网络的相互配合，既提供残疾人所需的生活照料、康复训练、就业指导、心理咨询及转介服务等，也提供残疾人家属所需的康复指导、心理支持、政策咨询等服务。服务方式的人性化体现在将残疾人置于其所熟悉的家庭与社区环境中，采用个案管理形式，把残疾人所在的家庭作为一个整体，由专业人士与家人、朋友和社区成员共同提供全方位的服务，既能免去服务对象的恐惧，又能维持家庭的照顾能力，达到满足残疾人康复照顾需求的目的。

4. 优缺点比较

下面就以表格形式具体阐述机构照顾与居家照顾的优缺点（见文末表格）。

总之，机构照顾与居家照顾模式各有其优缺点，针对不同的服务需求，可以取其优势来更好地为服务对象提供照顾。

三、两种模式的发展前景探讨

通过对机构照顾与居家照顾两种模式的比较分析，并结合中国国情和政策实践，笔者对两种模式未来的发展持以下观点。

首先，机构照顾和居家照顾各有所长，在为残疾人提供服务时，应取长补短，相互配合。由于机构照顾具有专业性、规范性、集中性三个突出特点，因此机构照顾在满足残疾人的康复需求、健康护理需求、社会交往需求，弥补家属照顾资源不足等方面有优势，比较适合儿童、老人、肢残以及所在家庭规模较小、无固定长期照顾者的重症残疾人；而居家照顾服务对象的分散性、服务内容的多元化及服务方式的人性化等特点，使得居家照顾更适合精神残疾人、残疾程度较轻者以及有固定家属照顾者的重症残疾人。另外，考虑到残疾照顾不同阶段的不同需求，处在康复早期的残疾人更需要专业的机构照顾，而其他阶段的残疾人通过居家照顾更能满足其情感、爱等方面的多元需求。

其次，在我国社会福利服务资源总体性不足的前提下，家庭照顾将是目前乃至未来一段时间内残疾人照顾最普遍、最重要的形式，但家属绝不是残疾人唯一的照顾者，家庭照顾需要逐步向居家照顾过渡。中国的家庭伦理和家族文化传统决定了残疾家庭成员照顾责任的主要承担者是其家属这一理念被大众所认可，如何为其家属发掘其他非家庭资源（如邻里、志愿者、社区、照顾机构、政府、市场）的支持，是由家庭照顾过渡到居家照顾的核心内容。

再次，尽管饱受非议，机构照顾在设施、护理和服务诸方面展示的专业性决定了它仍将是不可偏废的残疾人照顾方式。如何克服现有机构照顾的弊端，可从两个方面入手。第一，用社区内的小型照顾机构（如日间医院、成人日托中心、临托照顾中心等）取代大规模的、非人性的、隔离的照顾机构，将照顾的场域由以往偏僻且隔绝的机构转移至邻近人们生活的地理区域内，让残疾人尽可能在社区内的机构接受照顾。第二，机构照顾中主要的照顾者是机构的护理人员、康复师、医师、社工等专业人员，但其他非专业人员如家属、邻里、朋友、志愿者也需要扮演辅助性的角色。只有专业人员和非专业人员的共同参与，机构照顾才能让残疾人感觉“像家一样”，并在机构中实现“正常化”生活。

最后，无论是机构照顾还是居家照顾，都应该为残疾人（包括其照顾者）搭建一个整合各方资源的平台，这些资源可能包括政府提供的政策资源、财政资源、组织资源，社区提供的情感支持、人力资源，民间社会提供的人力资源、组织资源、资金资源，市场提供的资金资源等，并且在这些提供资源的主体中，政府的支持不应是在特殊情境下使用的最后手段，而应该是优先投入并被普遍使用的手段。在中国目前的情境中谈机构照顾和居家照顾，两者都意味着政府承担责任的加强而非退出。

参考文献

[1]宋桌平．广州市“两会”信息：市政协委员提议资助我市残疾人康复机构发展[EB/OL]．[2006-03-31]．http://gdpf.org.cn/Article/news1/20903/960.html.

[2]成海军．儿童福利机构照顾存在的问题及对策[J]．民政论坛，2001（1）：17-18.

[3]吕新萍．院舍照顾还是社区照顾——中国养老模式可能取向探讨[J]．人口与经济，2005（3）：10-11.

[4]第二次全国残疾人抽样调查领导小组，中华人民共和国国家统计局．2006年第二次全国残疾人抽样调查主要数据公报[J]．中国康复理论与实践，2006，12（12）：10-12.

附表：机构照顾模式与居家照顾模式优缺点对比

	优势或长处	限制或不足
机构照顾	（1）减轻家人的负担，释放照顾者的压力（长期照顾行动不便的残疾人，会使家属特别是主要照顾者产生生理和心理负担，而机构有专业人士护理和照顾残疾人的日常生活，能极大减轻家属特别是主要照顾者的负担） （2）消除孤独感，保持正常的生理、心理状态和社会交往活动（如聋儿因为听力障碍被同龄小孩排斥，把儿童送往语训中心，可以让其拥有朋友，享受跟伙伴玩乐的时光，感受到被朋友理解与接受） （3）提供健康护理、康复等专业化服务（如聋儿需要配戴助听器或者人工耳蜗的耳机。这些助听器和耳机价格从几千元到十几万元不等，且容易损坏，很多学童甚至家长都不懂得保养，而中心的特教老师可以帮忙清洁和保管。此外，机构负责人还会定期带学童到测听中心检测，根据其听力康复状况调整助听器或耳机，以免由于设备问题而影响康复效果）	（1）疾病理论认为残疾人的问　题主要是自身生理或心理不平衡所产生的，在此理论指引下，机构照顾容易给受照顾的人带来一些不必要的后遗症，如自我照顾能力削减，对专业人员的依赖性增加，与家庭及社区的接触减少，自我形象变得衰弱等 （2）接受机构的照顾也会使得服务对象脱离所在社区，不能较好地融入社区的环境与氛围
居家照顾	（1）可以联系正式与非正式照顾网络：一方面充分发挥服务对象所熟悉的家庭成员、邻里及社区志愿者在照顾残疾人中的主要作用；另一方面接受专业人士的指导与协助，为残疾人提供更有针对性的服务 （2）支持家庭照顾：居家照顾可以把残疾人的家庭作为一个服务整体，不仅可以维持家庭的照顾能力，更可以由专业人员提供有针对性的服务，满足残疾人日常照顾需要 （3）成本低廉：居家照顾由于鼓励非正规服务和私有化服务的参与和发展，因此在很大程度上减轻了政府在社会福利服务提供方面的责任承担和资源投入	居家照顾服务需要社区建设和社区服务同步完善与发展，目前来说，居家照顾服务对象仍以老人为主，以残疾人为对象的服务刚刚起步，要实现居家照顾还需要多方支持与协调

浅论社工介入残疾人居家照顾新模式

|陈　立|

一、前言

作为一个人口大国，中国拥有庞大的人口基数，庞大的人口基数带来庞大的残疾人人口数量。截至2006年4月1日，中国有残疾人的家庭共7050万户，占全国家庭总户数的17.78%。这是国家统计局、第二次全国残疾人抽样调查领导小组发布的最新调查数据，调查表明，中国有 2 个以上残疾人的家庭876万户，占残疾人家庭的12.43%；有残疾人的家庭总人口占全国总人口的19.98%；有残疾人的家庭人口规模为3.51人。

随着社会的发展，作为社会弱势群体中的人群之一，残疾人已经得到了越来越多的关注。改善残疾人群体的生存状况成了政府以及社会各界的一大课题。许多的残疾人照顾机构也应运而生。然而，中国现今所拥有的残疾人机构数量却远远达不到社会的需求。所以，残疾人的居家照顾也被认为是解决残疾人照顾问题的另一途径。

居家照顾一词的产生，源于西方的社区照顾。在社区照顾出现之前，西方国家普遍采用社会民主主义及凯恩斯的国家积极干预思想，通过社会福利政策的介入，一改工业化初期侧重对贫困人口进行救济的“补缺型”福利制度，开始向追求普遍性、多项目、高标准的“制度型”福利转变，由此纷纷走上了福利国家的道路。以老年人的社区照顾为例，表现在为老年人提供照顾的正规机构。但是，随着社会的发展，早期正规机构照顾的弊端随着老年人越来越高的需求日渐显现。特别是在20世纪70年代后，一方面，经济发展势头的由强变弱和较长时期的滞涨，使得支撑福利国家的经济基础变得日益薄弱；而另一方面，福利制度的刚性特征和人口老龄化的加剧，使得西方国家的社会福利开支日益膨胀，财政赤字进一步加大，致使福利国家的政策蒙受责难。正是在这样的背景下，社区照顾的概念出现。社区照顾通常是指通过非制度性的方式对老年人进行照料和安置。而老年居家照顾，则是通过把老年人置身家中，运用社区资源，并由身边的亲人或者其他照顾者对其进行照顾。这种照顾方式，对于残疾人群体也可以通用。

在这个背景之下，广州市某区作为一个试点，推行了残疾人居家照顾的服务项目。笔者在进行专业实习时，参加了该项目的策划、前期评估以及执行，并与其他实习生参与了该项目的服务。

该项目在推行之后，社工在进行上门服务时，也遭遇到了一些困难。在本文中，笔者将选取社工在介入残疾人居家照顾时遭遇的难题进行分析，并运用专业理论知识对其解决办法进行探索。

二、问题引入

（一）中国残疾人概况

《残疾人保障法》（修订稿）指出：残疾人是指在心理、生理、人体结构上，某种组织、功能丧失或者存在严重障碍，日常生活或者社会活动受到持续性限制的人。残疾人包括视力残疾、听力残疾、言语残疾、肢体残疾、智力残疾、精神残疾、多重残疾和其他残疾[1]。

截至2006年4月1日，中国有残疾人的家庭共7050万户，占全国家庭总户数的17.78%。这是国家统计局、第二次全国残疾人抽样调查领导小组发布的最新调查数据，调查表明，中国有 2 个以上残疾人的家庭876万户，占残疾人家庭的12.43%；有残疾人家庭户的总人口占全国总人口的19.98%；有残疾人的家庭户规模为3.51人[2]。

（二）残疾人居家照顾概述

国内外对残疾人的照顾主要有以下几种模式：社会福利机构照顾模式、医院照顾模式、家庭照顾模式和社区照顾模式等[3]。现今，中国的残疾人康复照顾主要是以机构照顾为主流。然而，以广州市为例，广州市现有残疾人超过50万，占全市总人口的5.86%。面对如此多的服务对象，现有的服务机构数量还远远无法满足残疾人群体的需求。所以，探索一个作为机构照顾的合理替代方案来解决残疾人的康复照顾问题就成为一个十分重要的社会学课题。在此背景下，居家照顾成了解决残疾人照顾问题的方案之一。

居家照顾一词的产生，源于西方的社区照顾。在社区照顾出现之前，西方国家普遍采用社会民主主义及凯恩斯的国家积极干预思想，通过社会福利政策的介入，一改工业化初期侧重对贫困人口进行救济的“补缺型”福利制度，开始向追求普遍性、多项目、高标准的“制度型”福利转变，由此纷纷走上了福利国家的道路。以老年人的社区照顾为例，表现在为老年人提供正规的照顾机构。但是，随着社会的发展，早期正规机构照顾的弊端随着老年人越来越高的需求日渐显现。特别是在20世纪70年代后，一方面，经济发展势头的由强变弱和较长时期的滞涨，使得支撑福利国家的经济基础变得日益薄弱；而另一方面，福利制度的刚性特征和人口老龄化的加剧，使得西方国家的社会福利开支日益膨胀，财政赤字进一步加大，致使福利国家的政策蒙受责难。正是在这样的背景下，社区照顾的概念出现。社区照顾通常是指通过非制度性的方式对老年人进行照料和安置[4]。而老年居家照顾，则是通过把老年人置身家中，运用社区资源，并由身边的亲人或者其他照顾者对其进行照顾。这种照顾方式，对于残疾人群体也可以通用。

如今，要发展残疾人照顾事业，开拓一条紧密结合社区、家庭的居家照顾的残疾人居家照顾道路，显得格外重要。这条道路，不仅能够应对中国残疾人人口基数大、数量多的问题，且能让残疾人更好地回归社会，回归社区，此举也更能应和中国人传统的家庭观念。为此，广州市某残联就作为一个试点，在该区的所有街道开展某项目，对该区的重残、贫困残疾人进行居家照顾。

（三）社工介入残疾人居家照顾

残疾人社会工作，就是运用社会工作的理念和方法来开展残疾人工作。残疾人是一个特殊的社会群体。他们通常只能用自己特定的概念、方法、手段介入和参与社会生活。他们更是一个困难群体，由于残疾影响和外界障碍，残疾人在社会生活中处于某种不利地位，正常作用的发挥受到限制。而且他们不像老人、儿童、贫困者那样主要是由于社会或自然环境等外在条件的限制而使自己的生活处于困境之中，而是由于生理器官的缺陷或损伤等自身条件而使其难以像正常人那样生活，他们通常承受着双重的痛苦和不幸[5]。

社会工作者的出现，可以有效地给予残疾人及其所在家庭支持。通过对残疾人居家照顾的介入，社工对其提供心理、照顾技巧等辅导以及其他方面的服务，帮助残疾人增强生活信心，提升社会参与能力，提高生活质量，并构建资源网络，协助残疾人解决自身问题。

然而，在社工介入残疾人居家照顾时，也会遇到一定的难题。其中原因很多，如中国较为封闭的家庭观念以及残疾人长期的生活状态等等，都使得社工在介入残疾人居家照顾时遇到一定的难题。笔者参与了某残联的某项目，该项目即残疾人的居家照顾项目。本文将以该项目为例，对社工介入残疾人居家照顾所遇困境进行讨论，并对其解决办法进行探索。

三、广州某区残疾人居家照顾现状及需求评估

为深入了解残疾人居家照顾的照顾情况，为某区的残疾人服务项目更好地开展提供需求评估帮助，某区残联运用问卷调查的方式，对区内100户残疾人家庭的居家照顾者进行了问卷评估，该问卷名为《居家照顾者照顾水平评估表》，旨在对残疾人照顾者的照顾水平以及照顾情况做一个分析，以此来评估残疾人居家照顾的状况以及需求。问卷发放共100份，成功回收100份，有效份数100份，回收率以及有效率均为100%。具体情况分析如下：

（一）照顾者年龄较高，且部分身体情况不佳

在问卷所调查的100位残疾人照顾者中，有53%的照顾者年龄在50岁以上，其中，60岁以上的有30%，70岁以上的有15%，最高年龄达到了86岁。而在受访对象中，有30%的照顾者身体状况不佳。

（二）照顾者照顾总体水平较低

问卷通过康复训练水平、生活护理水平、沟通技巧水平、用药护理水平、安全护理水平五方面来考察照顾者的照顾水平，评分标准为四分满分。调查结果显示，照顾者的康复训练水平的平均得分为1.8分，是五个考察项目中得分最低的一个。可见，照顾者的康复训练水平确实有待提高。而生活护理水平得分为2.5分，是五项之中最高的，可见经过多年的相处，残疾人照顾者在生活护理方面还是积累了一定的经验技巧。其他三项，沟通技巧水平得分为2.2分，用药水平为2.1分，安全护理水平为2.4分。照顾者五项的平均得分为2.18分，没有达到及格成绩。从以上数据看来，照顾者在康复训练水平这一块需要得到更大的支持，而其他四项水平，也需要得到社会的支持。

从受访对象的问卷情况看来，有一部分照顾者的照顾水平特别需要得到关注。该部分照顾者五项水平的评分都是最低分，或者是五项水平得分都很低。

（三）残疾人照顾者状况评估情况堪忧

社工在进行问卷访谈时，会对残疾人家庭的状况进行观察，观察的项目为家庭卫生状况、残疾器具总体情况、照顾者态度、照顾者护理技巧、照顾者情绪状况、被照顾者卫生状况、被照顾者精神状况、被照顾者膳食状况。这8项状况评分（最高4分，最低1分）的平均分分别为：2.5、2.3、2.7、2.1、2.2、2.5、2.1、2.4。从数据上可以看出，残疾器具总体情况、照顾者护理技巧、照顾者情绪状况、被照顾者精神状况这几项都没有达到及格水平。而从照顾者的情绪状况这一项的得分看来，照顾者们的情绪普遍都处于一个较低的水平，需要得到更大的支持。而这八项的总平均分为2.35分，同样也没有达到及格水平。

（四）照顾者对社工介入存在需求

在生活环境方面，有21%的残疾人家庭表示自己需要无障碍设施方面的完善，有11%的残疾人家庭表示需要更新残疾器具，而有16%的家庭则表示自己有其他与家庭生活环境相关的需求。

而在照顾者个人情绪方面，有63%的照顾者需要情绪疏导方面的支持，而有66%的照顾者则需要支持性的小组活动。在重燃希望方面，则有38%的照顾者有需求。

在照顾技巧方面，有38%的照顾者希望能够提高自己的生活护理技巧，有57%的照顾者希望提高自己的沟通技巧。在用药技巧的提高方面，则有35%的照顾者表示有需求。

从以上数据可以看出，残疾人照顾者在个人情绪疏导方面有着比较大的需求，这个可以作为社工介入的一个重要方面。如为照顾者提供心理疏导或者提供相关方面的小组活动。除此之外，社工在生活环境以及照顾技巧的提高方面，也可以充当一个资源的链接者，为残疾人照顾者提供相关方面的资源支持。由此，某区残联开展了某服务项目，为社区内的100户残疾人提供居家照顾服务。

四、项目概述

（一）项目背景

作为社会基础重要的细胞，构建和谐家庭便是构建和谐社会的基石。然而，在一个重度残疾人家庭中，家属和康复者本人一样承受了太多不可估量的重压。20世纪60年代，Hoenig和Hamilton（1966）提出了有关精神病患者家属“家庭负担”两个层面的概念，分别是“主观负担”和“客观负担”。前者主要包括家庭成员基于家人患有精神病而引发的个人不安及情感困扰，而后者则包括因为家庭成员患有精神病而直接造成的经济困难及对整个家庭日常生活上的困扰。

据有关统计显示，在以精神康复为代表的重度残疾人的残疾人服务领域，我国各级残疾人托养服务机构仅吸纳10万人，占有托养需求人数的0.56%，托养服务能力明显不足。某区残联结合区情和经济能力，通过政府购买服务的方式，拟开展某服务计划项目的尝试。

2010年1月，某区残联在辖区行政街开展了智力、精神及肢体重度残疾人的服务需求摸底调查。当前大多数社区精神病康复者选择与家人居住在一起，许多家庭往往在经济上都被昂贵的医疗费拖累得一贫如洗，部分不符合低保、低收入家庭的病重患者甚至得不到适当的治疗。针对愈演愈烈的“以老养残”所付出的巨大代价，某区残联探索以居家安养的形式帮助有困难的智力、精神及肢体重度残疾人，将服务覆盖到某区辖区内生活困难、有重度残疾人需要专人照料的家庭。

（二）项目理念

以家庭为本，居家护理——以家庭为依托，护理残疾人，缓解照顾者的压力，开展残疾人的托养工作；着眼需求，解决急需——根据个性需求和轻重缓急开展服务，解决好供需矛盾；政府主导，社会参与——以政府购买公益服务形式，广泛动员和利用社会资源及专业机构参与居家托养服务；改善状况，提升水平——以改善残疾人的状况和提高家庭生活质量为根本，增强其生活信心，提升自身价值；严格审核，确保质量——健全机制，严密组织，确保项目实施的公正和实效。

（三）项目目标

1. 总目标

一年内，将某项目推行到100户，为残疾人家庭提供服务，使照顾者具备专业的护理康复技能，帮助其增强生活信心，提升社会参与能力，提高家庭生活质量。同时挖掘社区资源，构建服务网络，最终达成社区共融。

2. 分目标

（1）建立完整的服务档案；

（2）构建资源网络，协助残疾人家庭解决自身问题；

（3）提供心理、照顾技巧等辅导以及其他方面的服务，帮助残疾人家庭增强生活信心，提升社会参与能力，提高家庭生活质量。

3. 提供的服务

（目标群体：辖区内100户智力、精神和肢体重度残疾人家庭）

（1）为每位残疾人所在家庭每月提供300元补贴；

（2）社工上门服务；

（3）提供志愿者服务；

（4）开展大型活动。

4. 人员架构与岗位说明

（1）人员架构

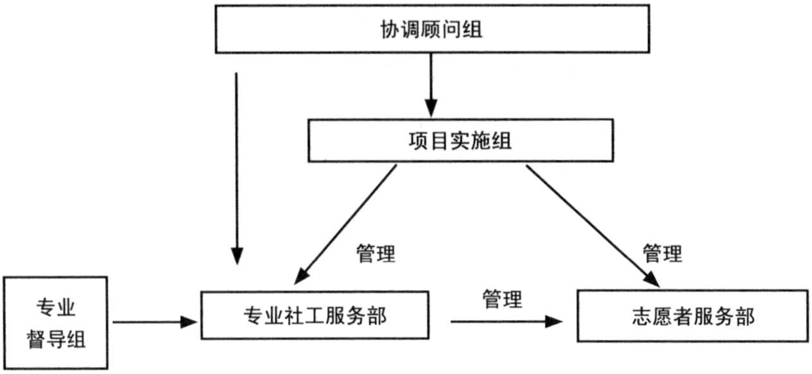

图2-2-1 人员架构图

（2）岗位说明

项目小组包括协调顾问组、专业督导组及项目实施组三个部分，各小组成员和责任情况如表2-2-1。

表2-2-1 工作成员及责任

	成员	责任
协调顾问组	由某区残联牵头，邀请区卫生局、区民政局的代表参加	业务指导、工作协调
专业督导组	由香港利民会的专家学者及相关高校、专业机构的代表参加	专业指导、实践经验分析
项目实施组	由某区利康家属资源项目聘请专职社工及其他人员组成	项目的具体实施

各小组工作成员职责及能力要求如表2-2-2。

表2-2-2 岗位说明

名称	岗位职责与权限	人员要求
项目主管	负责统筹整个项目的执行，监督整个项目的运行，指导项目的落实工作。与各个顾问组进行联系	具备领导与管理能力

（续上表）

项目助理	1. 协助项目主任利用好机构人员的工作能力，充分调动员工的积极性； 2. 运用组织协调能力，确保社会工作项目的日常工作能顺利进行； 3. 协调、管理、控制和监督全区社会工作服务实施进度、成本、质量等相关事宜； 4. 组织编写项目服务进度报告、项目季度报告、项目半年度报告和项目年度报告； 5. 有较强的对外沟通能力，协调有关部门及组织，确保社工服务的顺利执行	1. 社会工作本科或以上学历，有丰富的社工具体服务或残疾人服务经验； 2. 工作主动性高，敢于承担压力及责任； 3. 具备较好的口头、书面表达和沟通能力； 4. 具有良好的组织管理、沟通协调和解决问题能力； 5. 有良好的团队合作意识、丰富的团队建设经验； 6. 在社工发展方面有较强的创新思维和统筹规划能力
专职社工组长	1. 组织小组内社工开展服务； 2. 对有需要服务的残疾人及其家庭提供心理咨询、心理支持、增能等社会工作专业服务； 3. 与社区联系，掌握残疾人基本情况，进行评估并建档； 4. 进行社区宣传和教育，促进社区对残疾人社会工作服务的接纳； 5. 动员和组织社会各方力量共同开展工作	1. 社会工作专业本科以上学历； 2. 热爱社会工作，热爱残疾人工作，具有敬业精神和奉献精神，并具有良好的个人道德； 3. 具备较好的组织协调能力，良好的口头、书面表达能力； 4. 有良好的团队合作意识和团队沟通能力； 5. 有独立对残疾人及其家庭进行心理咨询、增能等个案和小组工作的基本能力
专业社会工作者	1. 对有需要服务的残疾人及其家庭提供心理咨询、心理支持、增能等社会工作专业服务； 2. 与社区联系，掌握残疾人基本情况，进行评估并建档； 3. 进行社区宣传和教育，促进社区对残疾人社会工作服务的接纳； 4. 动员和组织社会各方力量共同开展工作	1. 社会工作、心理学等相关专业大专以上学历，年龄在22至32周岁； 2. 热爱社会工作，热爱残疾人工作，具有奉献精神，并具有良好的个人道德； 3. 具备较强的与残疾人及其家庭沟通的能力； 4. 有良好的团队合作意识和团队沟通能力； 5. 有一定的对残疾人及其家庭进行个案和小组工作的基本能力

（3）社工在居家照顾中的工作内容

①评估残疾人所在家庭，分析其心理、生理、环境等方面所存在的问题；

②介入残疾人家庭居家照顾，为残疾人讲授心理、生理康复上的知识；

③为照顾者提供照顾技巧上的理论支持；

④协助残疾人及其家庭解决遭遇到的问题；

⑤培训、提供志愿者上门进行相关服务；

⑥危机介入，当残疾人家庭陷入危机时，对其进行帮助；

⑦搜索社区资源，为提高残疾人生活质量提供更大便利。

5. 残疾人社会工作的本土化实践：困境与对策

该项目中，社工将会深入残疾人家庭，为其提供服务，以期其可以得到更好的服务，享受更为专业的居家照顾。然而，社工在介入残疾人居家照顾时，却遇到了一些困境，这些困境可能是残疾人、残疾人家庭或者残疾人所在社区，还有其他一些因素造成。社工在遭遇这些困境时，其专业知识的发挥会受到一定的影响。下面，笔者将结合个案，对这些困境进行探讨，并对其解决办法进行探索。

（1）如何让服务对象认识社工

社工进行介入前，如何让服务对象认识自己是非常重要的一环。现阶段，社会工作这一概念在中国大陆尚未被普通大众广泛认识。民众们经常会把社工与义工、社工与社区工作者等概念混淆。甚至有人直接把社工等同于义工。此时，让残疾人及其家属，还有其他相关的人员认识社工，对社工介入残疾人居家照顾，建立良好的专业关系非常重要。

案例：社工在对案主家庭进行第一次评估时，都会遇到需要向对方介绍“什么是社工”的问题。然而，社工发现，自己用很专业的语言解释时通常难以令对方理解，例如：“社会工作是以利他主义为指导，以科学的知识为基础，运用科学的方法进行的助人服务活动。社会工作的本质是一种助人活动，其特征是提供服务。更确切一点说，社会工作是一种科学的助人服务活动，它不同于一般的行善活动[6]。”这种形式的介绍虽然显得十分专业，但是，实际操作中，我们发现，这种纯粹理论式的介绍并不能让案主真正准确地理解社工的定义。毕竟对于大部分案主的知识水平来说，要理解这样理论、抽象的言语还是有一定的难度。

解决办法探索：

首先，在给案主简要介绍社工时，社工可以用较为具体、非理论性的语言进行介绍。如“社会工作是以利他主义为指导”，可以替换为“社会工作是一门帮助人的学科，主要是帮助社会的弱势群体”。

结合案主的实际情况进行解释，是让对方更快速、具体地了解社工的办法。如对于家庭贫困，需要政策支持的案主，我们可以告诉对方，我们可以帮助对方了解与其相关的政策，并协助其联系相关部门，对其问题进行更为妥善的解决。假如对方对医疗有较大的依赖性，则可以告诉对方，我们可以为其搜索社区资源，争取到诸如义诊等方面的机会。总的来说，就是要表明服务的目的及对服务对象所带来的益处，以争取其积极配合。

社工也要简要地介绍一下自己。作为社工，需要跟案主及其家庭进行多次接触，如若对方对社工没有一个较好的了解，则无法信任我们，更不用说向我们袒露自己的需求。

（2）案主或者其家庭成员对社工有对抗心理

情况一：社工在接触案主的时候，有部分案主采取了较为强烈的对抗态度，认为社工的到来妨碍了自己的生活，表现为在社工面前大吐苦水，并在言语中表达出不欢迎社工到来的态度。

案例：案主阿辉，精神一级残疾。案主及其部分家人在社工到来时，表现得不太感兴趣。由于家中贫困，其妻子抱怨无法给予案主足够的药物进行治疗，且案主有时会有危险的行为，会危害到身边的人，而自己的一生也由于案主而变得非常凄惨。社工表明来意之后，案主的妻子强调自己不需要社工的协助，只需要经济上的补助。

解决办法探索：

挫折理论认为，如果一个个体的物质需求或者精神需求得不到满足，他就会出现紧张、焦虑等情绪，从而失去心理平衡，产生失败的情绪体验。残疾人的很多需求由于身体功能的缺陷和社会客观条件的限制而无法实现，较容易产生挫折感。挫折感会使残疾人产生固执行为，如不配合康复治疗，对他人产生排斥、反抗的态度，或者表现出依赖心理，缺乏自信[7]。而作为残疾人的家属，因为长期照顾残疾人，其人生发展受到很大的限制，也很容易产生挫折感而对他人产生反抗情绪。案主的妻子由于长期生活在案主精神病症的阴影下，生活压力导致她产生严重挫折感，这种挫折感由于社工的介入而变得更为严重。所以，案主的妻子会表现出对社工的对抗。

此时的社工，应当运用各种会谈的技巧来协助残疾人及其家属克服挫折感，减弱他们消极情绪反应的强度。社工应该对他们表现出来的情绪采取宽容的态度。在案主妻子进行发泄时，社工应当作为一个倾听者，让案主妻子能够得到情绪上的抒发。事实证明，在案主妻子逐渐冷静下来之后，她也可以慢慢与社工进行正常的交流。居家照顾中，残疾人的家属扮演着十分重要的角色，所以，残疾人的妻子也是我们社工服务的重要对象。案主妻子的情绪在社工的耐心安抚下，也慢慢变得缓和。该案例也说明，在残疾人居家照顾中，残疾人与其家属的情绪会相互影响，又有共通的地方。社工在处理他们的情绪时，要注意用一个整体的概念去看待他们，并进行宏观与微观相互结合的调整。

情况二：在与案主及其家属的沟通中，案主及其家属隐瞒自己家里的实际情况而不愿意让社工了解到事实。

案例：案主阿城及其家人在与社工进行交流时，被问及自己的家庭是否面临困难，他们选择了沉默，表示暂时没有难题需要社工协助解决。然而，社工后来在深入了解之后，才发现案主以及家人没有向社工说出真相。

解决办法探索：

中国传统的家庭观念比较封闭。家丑不外扬的信念导致他们在与外人（包括社工）交流时，刻意隐瞒自己家庭的实际情况，最终导致社工无法真正介入他们的实际问题。

遇到这种难题，社工主要还是要让案主明白身为社工的职业道德。而保密原则是其中非常重要的一环。社工在与案主及其家人交流时，可以在交谈中渗透这方面的内容。

实际上，出现这类情况的根源还是在于案主对社工的不信任。所以，社工一来要注意多方面去收集资料，二来也要让案主更快地信任自己，从而接受自己。

（3）打破案主家庭原本的生活状态后社工如何应对

由于该项目针对的是区内重残、贫困的残疾人家庭，所以，社工在一开始介入案主的家庭时，经常会发现，案主及其家人由于长期生活在一种压抑的生活环境里，已经对自己的生活麻木，对未来没有了期望。残疾人生活在自己病症的折磨之下，已经对生活失去信心。而其家人由于长期背负照顾残疾人的重担，生活压力也很大。此时的他们，觉得自己已经适应了这样的环境，只希望自己的环境不要恶化，对未来也没有太大的期待，也不认为社工的到来能够改变什么。而社工的介入，对他们来说，有可能会打破自己原本平静的生活，使得自己反而无法适应。

案例一：案主小燕，19岁，智力一级残疾。小燕自小智障，生活基本无法自理。父亲在其10岁前带其走访了很多地方寻求医治，但最终没有成效。而多年的奔波也使得自己的家境一日不如一日，最终变成了特困户。父亲常年停业在家照顾自己的女儿。小燕的母亲有一份工作，但其对小燕基本失去了耐心。案主还有一个弟弟，患上脑瘤，这更是让原本困苦的家境雪上加霜。社工第一次来到案主家时，案主的父亲非常热情地接待了社工，表现得非常配合。然而，在与案主父亲的交谈中，社工发现，他已经对生活麻木，认为这样的生活环境只要不恶化，自己完全觉得没有任何问题。对于社工，他基本上当作是政府的工作人员来完成任务，对于社工的自我介绍也是一知半解，甚至是不愿意去理解。他的话语里也透露出对生活的绝望，没有任何的期待，只告诉社工不用费心。

案例二：案主阿城，46岁，肢体一级残疾。阿城曾经也是个身体健康的年轻人，凭借自己的能力，闯出了自己的一片天地。然而，患上小儿麻痹症之后下半身瘫痪，阿城永远失去了行走的能力。案主平时由自己的妻子照顾，妻子觉得生活压力非常大，而案主也对自己的残疾表示了极度的无奈。在与案主的交谈中，我们发现案主对生活也失去了动力。原本他有很多兴趣爱好，也逐渐因为生活的困苦失去了发展爱好的兴趣。对于社工的到来，他们虽然表示欢迎，但是也没有太多的期待，只是把社工当作了倾诉的对象。案主认为只要自己的生活条件不恶化，对其改变也没有太大的期望，只要有妻子在身旁照顾自己，他已经觉得很满足。

解决办法探索：

首先，社工应该充分相信，自己专业的理论知识在居家照顾中对残疾人及其家属有所帮助。如若社工对自己的专业没有信任感，则介入工作无法进行。

社工应当用优势视角来看待案主，并让案主也能够如此看待自己的问题。“优势视角”(Strength Perspective)是一种关注人的内在力量和优势资源的视角，意味着应当把人们及其环境中的优势和资源作为社会工作助人过程中所关注的焦点，而非关注其问题和病理。优势视角基于这样一种信念，即个人所具备的能力及其内部资源允许他们能够有效地应对生活中的挑战。它的核心理念是相信人们天生具有一种能力，即通过利用他们自身的自然资源来改变自身的能力。社工在与案主接触时，要协助案主找出案主能够做什么，而不是不能做什么，要让案主相信自己现在所处的环境是能够改变的。如在与阿城交流时，社工会引导案主说出自己以前比较光荣的事迹，并引导案主多关注自己的长处。例如案主在书法方面有一定作为，则社工会鼓励案主继续发展自己的兴趣爱好，并提供一定的协助。社工也会广泛接触社区资源，并呈现在案主面前，以此让案主知道，其实自己身边是有很多可以协助自己的资源。

社工应该逐步地让原本不信任社工的案主慢慢去信任自己。在实务中表现为，可以帮案主解决一些小问题。如在与案主阿城接触时，社工协助案主修好了自己的电脑，这让社工与案主的关系变得更为融洽。而阿城因为经常使用尿袋，容易引发感染导致发烧，社工则安排了专业的医护人员上门义诊，传授卫生、安全使用尿袋的方法。如此，社工可以逐渐获得案主的信任，慢慢让案主接受社工，并接受社工的服务。

（4）案主出现不同寻常的行为

在与残疾人交流时，社工有时候会发现案主做出一些看起来非同寻常的举动，这些举动有时候会让刚开始与案主接触的社工感到困扰，从而影响社工与其建立关系。

案例一：案主小建从小患有自闭症，生活难以自理。在社工上门的时候，他十分喜欢抓住社工的手来拍自己的手。女社工一开始感觉非常不适应。

案例二：女社工在某男性精神病案主家进行初次接触时，发现案主会当众把手伸进裤子里面自慰，这让女社工感到非常尴尬。

解决办法探索：

正常化理论认为人们对残疾人的许多看法和观点往往是一个强加权力的过程。以案主为重心的社会工作价值理念认为，被社会工作者视为不正常的残疾人的行为在残疾人群体自身看来是完全正常的，因此反对把残疾人的行为视为异常并用某些所谓“正常”的方法进行治疗。这要求社工在为残疾人服务的过程中学会运用“同理心”和“同感”，站在残疾人的角度看待他们的需要。

案例中的小建是个自闭症的患者，自闭症的患者会有重复简单动作的倾向，而案例中的小建就是这样的类型。他抓社工的手来拍自己的手，就是一种重复简单动作的行为。社工不应把他当作异类。而案例二中的精神病患者因为无法理性控制自己，从而出现了当众满足自己的生理需求的行为，社工不应把他当作异类。当然，如果是女社工的话，如果觉得难以接受，也可以让男社工与其进行替换。

（5）照顾者希望把残疾人送入机构，而不是进行居家照顾

在接触的个案中，有部分个案是属于精神残疾或者智力残疾。其照顾者在社工进行介入时，就一直强调希望能够把自己的残疾人家属送入机构，进行机构照顾，而不是进行居家照顾，因为这样可以减轻他们的负担。

案例：案主小青，精神一级残疾。小青完全失去了自理能力，且没有情感沟通能力，家中只有母亲照顾她。由于长期对着案主，母亲已经完全失去了耐心。在第一次与社工进行接触时，案主母亲就表示自己已经不想再照顾孩子，希望能够找到一个机构，把孩子送入机构中，以求解脱。

解决办法探索：

案主母亲出现这样的情况，社工应该表示一定的理解，毕竟案主已经完全失去了沟通能力，对于母亲的照顾甚至无法做出丝毫的回应。

在与母亲进行沟通时，社工还是需要把对案主进行居家照顾的利处阐述清楚，让母亲明白，案主得到居家照顾，会比在机构更好。

如果母亲坚持希望把案主送入机构，则社工需要对情况进行细致的了解，评估其是否符合机构照顾要求，再进行妥善协助。

（6）案主所在社区居委或街道不配合社工介入

在进行居家照顾介入时，社工时常需要获得居委、街道的帮助。然而在实际工作中，有部分居委、街道却不愿意配合社工的工作。在社工进行询问或寻求帮助时表现出不耐烦或者对抗行为。

解决办法探索：

澄清社工的职能。居委、街道不配合，可能是认为社工的到来会加重他

们的工作，让他们的工作变得更为复杂。社工有责任让居委、街道明白社工的职能，社工可以为他们的工作提供更好的协助。

必要的时候，要让居委、街道了解社工接触个案的情况，让居委、街道更具体地了解社工的工作内容和工作成果。

如果与居委、街道的关系变得难以控制，则应该寻求自己所在机构或者所属单位的协助。

参考文献

[1]葛忠明，臧渝梨．中国残疾人研究（第一辑）[M]．济南：山东大学出版社，2008.

[2]第二次全国残疾人抽样调查领导小组，中华人民共和国国家统计局．2006年第二次全国残疾人抽样调查主要数据公报[J]．中国康复理论与实践，2006，12（12）.

[3]陶建婷，郝元涛，阮剑华等．残疾人照顾模式和生存质量研究进展[J]．中国康复理论与实践，2007，13（10）.

[4]仝利民．老年人社会工作[M]．上海：华东理工大学出版社，2006.

[5]卓彩琴．残疾人社会工作[M]．广州：华南理工大学出版社，2008.

[6]王思斌．社会工作概论[M]．北京：高等教育出版社，2006.

[7]卓彩琴．残疾人社会工作[M]．广州：华南理工大学出版社，2008.

残障人士社会支持的现状分析和建议

——以G市Y区残联“阳光家庭”项目为例

|涂丹燕|

摘　要：根据2006年完成的全国第二次残障人士抽样调查显示，我国各类残障人士总数为8296万人，按照2005年末公布的全国人口数推算，残障人约占6.34%。我国残障人士数量大，是社会的弱势群体。理应受到政府及社会各界的关注和支持。但目前，国内对残障人士的研究较少，大多是停留在残障人士的生活现状和社会政策的研究。对残障人士社会支持现状的关注及研究是不足的。

本文从社会支持网络视角出发，运用质性研究方法，以G市Y区残联“阳光家庭”项目中的13户残障人士为调查对象，通过访谈了解他们的现实处境，分析他们社会支持的现状。本研究将残障人士社会支持的来源分为正式支持和非正式支持，支持内容为经济支持、情感支持、生活支持和交往支持四个子网。通过实证调查，本研究发现：政府购买的残障人士专项服务较少，正式支持的专业性和多样性不足；非正式支持中，残障人士过度依赖家庭；非正式支持网络规模小，结构单一，残障人士及家庭对社会支持资源利用不足等。

本文还对现有的社会支持网络进行梳理和分析，在理论和实践的基础上，提出完善残障人士社会支持网络的建议：一是政府应发展残障人士专项服务，转变服务角色；二是社会工作介入残障人士社会支持网；三是发挥社会组织在社会支持网中的作用。

关键词：残障人士　社会支持　社会工作

一、 前言

（一）研究背景

残障人士是我国一大弱势群体，他们的就业、医疗乃至于生活的基本需要常常得不到保障。而我国的残障人士数目庞大，根据2006年进行的全国残障人士抽样调查的结果显示，大陆各省、直辖市、自治区的六类（听力、视力、语言、肢体、智力、精神病）残障人士总数达8296万，占全国总人口的6.34%[①]，即我们身边每20个人中至少有一名残障人士。8296万残障人士，如果加上其家属，残障人事业将涉及3亿人口的切身利益。

我国残障人事业在改革开放后有明显发展，特别是近20年来，国家在残障人士的教育、生活基本保障、就业等方面取得了公认的成绩。发展至今，中国内地建立以《中华人民共和国残障人士保障法》为基础，以中国残障人士联合会为中介，保障全体残障人士生活权益的残障人士服务体系。非政府的残障人服务组织也迅速崛起。但是我国残障事业的发展规模和服务的覆盖仍然是不足的。我国还有数以百万计的残障人士连衣、食、住、行等基本需求都得不到保障。残障人家庭与普通家庭生活水平相差甚远（周林刚，2009）。

在学术研究方面，国内关于残障人领域的研究长期处于被忽视状态。可搜索到的理论研究甚少，关于残障人的社会支持网络研究也大多是对其现状的介绍，且多数研究是关注残障人士的社会保障情况。但是，残障人士及家庭的社会支持方式——正式支持和非正式支持存在什么问题，学术界在这方面的研究较少，从理论研究的层面来说，本文的研究是有意义的。从社会工作的实际角度来看，社会工作强调的是助人自助。我们应该站在残障人士的立场上考虑，怎样才能让他们去建立和完善自身的支持网络，去获得必要的资源。

①2006年第二次全国残疾人抽样调查主要数据公布[EB/OL].中央政府门户网站.http://www.gov.cn/fwxx/cjr/content_1308385.htm.

据此，本文选择残障人为研究对象，运用社会支持网络分析方法，分析残障人士社会支持的现状。探讨如何构建残障人士社会网，让残障人能发掘自身潜能，链接资源，构建残障人士社会支持网。

（二）研究的目的和意义

1. 研究目的

通过本文的研究，希望可以达到以下几个研究目标:

第一，对目前残障人士社会支持方式进行描述，了解残障人士社会支持的现状和存在问题。

第二，本研究力图在实证研究的基础上，提出有关构建残障人士社会支持网的建议和对策，以期为日后社会工作者和社会工作机构在社区开展残障人士工作提供建议和依据。

2. 研究意义

从国内学界的研究视野来看，应用社会支持理论对不同群体的实证研究成果不少，包括对社会支持网络的研究，对老年人、外来打工人员、妇女等不同群体及不同年龄阶段的研究。但是已有的研究成果更多的局限在对健全人的研究，对于残障人士社会支持相对较少。学界对于残障人士的社会保障和社会支持网络方面研究较多，单单对残障人士社会支持方面的研究较少。因此从残障人士社会支持角度进行研究，将对丰富和发展社会支持理论具有重要的意义。

本文采用定性研究方法，对残障人士社会支持方式和残障人士社会支持网构建进行了研究。本研究将社会支持理论应用于残障人士社会支持中，将扩展社会支持理论的适用范围。通过对残障人社会支持的现状以及存在问题进行分析，为社会工作者在开展残障领域工作时提供现实依据。对于残障人士及其家庭来说，有助于发掘他们的潜能，解决自身问题，最终达到助人自助的目的。

二、文献回顾

（一）社会支持理论的内涵

社会支持作为科学的专业术语，最早是由Caplan(1974)、Casse（1976）、Cobb（1976）提出来的，它主要是以精神病人为研究对象的精神病理学所采用的一个概念[①]。在当时，研究的学者主要从两个方面来理解社会支持的基本含义：一方面，从功能上讲，社会支持是个体从其所拥有的社会关系中所获得的精神上和物质上的支持；另一方面，从操作上讲，社会支持是个体所拥有的社会关系的量化表征。但是社会支持一词的内涵在各个学科之间甚至是同一学科的内部也没有达成共识。社会学家、社会精神病学家、流行病学家、心理学家等都从各自的理论视角出发，来阐释社会支持的内涵（周林刚、冯建华，2005）。

早期的研究者常将社会支持看作是宽泛、统一的关系整体，没有考虑到人与人的关系性质，认为只要有关系存在，这种关系就一定能够帮助个人应对生活中的困难。代表人物有伯克曼、塞姆（Berkman & Syme,1979）。他们调查发现"那种缺乏社区关系的人"，比那些与人有更紧密接触的人，在以后的时期里更可能死亡（贺寨平，2001）。但之后的学者研究发现，社会支持分不同的性质，并分类进行定量研究。国内学者在对社会支持的概念界定上一直没有达成一致。尽管他们给社会支持下定义的偏重点各不相同，概念表述不一。但是从总体上看仍可以分为两派：一是少数派，他们立足于社会支持对象的普遍性来界定社会支持，认为社会支持是一种普遍性社会行为，所有人都需要社会支持。其代表人物有李强、丘海雄、蔡禾等。另一派是多数派，他们以弱势群体为研究对象来界定社会支持，认为社会支持是社会支持主体运用一定手段对弱势群体进行无偿帮助的一种选择性社会行为。其代

①史绵绵.社会支持网对城市残疾人生存状况的影响研究——以长沙市为例[J]. 湖南师范大学，2011（5）：9.

表人物有陈成文、章谦、张建明等。

根据多数派的观点，社会支持具有社会性、选择性和无偿性等本质特征。所谓社会性，就是指社会支持是一种社会性行为。所谓选择性，是指社会支持主体的选择性行为，即在社会支持的实施过程中，社会主体总是从众多的社会网络中主动地选择社会支持对象。所谓无偿性，就是指社会支持是一种对社会弱者进行无偿帮助的行为。

（二）社会支持内容

社会支持是一个复杂的概念，它指的是由个人、群体、社区和社会实际提供或可察觉到的支持性资源之间的关系。研究者从各自的理论和研究目的出发,运用多种方法对社会支持进行了划分，如Pattison（1977）、Thoits（1982）、Cutrona（1990）把社会支持分为工具性和情感性两种；Wellman & Wortley（1989）运用因子分析方法，将社会支持分为感情支持、小宗服务、大宗服务、经济支持、陪伴支持五种；Cobb（1979）将社会支持区分为情感性支持、网络支持、信息性支持、物质性支持、工具性支持和抚育性支持六种；House（1981）将支持行为划分为情感支持、帮助、信息共享和工具性支持四种；Cutrona & Russell（1990）将社会支持区分为情感性支持、社会整合或网络支持、满足自尊的支持、物质性支持、信息支持五种。

在国内研究者方面，崔凤祥将残障人士社会支持网分为情感支持网、家务支持网、经济支持网和交往支持网四个子网，并分别进行了详尽的分析[①]。张友琴（2001）在《老年人社会支持网研究》一文中指出，社会支持网是老年人从社会和他人处获得的各种支持的总称，具体分为三个子支持网，即经济支持网、生活支持网、精神支持网。经济支持网，是指老年人从外部（包括正式与非正式关系）获得的各种经济帮助的结构状况；生活支持网，是指老年人从外部获得的各种生活照顾与支持的结构状况；精神支持网，是指老

①崔凤祥．残障人士社会支持网的实证研究——以济南市S区为例[J]．山东大学，2012（4）：25-52.

年人向其倾诉心事的对象的结构状况[①]。

（三）社会支持的来源

支持分正式支持和非正式支持。正式支持（Formal Support）是指由国家或政府提供或干预的社会保障支持。非正式支持（Informal Support）是指由亲属、邻居、朋友等构成的初级群体（Pimary Group）对人们提供的经济、劳务、精神等方面的支持。2002年，张友琴提出社会支持是与弱势群体的存在相伴的社会行为，一般是指来自个人之外的各种支持的总称，通常分为正式支持与非正式支持[②]。唐钧、朱耀垠和任振兴（1999）在《城市贫困家庭的社会保障和社会支持网络》一文中，将社会支持划分为正式的社会保障制度和非正式的社会支持网络。正式的社会保障制度包括社会保险、社会救助和就业择业。非正式的社会支持网络包括家庭支持、亲戚支持和邻里援手。社区帮困是介于社会保障制度和社会支持网络之间的特殊形式。

（四）社会支持的功能

社会支持的存在有其客观必然性，因为，社会支持无论是对社会稳定和发展，还是对个人全面发展，都具有积极的功能。

从社会层面来说，社会支持具有维护社会秩序、整合社会资源、促进社会进步的作用。如通过为社会弱者提供救助，保障他们的基本生活，减少社会矛盾。从个人层面来说，首先，社会支持具有个人社会化的功能。个人社会化是个人被动接受和主动选择社会的文化教化，以实现自己的社会性的人生发展的全部过程[③]。社会支持能让个人与他人和社会有更多联系，从而获得社会化的基本内容。另外，社会支持有心理保健功能。社会网络是个体精神

①张友琴. 老年人社会支持网的城乡比较研究——厦门市个案研究[J]. 社会学研究，2001（4）.

②张友琴. 社会支持与社会支持网——弱势群体社会支持的工作模式初探[J]. 厦门大学学报，2002（3）：94-100.

③陈成文. 论社会支持的社会学意义[J]. 湖南师范大学社会科学学报，2000（6）：5.

生活的主要场所。它能为个体提供广泛的各种精神支持。这些精神支持，对缓解个体的心理压力有帮助。社会支持网络理论是基于将个人或组织之间的社会联系所构成的网络视为一个“网络”，并认为整个社会都是由这些网络所构成的大系统，在降低个体孤独感和情绪敏感性等方面有着不可替代的作用①。

总之，无论是从社会层面看，还是从个人层面看，社会支持都具有积极的作用，社会支持是促进个人全面发展和社会稳定、进步的客观需要。

（五）社会支持网

社会网络是由个体间的社会关系构成的相对稳定的体系。社会支持网是社会网络的一种形式，是指个人能从中获取各种资源支持的社会网络，行动者从网络成员那里获取个体自身并不拥有的资源，来解决日常生活中的困难并渡过危机，维持日常生活正常运行，这些网络成员也就构成了个人的社会支持网。

社会支持网研究是网络分析的重要方面。社会支持网就是以网络分析的方法对个人所获得的社会支持进行研究时，分析个人获得的经济、精神、友谊等资源性支持的网络架构，即个人所具有的相对稳定的社会关系网络。通过社会支持网的帮助，人们可以解决日常生活中的问题和危机，并维持日常生活的正常运行。

（六）国外社会支持网络研究

德国社会学家西美尔是社会网络理论的鼻祖。他的基本思想是个人与群体两重性。当个人加入一个群体的时候，受到群体的约束，建立起个人与群体的基本关系，这就是所谓的社会网络关系。之后的学者虽然介入点不同，但都是在西美尔的基本观点上进行分析的。特别是早期的学者，将社会支持网看成宽泛、统一的关系整体，没有考虑人与人之间的关系性质。后期理论

---

①李强．社会支持与个体心理健康[J]．天津社会科学，1998（1）：21.

研究的代表人物有法国社会学家布迪厄、美国社会学家科尔曼和林南，他们基于对社会网络功能的分析，提出社会资本理论，即将社会资本理解为个人通过自己拥有的社会关系获取资源，认为社会网络中的关系可以被利用并获取个人所需的资本。贝勒内尔（Barreea）指出，广义的社会支持包括六种形式：物资帮助、行为支持、亲密的互动、指导、反馈、正面的社会互动[①]。

（七）社会支持网络在中国的运用和发展

国内社会支持网研究处于起步阶段，与国外相比，在数量和质量方面有较大的差距。社会支持网的研究主要应用在特殊群体，如农民工、青少年、残障人士、大学生等。代表人物李强认为“从社会心理刺激与个体心理健康之间的关系的角度来看，社会支持应该被界定为一个人通过社会联系所获得的能减轻心理应激反应、缓解精神紧张状态、提高社会适应能力的资源[②]。”

社会网和社会支持网研究是我国社会学界近年来十分关注的一个领域。作为一种独特的理论和方法，社会网络的研究不仅是20世纪70年代以来欧美社会学的主流，而且被广泛地运用于社会学研究的各个领域。检索近年来国内的有关文献，大致可以从两个角度进行分类：以研究目的为标准，分为介绍或评价社会网和社会支持网的理论、运用这些理论与方法开展各种实证研究和理论检验两类。以研究类型为标准又可分为两类：一是专题研究，内容涉及社会生活的方方面面以及各种不同的群体，如求职过程（边燕杰，1999）、城市家庭（徐安琪，1995；潘允康、阮丹青，1995）、流动民工（李培林，1996）、下岗工人（丘海雄等，1998）、职业妇女（Angelina，1997）、老年人（刘爱玉、杨善华，2000）、城市贫困家庭（唐钧、朱耀垠、任振兴，1999）等；二是比较研究，有国内跨社区的研究，如城乡居民

①Barrera M.，AI11aySL.The structure of socials report[J].*American journal of Community Psychology*，1983（11）.

②李强．社会支持与个体心理健康[J]．天津社会科学，1998（1）：21.

社会支持的比较研究（蔡禾、叶保强、邝子文、卓惠兴，1997；张文宏、阮丹青，1999），也有跨文化的与国外社区比较研究，如北京与英国利物浦老年人社会支持网的比较研究（珂莱尔·婉格尔、刘精明，1998）、天津与美国居民社会网的比较研究（阮丹青、周路、布劳、魏昂德，1990）等。这些实证研究，不仅丰富了我国社会网和社会支持网的理论，而且从不同角度对西方社会学理论和方法在中国运用的可行性进行了检验，为中国社会学研究走向世界，开展国际间的学术对话奠定了基础。

（八）残障人士社会支持网研究

在残障人问题研究方面，国内较少运用社会支持网络分析方法。现在的研究主要关注残障人的社会支持网络现状和对社会保障的政策进行分析。周林刚在运用社会支持网络分析残障人问题上完成了多本著作。其中《社会支持与激发权能——以城市残障人福利实践为视角》采取定量分析方法，对广州市和兰州市城市残障人士社会支持现状、权能感进行分析，提出城市残障人社会保障的模式。刘祖云、毛小平以社会支持理论为视角，对香港和内地残障群体社会支持情况进行归纳和比较分析，提出许多有利于内地残障群体保障事业发展的建议。

近年来，以社会工作的视角对社会支持网进行研究的成果较多。俞晓霞对南京的残障人士工作进行调查研究。研究发现“南京开展的残障人士社区工作主要依靠政府和家庭，缺少对其他社会资源的挖掘和利用”。最后，俞晓霞提出了残障人士社区工作模式的构建策略，具有较强的操作性。

三、残障人士社会支持方式调查的研究设计

（一）研究思路

本研究希望通过质性研究方法，如参与式观察、深度访谈等方式，了解

残障人士社会支持的现状。社会支持来源分为正式支持和非正式支持。正式支持包括：街道、残联和社会团体。非正式支持包括：家庭、邻里、亲戚、朋友和社会群体。本文将社会支持网络分为四个子网，即经济支持网、情感支持网、家务支持网和交往支持网，从这四个方面对社会支持进行分析；最后评估残障人士正式社会支持和非正式社会支持中存在的问题，并提出构建残障人士社会支持网的建议。

（二）对象选取

以G市Y区残联“阳光家庭”项目为样本，从中选取7户残障家庭进行结构访谈，6户开展个案工作。

（三）研究分析框架

本文的分析框架如下：

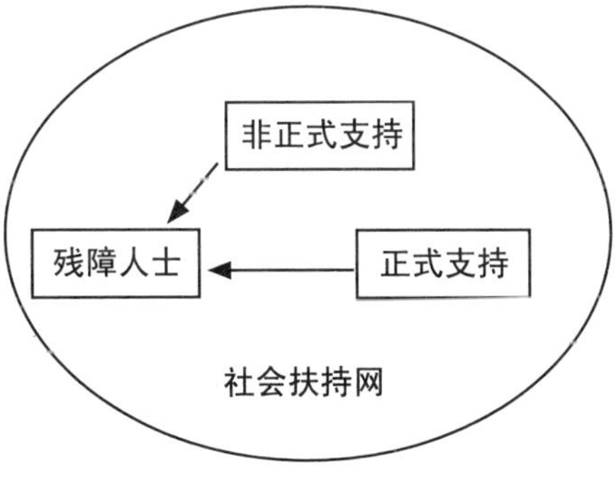

图2-3-1　分析框架

支持来源：

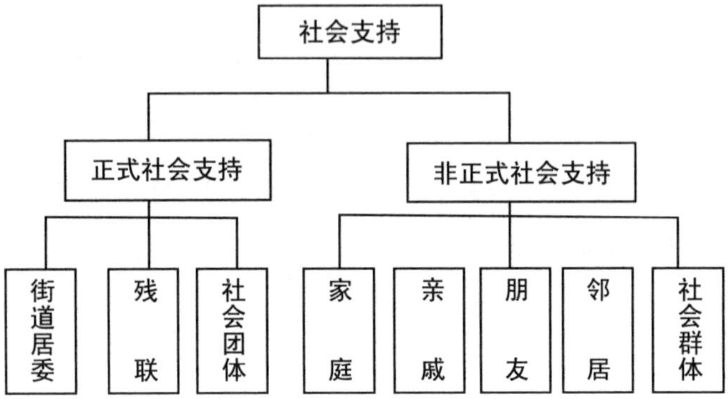

图2-3-2　支持来源分析图

社会支持网的分类：

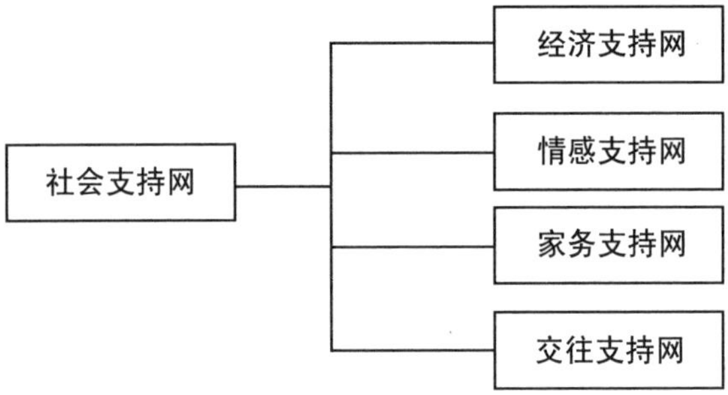

图2-3-3　社会支持网分类

（四）研究方法

1. 访谈法

2012年5月至2012年7月，笔者对享受Y区残障人士联合会“阳光家庭”项目服务的13户残障人士家庭进行访谈。访谈的对象为残障人士的主要照顾者，方式为半结构式访谈。其中有6名残障人士是通过进行个案工作，深入了解他们的社会支持情况，以获取研究资料。

2. 参与式观察

实习期间，笔者有机会对残障人士社会支持网络的现状进行有效的观察。如上门探访残障人士家庭，观察家属如何照顾残障人士；与一线社工、志愿者交流，了解他们对残障人士支持方式和内容的看法。

3. 文献法

笔者查找大量国内与社会支持方式、社会支持、社会支持网、残障人士社会支持研究有关的文献以及相关的理论成果，并以社会支持作为本论文的理论基础。

四、 结果分析

（一）被访者背景资料分析

本文共访问13位残障人士的照顾者，他们均享受Y区残障人士联合会“阳光家庭”项目的服务。13位被访者中有6位被访者的家庭接受个案服务。个案工作中的记录和观察均符合本次研究主题。本文将详细的个案记录纳入研究资料中。

这些背景资料包括残障人士的姓名、性别、年龄、职业、经济收入、残疾类型和受教育程度，照顾者（即被访谈对象）的年龄、职业、经济收入、与被照顾者的关系。其中，我们了解到，被照顾的残障人士中，有6名精神残疾、4名智力障碍和3名肢体残疾。7名为男性，6名为女性，最高年龄为70岁，最低年龄为24岁，平均年龄为43岁。有4名残障人士无收入，其他9名均享受政府提供的经济援助，大多收入在700—1000元之间。只有一名肢体残障人有实际工作，其他都没有。受教育情况方面，智力障碍的教育水平最低，均为文盲；肢体残疾的居中，多为初中水平；而精神残疾教育文化水平最高，普遍在中专、高中以上。

（二）残障人士社会支持的情况描述

1. 正式社会支持现状

（1）残障人士在正式社会支持网络中，主要获得经济上的支持。G市对残障人士实施的社会保障制度比较全面，比较到位。访谈中，13名残障人士中有11名获得政府每月提供的低保530元、残障人士补助金180元，每月能报销100元医药费。部分精神病药物每月可免费到街道领取。另外，残障家庭可以申请成为Y区残联"阳光家庭"或者"以老养残"项目家庭，每月能获得残联提供的300元补助。Y区残障人士每月最多可获得接近1000元的经济补贴。大部分残障人士家庭都处于贫困线或以下，家庭生活困难，特别是残障人士医药费开支巨大，给家庭带来极大的经济压力。在正式社会支持方面，经济上的支持维持了残障人士的日常生活开支，减轻了家庭的负担。

个案09：姚某（男　42岁　精神二级残疾）

案母：街道给我儿子办了低保，每月可以领到差不多700元。这样我的压力就小一点。以前每次带他去看病就花好几千，平时他还问我要钱买烟。我自己那点退休金根本不够用。还好现在政府帮助我们这些家庭。

（2）街道和残联提供政府规定的残障人士社会福利的服务。如区残联服务厅，有专职人员为残障人士办理乘车优惠卡、就业指导，并设置康复训练场所和工疗站。街道设有残联理事长和专员，并且理事长是由残障人士担任。他们配合上级工作，为辖区内残障人士提供经济上和生活上的援助。如针对家庭困难的残障人士，街道残联理事会帮其办理独立户口，申请低保，节假日会上门探访和派发生活用品。但并不是所有残障人士和家庭都能获得街道和残联的正式支持。大部分只能获得低保和乘车优惠这些没有名额限制的福利。其他的福利只有部分人享有。

个案11：林某（女　43岁　智力一级残疾）

案主每月领取各项救助金共990元，父母每月有5000多元退休金。按照家庭收入来算，案主家庭不符合办理低保的条件。但街道残联考虑，两位老人家已80多岁，还要照顾案主及患精神病的孙子，经济和精神压力都很大，于是帮案主办理独立户口，再为其办理低保。中秋和过年，他们还会给案主家庭派发生活用品和慰问金。

（3）残障人士对近年来政府出台的残障人士保障制度比较满意，希望在残障人士照顾方面能得到政府的支持。G市出台社会保障制度丰富了残障人士的社会保障体系，提高了救助金的标准。在访谈中，大多数服务对象认可政府的残障人士保障制度和实施，感激街道和残联的关心。目前，他们希望在残障人士家居照顾和托养方面能得到政府的帮助。

个案07：郑某（女　25岁　智力一级残疾且患癫痫）

社工：你是怎么看待外界帮助的，以前和现在有什么不一样？

案母：和以前比肯定是有进步的，我也说这个社会进步了，中国要和国际接轨，需要关注这些人。政府对我们的帮助最主要是经济上的。我们这些家庭小孩花钱也比较多，因为他们长期要去看医生，要吃药。这些都需要开销。如果一些家庭要工作，要做生意，还要请个人来照顾。因此，最主要的是经济上需要资助。还有，社会上最好给他们安排一些康复活动，不要让他们经常困在家中，让他们多和社会接触。这些都是靠社会、政府、社区去支持。

（4）社工介入服务，为残障人士给予情感和交往支持。G市2009年开始大力推广社工服务。每条街道设置一个家庭综合服务中心。G市Y区残联购买社工服务，为每户“阳光家庭”项目的受益家庭提供社工服务。Y区的残障人士能获得来自社工的正式支持。社工主要为残障人士提供上门探访、情绪疏导、社会实践、家属支持等帮助。这些帮助主要是情感和交往支持。社会群体的支持较少，支持的内容主要是情感上的支持。本次调查对象均为Y区残联“阳光家庭”项目的受益人。他们每个月获得残联300元的补贴，另外享受社工专业服务。社工会定期上门探访，开展个案工作，如进行情绪疏导、生活技能培训等。社工的专业服务给予残障人士及家庭情感支持。大部分家人反映残障人士在接受社工服务后，心理状况有好转。但除社工上门探访外，没有志愿者或志愿团体提供服务。Y区残障人士数量大，“阳光家庭”项目的名额是每年100户。社工每年针对这100户家庭提供社工服务。由此可见，还有大部分残障人士是缺乏社会团体支持的。

个案03：吴某（女　25岁　智力一级残疾）

案母：幸好阿敏（社工）帮我申请了轮椅，背她下去有轮椅，最重要是有那一张轮椅啊，最好了，不然你怎么办。有一次，那时候你还没来（对着阿敏说），残联那边也还没帮我申请到轮椅。哇，我老公背她出去，那腰差点折了，还要背她到医院，外面街上的医院啊……

2. 非正式社会支持现状

（1）非正式支持网络中，主要依赖家庭支持

家庭对其成员有一种包容性的支持义务。家庭是残障人士生活、活动的主要场所，残障人士的衣食住行及婚姻生活基本上是在家庭中实现。调查发现，为残障人士提供社会支持的群体主要是初级群体，残障人士尤其依赖家庭。家庭对残障人士的支持在经济、家务照顾、情感和交往四个方面都有明显的帮助。

①经济支持情况

访谈对象中家庭收入一般都在3000元以下，残障人士个人绝大部分无业，收入大部分是来自政府补贴。残障人士高昂的医药费、生活费、康复费

等绝大部分是由家庭支出。特别是在患病初期，残障人士住院治疗、康复培训都给家人带来沉重的经济负担。“破家求医，不及其费”的现象是很常见的。

个案02：曾某（女　34岁　肢体二级残疾）

案母：挂一次号50元，的士费加起来一天差不多就100元了，医生又不是开单就开一个星期的针让你针灸，他是每三天开一次，每一次来回都要二三十元车费，那我开支是不是很大呢？刚开始帮她办理补贴，才拿到360元补助金。360元，你看看，看一次病差不多就没了，我还要拿钱出来补贴，我一补贴，我做生意的积蓄都没了。我也是今年才办理退休，我老公临去世之前，都不舍得拿那些钱去看医生、住院什么的，千方百计都要把钱攒下来给我去买那个医保、社保。

②家务支持情况

家务支持包括日常家务和病理照顾情况。残障人士主要的生活环境在家中，日常外出机会较少，而且他们极少托养。因此残障人士家务、日常照顾的重担就落在家人身上了。提供家务病理照顾支持都是家庭成员的自愿行为，并非严格按照等价交换的原则进行的。家庭成员中，父母是最主要的照顾者。智障、瘫痪和精神病患者多数是由父母专职照顾。肢体残障人士自理能力相对其他残障人士情况较好，能部分自理，也能参与家务劳动。

个案07：郑某（女　25岁　智力一级残疾且患癫痫）

社工：你现在是怎样照顾她的？

案母：24小时on call（编者按：待命）。以前在学校，我就不用这么辛苦。现在带回家照顾，就什么事情都是我料理了。

社工：她没有自理能力吗？

案母：没有。她就连来月经，也是我帮她弄。洗澡什么的都是我在帮忙。吃饭、大小便，这方面她还是可以自理的，但是如果她来月经，只懂得去厕所拿掉脏的卫生巾，不会用新的。她不懂拆掉包装。她的手协调能力差，所以就要我帮忙。其他大大小小的事都要我帮忙。她走路也走不好，虽然她以前学会了，但你还要牵着她走。她不能跑，一跑就会跌倒。像赶公交车，叫她跑，牵着她跑都不行，她只能走，走也走得不稳。

③情感支持情况

通常情况下，个人最容易从家人那里获得情感关怀，残障人士也不例外。通过访谈发现，残障人士最主要的情感交流对象是家人，所获得的情感支持主要来自家人。父母、配偶、子女、兄弟姐妹等家庭成员在情感支持上的作用很突出。如访谈中发现，获得家人给予充分情感支持的残障人士，其心理状态比相对缺乏支持的要好，特别是精神病患者，发病情况更少。家人情感支持的表现主要是聊天、关心情绪和身体变化及保护。

个案06：曾某（女　70岁　精神一级残疾）

案主儿子：早上起床，首先看看他们的精神状况，一早去关心一下他们，我感觉他们也会感到放心一些。这可能是因为心理上更有安全感。然后是早餐时间，照看一下他们各方面的情况，基本上是关注吃和睡。得到关心之后，他们就开始幻想他们自己的东西，做自己的事情。有时和他们聊一下天，有时候他们两个也会相互聊一下天，也会出去走一下，和邻居坐一下，聊聊天。到了中午，就给他们煮午饭。最重要的是，他们年纪比较大，适合吃的东西有哪些，这几十年也积累了经验，他们喜欢吃什么东西我都知道。他们有时候会不知不觉大小便失禁，我就要搞卫生。中午我自己喜欢睡觉就睡觉，喜欢做什么就自己做。这样的生活就是很平凡，很多琐碎事。有时候我也会和他们聊一下天，开导一下。

④交往支持情况

残障人士的交往支持主要来自家庭，相对于其他支持内容，残障人士所获得的交往支持比例最低，而且残疾类型不同，交往支持方式不同。精神病患者、瘫痪病人外出少，长期在家中，上门探访他们的人也比较少。调查发现，大多数残障人士家庭贫困，家人平时忙于生计和照顾残障人士。家庭通常无法给予残障人士有效的交往支持。

个案01：刘某（男　精神一级残疾）

案主发病后曾到精神病院治疗，出院后喜欢躲在房间里自言自语，拒绝外出。家人表示他现在在家，圈子比较小，活动范围也小。

个案07：郑某（女　25岁　智力一级残疾且患癫痫）

案母：她本来和我一样，是比较活泼外向的，喜欢群体生活，因为她从小习惯过群体生活。几岁大时就去弱智学校，她喜欢人多的地方。现在在家里面她很辛苦，因为被困住。除了社工有空来看她，带她去玩，我平时很少带她出去的，我没有时间。

（2）亲戚、邻里和朋友对残障人士支持的现状

①在非正式社会支持中，残障人士及家庭对亲戚的提及率很高，13个个案中，只有1个是没有亲友支持的。亲友对残障人士的支持主要表现在经济支持和情感支持。当残障人士经济困难时，亲友会提供资金和物资上的帮助。日常生活中，亲友会探望或电话联系，给予残障人士和家庭关心。但亲友的支持随着时间的推移，逐渐减少。

②邻里支持在残障人士非正式社会支持中比例较低，邻里主要为残障人士提供情感支持和家务协助。如邻里会上门探访，有需要时协助家人照顾残障人士。但精神病患者极少获得邻里支持，甚至会遭到排斥。6名精神病患者中，仅有1名曾经获得邻里在家务上的支持。

③朋友支持在残障人士社会支持中的比例最低。大多数残障人士生活封闭，他们发病后长期生活在家庭中，极少外出，参与社会活动的机会也很少。特别是精神病人，他们发病后，受到社会排斥，相对于其他残疾类型的残障人士，他们的朋友更少。另外，由于社区康复的配套设施缺少，残障人士在社区中没有得到必要的康复支持，因此他们在社区中的参与度也很低。

（3）社会群体支持的现状

残障人士极少获得社会群体支持。访谈中，社会群体如志愿者的提及率很低。在Y区的实习过程中，社工会在开展社区活动时，邀请企业或高校学生参与。家庭综合服务中心一般会设立义工组，发掘社会志愿者资源。但是，残障人士得到社会群体的支持还是比较少的。

（三）残障人士社会支持存在的问题

1. 正式支持以政府为主导，只能满足基本的经济需求

残障人士在正式支持方面,政府既是残障群体社会支持的主导，即政府通过相关法律法规对残障群体社会支持工作进行宏观指导，又是残障群体社会支持的主体，即政府通过残联为残障群体提供全面具体的社会支持或社会服务。也就是说，政府在残障群体社会支持方面既要“掌舵”，又要“划桨”。这样的运作模式，不仅增加政府的负担，还会导致政府效率低下。在实证考察中，笔者了解到残障人士在情感支持、交往支持、居家照顾等多方面都有极大的需求，但政府目前提供的支持主要集中在经济上。

2. 政府购买的残障人士专项服务少，正式支持的专业性和多样性不足

G市政府推行社会工作服务，每条街道建立家庭综合服务中心，为居民提供包括残障服务在内的多个领域的社工服务。但这是综合性的服务中心，面向辖区内的所有居民，所提供的服务也是社区发展性的。对于残障人士的多方面的需求和支持是不够的。G市Y区残联的“阳光家庭”项目由政府出资

和监管，交由民间非营利的社工机构承接。项目社工为残障人士提供个案辅导、家属支持、托养申请和康复培训等残障服务。在访谈过程中，绝大部分残障人士和家庭都高度评价社工的工作。特别是在情感和交往支持方面，社工给予充分的支持。与香港相比，香港有3200多个各类福利服务单位，其中政府直接管理的有360多个，非政府福利机构管理的有2900多个，还有少数私人开办的福利服务机构。根据不同残疾类型和残疾程度的残障人士的特殊需求，非政府组织为他们提供不同类型或形式的相应服务，主要有职业康复服务、就业/业务拓展机会服务、日间训练服务、住宿及照顾服务等等（刘祖云、毛小平，2010）。

3. 非正式支持中，残障人士过度依赖家庭支持

我国是一个非常重视家庭观念的国家。家庭在残障人士的社会支持网中发挥着尤为重要的作用。按照中国传统，家庭是绝大多数人始终与之共存的初级群体。潘允康等在《中国城市现代家庭模式》中指出，所谓“家庭网”是指由亲属关系的家庭之间所组成的社会网络（潘允康，1987）。在残障人士社会支持网中，家庭常常是残障人士唯一的物资和精神依靠。但有调查显示，半数残障人士家庭收入处于贫困线以下。在本次研究中，13户残障人士家庭中有11户属于低保家庭，1户属于低收入家庭，另外1户中有两名重症残障人士的生活依赖家中两位老人的5000元退休金。可见残障人士家庭普遍经济困难，照顾残障人士给家庭带来巨大的经济压力。另外在家务支持方面，除将残障人士送去托养，家庭成员是残障人士的主要照顾者。精神病患者、瘫痪病人、重度智障人士都需要家庭中有专职照顾者。

在调查中发现，家人承担着照顾残障人士的责任。残障人士家属通常承受着很大的精神压力和经济压力。家中有重症残疾的，其家庭会付出常人难以想象的艰辛。访谈中，照顾者均表示常年照顾残障人士导致精神压力很大，情绪压抑。

个案04：黄某（男　37岁　肢体一级残疾）

案主哥哥：现在经济很差。我又要出去干活，又要帮他买东西吃，或者照顾他各方面的需要，比如洗衣服啦，买东西之类。

社工：作为照顾者，你的生活有没有受到很大的影响？

案主哥哥：我觉得有时间就帮忙。看到他们两个这样，也会觉得压力大。

4. 非正式支持网络规模小，结构单一

残障人士大多在社区中生活，他们在社区中受到不同程度的排斥。能获得的非正式支持主要集中在家人和亲戚，特别是患病中后期，残障人士基本依靠家人。邻里、朋友、志愿者和社会团体对他们的支持很少，甚至是没有。他们的非正式支持网络规模小，结构单一。在本次研究中，残障人士与亲友来往不多，邻里间相互照顾的情况不是很普遍，无志愿者提供服务，无居家照顾等。

个案10：袁某（男　56岁　精神三级残疾）

案主妹妹住在隔栋楼，案主独居，住在顶楼，屋内闷热，除吃饭、睡觉外，很少在家。案主父母去世后，没有人照顾日常生活，平时邻里见到他也是尽量回避。

5. 残障人士及家庭对社会支持资源利用不足

（1）残障人士或照顾者消极地求助。抚养和赡养残障人士既是家庭的道德要求，又是法定的家庭责任和义务。在访谈中，家庭照顾者认为照顾残障人士是家庭的责任，极少向外界求助。他们不想欠人情债，担心被歧视，同时他们不清楚可以向什么组织寻求帮助。

（2）社会支持主要体现为单向式的给予，即由支持方向受助方传递钱

物，其中一些支持还带有明显的形式主义色彩。目前更多的还是自上而下的救助式的社会支持，而相互之间，以及来自社会的支持还是有限。如访谈中，当问及有没有向外界争取帮助时，大多数照顾者的回答是否定的。他们都是被动接受社工、街道和残联的帮助。日常生活中，也没有与其他残障人士有互助行为。

（3）照顾者的心态对获取社会支持资源有明显影响。心态积极的照顾者积极寻求外界帮助，与外界保持联系，他们所照顾的残障人士所获得的社会支持总量更多。反之，照顾者心态悲观，残障人士所获得的社会支持总量少，支持方式单一。

个案07：郑某（女　25岁　智力一级残疾且患癫痫）

社工：一开始，你有没有去争取过外界的帮助呢？

案母：有的，我一直都有的。小时候把她送去弱智学校，我就可以去工作。她可以接触外界，我也接触这个社会，所以接触到的资讯就比较多。我一直都在寻求社会帮助。政府已有什么优惠政策，我都很希望，我能够有条件去享受这个。我一直都很积极。我说过，外界有任何优惠，我都希望她能拿到。

个案08：王某（女　70岁　精神一级残疾）

社工：在你遇到家里的这些问题时，你有没有通过寻求外界帮助去解决呢？

案主儿子：是很少的。你帮助别人当然是好，但当你需要别人帮助，或许会成为别人的一个负担。一直以来我接受的教育或者思考的东西都觉得是这样的。你尽量自己处理好，不要麻烦别人。说得好听点就是这样，说得不好听就是自己死要面子。就是这么简单的事情。家里有两个残障人士，我心里还是觉得，不希望别人知道得太多。哪怕他出于善意的帮助，我也会想歪了。自己的心理变化我是很难说得清楚的，比较复杂。

五、残障人士社会支持网的构建

完善的残障人士社会支持网，有利于充分发掘社会资源，发挥残障人士的潜能，提高残障人士在社区康复的效果。这是社会支持的根本出发点和工作目标，也体现了社会工作“助人自助”的基本理念。通过以上的调查研究和分析发现，正式支持以政府为主导，社会支持只能满足基本的经济需求；政府购买的残障人士专项服务较少，正式支持的专业性和多样性不足；非正式支持中，残障人士过度依赖家庭；非正式支持网络规模小，结构单一；残障人士及家庭对社会支持资源利用不足。以上问题与残障人士社会支持网的规模和结构有密切关系。笔者认为，需要从以下三方面着手构建残障人士社会支持网。

（一）政府应发展残障人士专项服务，转变服务角色

政府在主导残障人士保障体系中处于主导地位，既是政策的制定者，又是服务的提供者。这种模式不利于残障事业专业化和多样化的发展。奥斯本在《改革政府》一书中明确指出：“政府要在公共治理中扮演催化剂和促进者的角色，是掌舵而不是划桨。”（戴维·奥斯本，1996）在这方面，政府应该借鉴香港“政府搭台，民间唱戏”的经验或做法，政府应该专注于“掌舵”，即专注于为残障服务提供指导、管理、协调、保障和资助，而不是专注于“划桨”，即不是专注于具体实施或操作其残障服务（刘祖云、毛小平，2010）。政府应将工作的中心放在残障人士社会保障制度的完善和扶持残障服务机构的发展上，如发展社区日托机构、生活技能培训中心、专职社工心理辅导等专项服务。

（二）社会工作在社会支持网中的介入

构建残障人士社会支持网需要整合正式支持和非正式支持的社会资源，帮助残障人士建立和完善个体的社会支持网络。这项工作不可能单靠残障人士或其家庭就能完成的。他们本身就属于弱势群体，缺乏资源，因此需要依靠有组织有专业知识的团体。而社会工作者工作是非营利性的，本着“助人自助”的精神提高服务。他们更易接触服务对象，因此构建社会支持网络需要发挥社会工作者的作用。在访谈中，社工上门探访残障人士，为其家庭和个人带来情感上的支持，他们的付出得到了残障人士和家庭的认同。但社会工作者在构建社会支持网络时需要关注的是残障人士群体，从整体出发，发挥他们集体的能力。

社会工作者可鼓励并组织残障人士家属在社区成立家长会。家长会组织的建立，能让残障人士和照顾者之间有更多交流机会，形成相互支持网络，让照顾者得到情感支持，并能共同探讨困难的解决之道。日常生活中，家长会成员能为社区残障人士提供志愿服务，如上门探访、居家照顾等。对于精神病患者来说，成立家长会，他们能成为精神病患者的代言人，向政府及有关部门提供建议，为精神病患者争取利益，减少社区排斥。

成立家长会前期，需要社会工作者通过小组工作、个案工作和社区工作发掘领袖人物，为家长提供培训、物资支持、社区宣传、会员招募等，协助家长会成立。成立家长会后，社工还需向家长们提供组织建议，协助活动开展，组织家长到香港或台湾进行参观学习。当家长会能运行自如，社会工作者就能逐渐减少扶持。这样体现了助人自助的精神。

（三）发挥社会组织的协调作用

发挥社会组织的协调作用，即发掘非正式支持资源。这样能丰富残障人士的社会支持网，减轻家庭支持的重担。对于残障人士的社区康复，也有明显作用。本次调查，残障人士主要依赖家庭支持，非正式支持网络的规模小，结构单一。残障人士日常生活中除了家人和部分亲戚的照顾，就是社工上门探访和街道人员见面时问候。残障人士和家属在残障人士居家照顾、交往支持、社区康复训练等方面的需求很迫切。因此要完善残障人士非正式支持网，需要充分发挥社会组织的协调作用，发掘更多社会群体资源。

（1）慈善团体

广州民间慈善组织在近年取得长足发展。如广东狮子会、赵广军志愿服务队、木棉会团队等等。他们热衷公益事业，服务弱势群体。构建残障人士社会支持网，慈善团体的作用不可忽视。

（2）志愿者组织

志愿者在社区提供志愿服务，可以在社工的专业指导下开展。如参与社工机构开展的社区活动，陪同残障人士参与康乐活动以及陪同他们到医院就诊。香港在志愿者服务方面就有长足发展，据2002至2003年度的统计数据显示，平均每个志愿者为受访服务单位义务工作的时数是395小时。

（3）残障人士专门协会

肢体残疾协会、盲人协会、广州利康家属资源中心、扬爱家长会等，都为残障人士提供支持。但实证调查显示，大多数残障人士并没有参与以上组织，也极少获得他们的支持。因此，构建残障人士社会支持网，还需要发挥残障人士专门协会的作用。各区残障人士联合会要起统领作用，令各专门协会能为残障人士融入社区提供更多帮助。

参考文献

[1]崔凤祥．残障人士社会支持网的实证研究——以济南市S区为例[J]．山东大学，2012（4）：25-52．

[2]程虹娟．青少年社会支持研究现状综述[J]．中国健康心理学杂志，2003（11）．

[3]陈铁娟．主观幸福感研究综述[J]．心理与行为研究，2003（1）：214-217．

[4]陈成文．城市特困老年人的生活状况及其社会支持[J]．城市发展研究，2000（5）．

[5]蔡禾等．城市居民和郊区农村居民寻求社会支援的社会关系意向比较[J]．社会学研

究，1997（6）：6.

[6]候钧生. 西方社会学理论教程[M]. 天津：南开大学出版社，2010（7）.

[7]刘祖云、毛小平. 香港与内地残障群体社会支持方式比较[J]. 中南民族大学学报（人文社科学院版），2010（9）：93-99.

[8]刘祖云，毛小平. 香港与内地残障群体社会支持来源比较[J]. 中南民族大学学报（人文社科学院版），2010（9）：75-80.

[9]史绵绵. 社会支持网对城市残障人士生活状况的影响研究——以长沙市为例[J]. 中国知网，2011（5）：9-10.

[10]田向东. 残障人士社会保障研究[M]. 广州：广东人民出版社，2004（6）：245-258.

[11]唐钧，朱耀垠，任振兴. 城市贫困家庭的社会保障和社会支持网络——上海市个案研究[J]. 社会学研究，1999（5）：105-117.

[12]周林刚. 社会支持与激发权能——以城市残障人福利实践为视角[M]. 北京：社会科学文献出版社，2009（1）.

[13]周林刚，冯建华. 社会支持理论——一个文献的回顾[J]. 广西师范学院学报，2005（7）：12-14.

[14]张文宏，阮丹青，潘允康. 天津农村居民的社会网[J]. 社会学研究，1999（2）.

[15]张友琴. 老年人社会支持网的城乡对比研究——厦门市个案研究[J]. 社会学研究，2001(4)：13-20.

[16]张友琴. 社会支持与社会支持网——弱势群体社会支持的工作模式初探[J]. 厦门大学学报，2002（3）：94-100.

指导教师 肖小霞讲师

照顾者为本的残疾人社会工作理论与实务
——以女性家属照顾者为例

|李 珍|

一、前言

残疾人是指由于缺陷而缺乏作为正常人以正常方式从事某种正常活动能力的人，其中的缺陷有心理上、生理上或人体结构上，某种组织或功能的任何异常或丧失。这在一定程度上意味着大多数残疾人不能担任社会上的岗位，有些甚至连自己的基本生活都不能自理。2006年第二次全国残疾人抽样调查结果显示，中国残疾人的数量已经达到8296万，而这也就意味着15个人当中有1个是残疾人，这是一个不小的数字。近几年，国家大力发展残疾人事业，积极完善残疾人基础设施建设以及提供了许多优惠政策给残疾人，但是对残疾人家庭这一块的关注较少。据了解，我国大多数残疾人是在家庭里受到照顾的，照顾的责任主要由其家庭成员承担，尤为女性家属，台湾学者赵善如在实证研究中指出女性照顾者所占比例约为70%—80%。

自古以来，男主外、女主内的传统思想一直保留在大多数家庭中，女性不仅要照顾家庭的日常起居饮食，还要侍奉公公婆婆。与照顾家庭起居饮食、侍奉公婆相比，照顾一个残疾人更加耗费一个人的体力和精力。学者（刘腊梅、周兰姝等，2007）在对我国家庭照顾者的研究现状分析中指出，家庭照顾者除面临生活、工作、学习等各方面的压力外，还需要花费大量的精力来照顾他人，长期的身心压力会导致其自身的身心健康和生活质量受到影响[1]。因此，在一定程度上这一群体也需要得到重视以及关注。

对比国外的研究以及港台地区的研究，目前我国大陆对家属照顾者的研究极少，从2000年到2010年在万方数据库以“家庭照顾者”为关键词共检索到相关文献26篇，主要集中于对照顾者的心理状况、生活质量、健康、负担以及压力的研究，而这些文献大部分是从医学角度进行研究的，因此多数研究是在影响照顾者因素的分析上得出一些结论，而没有给照顾者们提供更多的资源和帮助。这一现象表明，家属照顾者在照顾期间虽然遇到了挫折但并没有引起重视。

社会工作作为一种专业性助人活动，它的基本服务对象是那些需要帮助的人，帮助社会上处于不利地位的个人、群体和社区，解决困难，预防问题的发生，恢复、改善和发展其功能，以适应和进行正常的社会生活的服务活动[2]。照顾者在长期的照顾生活中，生理和心理遭受到许多挫折，还面临生活压力，因此，从社会工作专业的角度来讲，笔者认为有必要对照顾者的健康以及生活给予足够重视，并为其提供相应的支持性服务。

照顾是如此费心费力的一件事，女性家属为什么会被选为照顾者的角色呢？成为这一角色又会对她们造成怎样的影响？此外，照顾者与被照顾者之间又是怎么互相影响的呢？笔者通过翻阅文献、调查问卷和访谈的方式对残疾人家属照顾者进行了分析和了解。以下将会具体展开论述。

二、女性家属成为照顾者的因素分析

在讨论女性家属为什么成为照顾者之前，首先了解一下照顾的本质。照顾是个多层面的概念，其包含照顾的技术、行为与活动、照顾者的情绪和感受，也涉及照顾者的责任和压力。因为照顾本身是一份劳务工作，而非只是爱的流露，其蕴含着工作与感情倾注两个方面。当然照顾工作除包含关心和爱的情绪，也包括许多的照顾活动，提供作为被照顾者的福祉（Graham & Hillary，1983；Wearness & Stein，1987）。就照顾的本质而言，可以知道照顾除了是照顾者的一种责任外，还归因于照顾者对被照顾者的关心和爱，而这也往往成为照顾的前提。但是，不可否认的是，照顾工作虽然能给某些照顾者带来情感上的满足，但照顾工作是一项烦琐的、单调的、费时的、需随时反应的劳务，而且照顾工作的贡献是不被察觉的，也被认为是没有价值的。既然如此，为什么女性会被选择成为照顾者呢？解释女性成为照顾者的原因，总结其他学者的观点有如下四点：

第一，从历史文化的角度分析，在中国两千多年的女性伦理发展史上，中国传统女性伦理的基本价值取向是男尊女卑。在男女关系上，强调男尊女贱、男主女从、男外女内、男强女弱、男刚女柔；在家庭关系上，提倡贤妻、贞妇、良母、孝媳等。因此，在传统的中国社会，女性的地位十分低下，女性在家中不仅要照顾家人的日常起居饮食，还要相夫教子，侍奉公婆，女性承担家庭的照顾工作一直是传统中国社会的主流思想，为封建思想所禁锢。在当代的中国社会，女性的地位有了提升，开始倡导男女平等，但是两千多年的传统思想在中国绝大多数人的头脑里根深蒂固，女性仍然在家中承担着照顾的工作。

第二，从心理学的角度分析，认为多数女性会成为主要照顾者的原因，在于照顾行为是女性的自我认同、自我特性及利他意识所催生的，女性自身对被照顾者本身的情感依附，故女性较男性有较强烈的情感依附需求，且唯有透过照顾他人才能获得自我实现（温秀珠，1996）[3]。在小孩成长的过程中，母亲被期待具有牺牲、照顾、养育的独特能力，而依性别角色发展理论，女孩是认同母亲的，从而认同了照顾者的角色。因此女性常以自己的照顾行为表现来肯定自我，并通过强烈情感连带的照顾关系来满足情感依恋的需求。

第三，从社会学的角度分析，社会学学者指出社会性别的角色规范、劳动市场结构都易使女性成为主要的照顾角色。按照性别角色规范，男性多为工具性角色，主要负责家计任务，适合粗重工作；女性多为情感性角色，适合留在家庭中照顾家庭成员。换言之，男性在社会中被期待担任工具性的任务，而女性则被期待执行情感性的任务，担任主要照顾者的角色。从劳动市场结构上分析，由于性别、职业隔离的原因，女性工作多集中在低薪资、低技术、少升迁的行业或职位中，当家庭中有依赖成员需照顾时，从经济成本上考虑，女性辞去工作留在家中照顾对家庭来说是一种理想的选择。

第四，从女性主义的角度分析，女性主义认为受到父权意识形态的影响，使照顾工作本身不受到重视，且因资源使用的限制或缺漏，使得女性易成为照顾者，又因照顾工作被视为低技术、无变化、琐碎耗时、需情感投入，故被归为女性工作、家庭妇女的事情。女性主义将女性成为照顾者的原因归纳为以下几点：1. 女性成为照顾者是社会的主流意识所致，目的是区分男性和女性在公共领域与私人领域的地位；2. 女性成为照顾者是社会对妇女行为的期待，是男女角色和两性关系的问题；3. 女性照顾是压抑或牵制下的意识与规范。因此，女性主义呼吁必须实现公平的照顾劳务分工，照顾者需要获得社会的支持以及鼓励。

三、照顾对家属照顾者生活的影响

综上所述，女性成为照顾者有历史的原因、个人心理的原因以及社会的原因等，那么照顾工作又是怎样的一项工作呢，会对照顾者产生怎样的影响？照顾一个残疾人需要耗费很多的时间和精力，因为照顾一个残疾人需要做很多的工作。例如，对于生活不能自理的残疾人，需要有人提供日常生活起居的照料，而这项工作不仅仅是洗衣做饭、打扫卫生，它还包括吃饭、穿衣服、洗澡、如厕等等很多需要辅助性的劳务活动。对于有精神障碍的残疾人，需要有人时时刻刻在身边看护；当需要服药或做康复训练时，照顾者需要时刻提醒患者服药时间到了，同时照顾者还得花上自己的时间陪同残疾人一起做康复训练。此外，有些残疾人过多地出现不良的情绪状态，照顾者也需要去做安慰工作等。有家庭的人知道照顾一个正常小孩都算是一件比较辛苦的事情，更何况是照顾一个残疾小孩，而这往往需要花费自己的一生去照顾。

笔者以广州市越秀区100名残疾人家庭照顾者为例。社工在对该社区的残疾人开展服务工作时，对这100名家庭照顾者的照顾水平进行了评估，笔者对这100份评估表进行统计从而了解到，女性照顾者占61%，男性照顾者占39%。由此可见，家庭中女性承担照顾者角色的比例较大。

照顾是一项爱的劳务工作，会对照顾者产生怎样的影响呢？

第一，从照顾者的年龄和工作情况上分析，主要集中在40岁到60岁之间，占61%，最小20岁，最大91岁，其中30%已退休，11%有固定工作，12%做散工，47%没有工作。按照社会上的招工标准，具有竞争力的年龄是在18岁到35岁之间，而被调查的照顾者年龄大多数是在40岁—60岁，这在劳动力市场上是不容易找到工作的，即使找到工作，也属于体力大、时间长、工资低的工作。而照顾一个残疾人需要花很高的经济成本和时间成本，这就与工作产生冲突。由于照顾工作是无酬的，因此，大多数的照顾者不得不依赖家庭中其他成员或社会的救济。按照中国人的说法，有时还得“看脸色吃饭”。女性成为照顾者很容易导致女性的处境面临经济上的依赖和老年的贫穷，这主要是由于在我国的社会保险制度中，劳动保险是已参加劳动市场工作的人才享有的。由于没有自己的经济收入来源，使得原本在家庭中地位低下的女性，其地位变得更加低下。

第二，从照顾者与被照顾者的关系上分析，主要集中在父母和兄弟姐妹，分别占45%和31%。作为兄弟姐妹的照顾者，由于要照顾被照顾者，一方面缺少个人的时间；另一方面，在婚恋问题上因多了一个“包袱”而被人拒绝的情况也确实存在，甚至有些照顾者因此到了40岁还没有结婚。当照顾者有了自己的家庭后，家庭中的成员可能会认为被照顾者是一个包袱，他们希望摆脱这个包袱，于是在照顾者身上发泄自己的不满情绪，或者对照顾者施加压力，而这可能会导致家庭结构的变化，有的甚至离婚。这不仅对被照顾者造成了伤害，对照顾者自身也是一种压力和伤害。女性在这样的处境下往往比男性受到的伤害要大得多。

第三，从照顾时间上分析，84%的照顾者需要昼夜陪同在被照顾者的身边，被照顾者的年龄最小16岁，最大59岁。很明显，这是一个长期照顾的服务。所谓长期照顾服务，是指对生活功能缺损者，长期性提供生活照顾、医疗以及社会性等支持性服务。根据笔者到一些残疾人康复机构向16名照顾者（主要是女性家属照顾者）进行访问观察了解到，她们当中有12名照顾者除了被照顾者在康复机构进行康复训练时没有陪在被照顾者身边之外，其余的时间都需要陪在被照顾者身边。在进行康复的这一段时间里，照顾者也没有离开康复机构，而是待在机构里等着被照顾者下课。而这样的情况可能从早上8点持续到下午5点，从没有间断过一天。有些照顾者需要带着被照顾者每天跑两、三个康复机构，而这些机构往往路程相距较远。长期无偿地提供照顾，不仅使得照顾者的身体健康和心理健康受到影响，也会导致照顾者的工作和家庭受到影响，同时影响日常正常与人交往的社会活动。

第四，从照顾者的情绪上分析，58%的照顾者的情绪需要得到适当的调适，如没有得到很好的处理，会导致照顾者对待被照顾者的态度有很大的影响，概率是67%。据了解，女性的情绪往往较男性敏感，极易失控，而一旦出现情绪失控，在一定程度上就会对被照顾者、照顾者的家庭以及照顾者自身产生伤害。因此，重视女性家属照顾者的情绪就显得十分重要。

以上可以总结出，照顾者的生活由于照顾受到了很大的影响，长期照顾会让照顾者失去个人的时间，影响工作和家庭关系，对个人情绪以及对被照顾者的态度也会有一定的影响。但是，照顾者由于提供照顾服务受到的影响远不止这些。学者（熊妮娜、杨丽等，2010）对223户孤独症、肢体残疾、智力残疾儿童家庭进行经济负担调查发现，相比普通儿童，肢体残疾、智力残疾和孤独症儿童的家庭有着较大的经济负担[4]。学者（任显峰、郑素娟等，2003）对97名精神分裂症患者的家属照顾者的心理状况进行研究发现，照顾者心理压力相当严重，61.86%的照顾者出现抑郁症状，45.3%的照顾者出现焦虑症状[5]。学者（张宁生、荣卉，1999）也通过实证指出残疾儿童父母在照顾期间遭受到了很大的心理压力，其压力来源从大到小排列依次为终身照顾、经济负担、个人家庭问题、缺乏成就感和过分保护[6]。

四、照顾者为本的必要性之探讨

1. 残疾人为本与照顾者为本的社工实务的区别

残疾人是一个特殊的社会群体，他们通常只能以自己特定的概念、方法、手段介入和参与社会生活。在日常的生活和交往中，需要借助其他的辅助工具，例如盲文、手语、轮椅、拐杖等等。而有些精神残疾或智力残疾的患者则需要由专人看护参与社会生活。以残疾人为本的社会工作，是以残疾人为主体对象而提供的各种有效服务和帮助，充分调动和利用一切社会资源为残疾人服务。

按照首都医科大学马洪路教授对残疾人社会工作的定义，是指社会工作者运用社会工作方法帮助残疾人补偿自身缺陷，克服环境障碍，使他们平等地参与社会生活、分享社会发展成果的专业活动。主要内容包括：（1）康复工作，即最大限度地恢复残疾人的生物机体的功能或进行功能补偿，以增强他们参与社会生活的能力。（2）特殊教育，残疾人教育是残疾人享受权利和挖掘潜能的重要措施，通过学校社会工作使受教育者获得更显著成效。（3）劳动就业，社会工作者可以帮助残疾人寻求更适宜的劳动岗位，帮助他们适应劳动生活，维护他们的合法权益。（4）社会适应，社会工作者可以通过咨询、介绍和指导促进残疾人的婚姻与家庭生活[7]。

而以照顾者为本的社会工作，是以照顾者为主体对象而提供的各种有效服务和帮助，从家庭的角度出发，以照顾者为关注重点围绕残疾人家庭成员，这有点偏向于家庭社会工作。当家庭中有依赖成员需要照顾时，一个家庭可能会面临家庭结构的变迁，从前文已经论证的照顾对照顾者生活的影响可以知道，照顾会给照顾者的家庭带来一定的影响，这往往表现在家庭的经济负担过重、家庭成员的压力大、家庭关系紧张、家庭与外界的联系较少等。因此，以照顾者为本的社会工作，社会工作者应该把关注点放在家庭和家庭成员（也包括残疾人家庭成员）身上。台湾学者周月清提出："凡是以社会工作方法或理论，并以家庭为中心及维护家庭的完整，视家庭为一个整体及顾及到家庭中每一个成员的需求，提供各项家庭服务，以从事各项问题之解决……即家庭社会工作。"

但是，以照顾者为本的社会工作不等同于家庭社会工作，家庭社会工作侧重对家庭问题的解决以及增进家庭的福祉，而以照顾者为本的社会工作虽然会运用到家庭社会工作的理论和实务方法，但并不以解决家庭问题为前提，家庭问题并不是照顾者在照顾期间所面临的唯一问题，照顾者还面临其他问题，如在照顾的过程中所遇到的情绪问题、照顾者的心理负担问题等等。照顾者所遇到的问题不仅仅是在家庭内部产生的，还来自社会上的因素，例如社会歧视等。

以下表格从服务对象、服务宗旨、服务内容、服务方式、服务模式五个方面分析以残疾人为本和以照顾者为本的社工实务的区别。

表2-4-1　以残疾人为本和以照顾者为本的社工实务的区别

	以残疾人为本的社工实务	以照顾者为本的社工实务
服务对象	以残疾人为主体服务对象，服务效果是以残疾人是否获得相应的服务质量作为衡量标准	服务对象以照顾者为主，服务效果是以照顾者是否达到在照顾期间能够没有障碍地照顾被照顾者，以照顾者的满意度为衡量标准
服务宗旨	努力改善残疾人生存状态，全面提高残疾人生活质量，积极促进残疾人人生价值的实现	帮助照顾者解决或舒缓在照顾期间所遇到的问题，恢复和发展照顾者的社会功能
服务内容	生理功能的康复、应对能力的增强、自主意识的塑造、职业能力的提升、社会事务的参与、自身潜能的挖掘等	劳动就业、社会适应、康复知识、心理情绪辅导、社会参与等
服务方式	个案工作、小组工作、社区工作、康复工作	个案工作、小组工作、社区工作
服务模式	机构照顾、社区照顾、居家照顾	喘息服务

2. 残疾人为本与照顾者为本的社工实务的联系

虽然以残疾人为本和以照顾者为本的社工实务有区别，侧重点不同，但二者之间却有很大的关联。首先，体现在照顾者与被照顾者，即残疾人与健全人之间相互影响的关系上。

表2-4-2　社工对照顾者的照顾水平以及环境的评估

社工观察项目									
观察结果	康复训练水平	生活护理水平	沟通技巧水平	用药护理水平	安全护理水平	残疾器具总体状况	照顾者态度情况	被照顾者膳食状况	家庭环境卫生状况
有待改善（%）	47	19	28	27	27	27	11	16	19
勉强（%）	30	26	33	45	34	37	31	42	23
尚算满意（%）	21	43	31	20	37	37	36	28	45
相当满意（%）	2	12	8	8	11	6	22	14	13

由上表可知，对于康复训练和用药护理，分别有77%和72%的照顾者在这方面缺乏知识或者没有引起足够的重视，而康复训练直接影响到被照顾者日后的康复状况。据笔者在康复机构了解到，早期的康复训练对被照顾者的健康恢复尤为重要，越早发现问题并及时得到治疗的话可以减轻残疾程度或消除残疾，因此，提高照顾者的照顾水平，能够对被照顾者的健康恢复产生极大的帮助。

一些学者通过实证证明儿童家长的心理健康对其子女行为问题的影响力较大，表现在儿童会模仿家长不健康心理的症状，父母将子女作为“出气筒”对子女的心理造成伤害以及父母对子女的教养方式对子女的影响等（马珍珍、张福娟、蒋骊，2005）[8]。另外，家长的需求对患者的治疗也会产生影响（刘常青，2010）[9]。综上所述，照顾者的照顾水平、心理健康以及需求等会对被照顾者产生极大的影响。反之，被照顾者的一些行为也会对照顾者产生一定的影响。据笔者访问了解到，一些被照顾者可能向照顾者提出过多的照顾要求，或者被照顾者出现焦虑的情绪例如发脾气、使性子等，都会直接或间接地导致照顾者的精神和情绪受到打击，而这时，照顾者可能会对被照顾者发泄长期积累的压力，反之又会对被照顾者产生不良的影响或伤害。

其次，体现在以残疾人为本和以照顾者为本的社工实务相互补充的关系上。

以照顾者为本的社会工作不仅能够以照顾者的需求作为出发点，解决照顾者在日常生活中所面临的困难，同时也能够让残疾人的生活过得更好，康复水平进一步提高，获得正常成长与发展。而以残疾人为本的社会工作，更多的角度是关注残疾人本身的利益，但其中也会涉及到残疾人的家庭和生活环境，从而能够减轻照顾者的一些负担。

因此，以残疾人为本和以照顾者为本之间的关系是相互补充、相互影响的。

五、以照顾者为本的残疾人社会工作的探讨

1. 以照顾者为本的残疾人社会工作的理论

（1）“人在情景中”理论

“人在情景中”的理论假设是用系统理论观察人的现实状况，也就是人受到生理、心理及社会各方面的影响，而这三者的互动作用决定着人的现实情况。“人在情景中”理论认为人不是一个完全独立存在的个体，人的问题也不是单个人的问题，而必须把他放在现实的情景中，从与家庭、朋友、邻居、社区以及工作场所等互动关系中去考察。按照“人在情景中”的理论，人的问题是因为心理和社会两个方面的不良互动作用而产生的。照顾者长期把自己的时间和精力放在被照顾者的身上，失去了个人的自由同时无回报地付出，生活的压抑和无奈，加上社会的歧视，致使照顾者的生理和心理受到伤害。因此，该理论是把照顾者放到一个情境当中去了解。

（2）需求层次理论

根据马斯洛的需求层次理论，认为人的需求由较低层次到较高层次依次分成生理需求、安全需求、社交需求、尊重需求和自我实现的需求五类。在较低层次需求得到满足后，较高层次需求才会有足够的活力驱动行为。照顾者在长期的照顾生活中，由于自身活动范围的限制及其在经济上的低收入和在社会生活中的贫困，其心理压力往往比正常人高，且缺乏与其他人交往的机会，因此可能会产生不满、苦闷、焦虑、急躁情绪，难以进行心理上的自我调适，从而很容易对生活失去信心。另一方面，在特定的时间内，人可能会受到各种需求的激励。任何人的需求层次都会受到个人差异的影响，并且会随着时间的推移而发生改变。社会交往需求是一个人社会生活的一种体现和获得其他人尊重的前提，照顾者也需要获得参与社会事务的机会，并有自己的交际圈，而不是仅限于照顾者与被照顾者及其家庭圈中。

（3）社会支持理论

照顾者在日常生活中，会遇到各种各样的问题，如经济困难、照顾人手不足、没有个人时间、压力大等等，这些问题仅凭照顾者一个人是解决不来的，而需要他人的帮助。社会支持理论认为，在社会中每个人都有与他人建立有效且有助于自己关系的需求。社会支持是一种网络资源，这种资源可以帮助个人应对日常生活中的问题或危机，增进个人健康和幸福。社会支持网络包括家人、亲戚、朋友、邻居、同事及专业机构的帮助。大多数的学者将社会支持分为有形的和无形的。有形的支持包括物质或金钱的帮助和援助，而无形的支持多半属于心理、精神上的，如精神上的鼓励与支持，心理上的安慰与疏导以及爱等等。对于社会成员个人来说，社会支持具有非常重要的功能。Malecki（2002）等人认为，社会支持是来自于他人一般性或特定的支持性行为，这种行为可以提高个体的社会适应性，使个体免受不利环境的伤害[10]。此外，社会支持的增加可以使个体的生理和心理健康显著改善，可以减少危机的产生和压力所造成的不良影响。

（4）增能理论

增能理论认为个人的无力感是由于环境的排挤和压迫而产生的。社会环境中存在着直接和间接的障碍，使个人无法发挥自己的能力。但人是有潜能的，个人的能力并不是停滞不前的，可以通过社会互动获得并加强，以至克服障碍。增能就是个人在与他人等环境的积极互动过程中，获得更大的对生活空间的掌控能力和自信心，以及促进环境资源和机会的运用，以进一步帮助个人获得更多能力的过程（东波、颜宪源，2010）[11]。在把照顾者看作一个弱势群体的同时，还应该看到照顾者在长期照顾中具有的坚强和耐心的品质。照顾是一项长期劳务工作，是无偿的，照顾者把个人的时间和精力都花在被照顾者身上，虽遭遇了很多困难与挫折，却始终不离不弃地陪在被照顾者的身边，而这也正显示了人的能力是会随着环境而不断增强的。

2. 以照顾者为本的残疾人社会工作的实务

（1）个案社会工作

所谓个案工作，是一种以个人或家庭为对象（案主）的社会工作专业方法。社会工作者通过与案主建立专业关系，运用专业知识与技术，协调可利用的各种社会资源，为案主提供直接的一对一的服务，以协助案主摆脱困境，解决问题，达到与社会、环境的良好适应（李迎生，2004）[12]。女性家属在日常生活中不仅要应付家务劳动所带来的负荷，还要承担照顾残疾家庭成员带来的生理和心理上的负担与压力，在缺乏人力支持和情感支持的情况下，由此产生的焦虑和抑郁情绪等会对照顾者本身产生更大的伤害，对被照顾者也会产生一定的影响。因此，社会工作者可以采用心理社会治疗和理性情绪治疗相结合的方法，针对照顾者在日常生活中所产生的心理情绪问题，提供心理支持以减轻照顾者的压力并改善生活。社会工作者应具有同理心，支持照顾者，使用正向语言引发照顾者的正向情绪、正向经验，发现和充分利用当前照顾者自身的力量和资源，给予照顾者鼓励与赞扬，关注自我效能的发挥，促使自我复原。针对照顾者可能出现对被照顾者的一些不良情绪反应，社会工作者也应当给予调适，并且可以向照顾者解释照顾者与被照顾者之间的互动关系以及作用，指导照顾者在日常生活中应该如何教养被照顾者或与人相处。针对照顾者在照顾期间可能缺乏对残疾人的一些康复和安全护理知识，社会工作者也可以向有关专家咨询并把相关知识告诉照顾者，让被照顾者能够得到稳健的康复和成长。此外，社会工作者也应该关注照顾者的家庭，尤其是照顾者与其他家庭成员的关系，社会工作者可以开展家庭辅导帮助家庭成员之间进行有效沟通、良性互助、相互支持，这样，可以使照顾者能够在家庭的支持中得到很好的安慰与帮助。

（2）小组社会工作

小组工作又叫社会群体工作，它通过社会工作者的协助与群体成员的互动互助，使参加群体的个人获得行为的改变、社会功能的恢复与发展，并达到群体目标，促进社区与社会发展。社会工作者可以通过组织照顾者们开展一些小组活动，例如学习小组、成长小组等互助性小组，使照顾者们在小组中获得经验与成长。小组中的照顾者们大都有相似的经历，通过相互交流与沟通，不仅让照顾者看到自己并非是生活的唯一不幸者，而且能够更加深切地感受其他小组成员的困境。照顾者们在小组中能够大胆地将自己不满的情绪和压抑释放出来，并获得其他小组成员的支持与鼓励，内心得到了调适。通过小组活动，照顾者能够将自己在日常生活中的一些经验和方法与其他小组成员交流，某些照顾者在遇到相似情况时就不会束手无策。此外，小组成员自由讨论某些问题的解决方法，能够增强小组成员处理日常生活中遇到问题的能力。通过小组活动，扩大了小组成员的交际圈，他们对生活更加充满了信心。

（3）构建社会支持系统

社会支持系统资源对照顾者非常重要，能够帮助照顾者解决许多问题。在西方国家实施的照顾者社会支持体系中，劳务性支持措施体现了以照顾者为本的原则。劳务性措施又叫“喘息服务”“临时性照顾”，是指针对长期照顾的照顾者所提供的一种合宜的、社会所认可的休息，让照顾者有时间度假、处理个人事务、整理家务或补充睡眠，是介于家庭照顾和机构照顾的衔接措施。在中国，具体做法为社会工作者可以为照顾者寻找服务机构资源，例如日托机构、康复机构等，缓解照顾者的压力。此外，针对照顾者家庭面临的家庭经济压力大的问题，社会工作者可以向有关福利部门申请补助以改善照顾者的家庭生活环境。在构建社会支持体系中，社会工作者还应该努力促进照顾者与家庭成员、亲戚、朋友、同事、单位、社区的联系，以便在其需要时能够得到支持与帮助。

六、总结

随着社会的变迁，女性地位在当代有所提升，女性开始从家庭步入社会。但是由于男主外、女主内的传统思想在人们的脑海里根深蒂固，绝大多数女性仍然摆脱不了家庭的劳务工作，此时，女性不仅要面对工作上的压力，还要面对家务劳动所带来的负荷。当家庭中有了依赖成员时，照顾的责任便落到女性家属的身上，这使她们的生理和心理所承担的负荷与压力变得更大。而作为社会工作者，在关注残疾人这一弱势群体时，也应该关注照顾者这一弱势群体。社会工作者可以通过专业的方法和技巧，帮助照顾者改变生活态度、调整心态以及改善所处的环境等，促使照顾者及其家庭恢复正常生活。但是，由于目前社会和社会工作对照顾者这一群体的认识和实践比较缺乏，加上社会工作者本身的专业化问题，在开展工作的过程中不可避免地会遇到种种问题。

本课题以照顾者为本介入残疾人社会工作，希望社会能够不仅仅关注残疾人这一弱势群体，还能够注意到残疾人的家庭。同时，从另外一个研究角度来探讨照顾者与残疾人的关系，希望对残疾人社会工作有一定的帮助。

当然，本文的思考还有所欠缺，不够成熟，缺乏实证经验，希望在以后的学习和工作中能够做进一步研究。

参考文献

[1]刘腊梅，周兰姝，吕伟波等．我国家庭照顾者的研究现状分析[J]．解放军护理杂志，2007.

[2]王思斌．社会工作导论[C]．北京：北京大学出版社，1998.

[3]温秀珠．家庭中妇女照顾者角色形成因素与照顾过程之探讨——以失能老人之照顾为例[D]．台北：台湾大学社会学研究所，1996.

[4]熊妮娜，杨丽，于洋等．孤独症、肢体残疾、智力残疾儿童家庭经济负担调查[J]．中国康复理论与实践，2010，16（8）.

[5]任显峰，郑素娟，梁淑华等．精神分裂症家庭照顾者的心理状况及应付行为分析[J]．

中国行为医学杂志，2003，12（4）.

[6]张宁生，荣卉.《残疾儿童父母心理压力问卷》的编制[J].中国特殊教育，1999.

[7]邹鹰.社会工作专题讲座第十六讲残疾人社会工作[J].学苑风，2010.

[8]马珍珍，张福娟，蒋骊.智力落后儿童家长的心理健康对其子女行为问题的回归分析[J].中国特殊教育，2005.

[9]刘常青.脑瘫患儿家长需求对患儿治疗影响[J].中外医疗，2010.

[10]吕培瑶.关于社会支持理论研究的综述[J].时代教育，2010.

[11]东波，颜宪源.增能理论视阈下高校教师摆脱职业倦怠路径分析[J].大庆社会科学，2010，5（10）.

[12]李迎生主编.社会工作概论[M].北京：中国人民大学出版社，2004.

家属照顾者的需求与服务策略
——“以老养残”家庭的个案研究

|江燕青|

摘　要：随着我国家庭结构的不断缩小，残疾人老龄化速度的加快，“以老养残”家庭逐渐增多，由于照顾者与被照顾者的特殊性，该类家庭家属照顾者在照顾残疾人过程中承受着巨大压力，有着特殊需求，他们不仅需要家庭其他成员的支持，更需要政府、社会的支持。

本研究以广州某“以老养残”家庭的家属照顾者为研究对象，运用半结构式深入访谈法、个案研究法深入了解研究对象家庭生活状况，并对其家属照顾者进行全面、系统的研究，运用家庭压力理论、社会支持理论来分析其照顾压力、所获资源与特殊需求，并提出相关服务策略。

本研究发现该“以老养残”家庭的家属照顾者在照顾过程中面临人力不足、财力不足、物力不足、沟通困难、外出困难、获取外界资源能力不足和家庭角色冲突等问题；承受着巨大的经济、生理、心理和社交压力；同时极其缺乏相关的政策支持。对此，笔者通过对国内外的家属照顾者政策进行梳理、研究，结合自身的思考，最后以政府、社区、民间组织为主体，提出经济性、法律性、劳务性、心理性等方面的支持方案。

关键词：家属照顾者需求　“以老养残”　社会支持

一、前言

（一）研究背景

中国是人口大国，也是残疾人口大国。根据2006年第二次全国残疾人抽样调查数据显示，中国现有各类残疾人总数为8296万，约占全国总人口量的6.34%，也就是说平均每4到5个家庭中，就有1名残疾人（中国残疾人联合会，2008）。

改革开放以来，我国高度重视残疾人事业的发展。1988年成立的中国残疾人联合会，代表残疾人共同利益，协助政府为残疾人提供各种社会保障，1990年出台了首部保障残疾人权益的法律《中华人民共和国残疾人保障法》。自2007年至今，每年政府都会印发《××××年度全国残疾人状况及小康进程监测报告》，以反映每一年度残疾人基本状况的变化。此外，政府在《中国残疾人事业“十二五”发展纲要》（2011—2015）中提出了相关政策来解决残疾人社会保障的问题。除针对残疾人本身的政策外，政府也出台了针对残疾人家庭的政策，如国务院常务会议2008年1月23日通过的《中华人民共和国残疾人保障法（修订草案）》规定，享受最低生活保障后仍有特别困难的残疾人家庭今后将获得其他救助，残疾学生和贫困残疾人子女教育也将受到资助。

随着残疾人事业的不断发展，我国出现了很多相应的民间组织，最早出现的是1982年成立的民间自助组织北京病残青年俱乐部，而2011年成立的顺德区星宇社会工作服务中心则是广东省首个专门针对残疾人的社工服务中心。

综上我们可以看到，无论是政府还是民间组织，在促进残疾人事业发展时，都忽略了一个至关重要的群体——残疾人家属照顾者。我国残疾人照顾模式主要是家庭照顾，家属成为残疾人的主要照顾者，而且照顾者以女性为主，残疾人个人生活和发展状况的改善离不开其家属照顾者的照顾与支持。家属照顾者需要政府、社会提供更多的资源给予支持，虽然现今也有为残疾人家属提供服务的机构，如广州市利康家属资源中心、扬爱特殊孩子家长俱乐部，但此类机构极其缺乏。随着我国老龄化不断加速，“以老养残”家庭也不断增加，对此，政府及社会各界更应该予以关注与支持。

（二）研究意义

1. 理论意义

“以老养残”不仅涉及到家庭养老问题，而且属于残疾人服务范畴。中国目前关于残疾人群体的研究，大多集中于残疾人的需要以及社会保障等层面，往往忽略针对残疾人照顾者的调查和研究，而有关“以老养残”家庭中家属照顾者需求、策略的探讨，则更为少见。本研究以广州某“以老养残”家庭中的家属照顾者为研究对象，运用家庭压力理论、社会支持理论来分析其需求并提出相关的服务策略，为残疾人家属照顾者支持服务的开展提供理论指导，希望引起学术界对残疾人家属照顾者的关注并进行研究。

2. 现实意义

由于残疾人老龄化速度加快，家庭结构不断缩小，“以老养残”家庭的家属照顾者的压力不断增加，笔者认为有必要对残疾人家属照顾者的需求进行研究并提出对策。本次研究以家属照顾者为对象，了解其各方面的压力与需求，提出服务策略，并对国内外相关政策进行梳理，一方面希望引起社会大众、民间组织对残疾人家属照顾者们的关注，并给予帮助与支持，为解决“以老养残”家庭的问题贡献自己的力量；另一方面为政府制定相关政策提供相关资料、参考和建议，有助于政府提出完善的福利政策，满足残疾人家属照顾者的需求，解决“以老养残”家庭的问题。

二、文献综述

（一）国内外家属照顾者的相关文献研究

1. 残疾人家庭中照顾者的相关研究

国内外很多研究都表明，残疾人家庭中的家属照顾者主要为年老的父母或家人：心路文教基金会社区家园（1995）研究发现有88.8%的成年智障者的主要照顾者是父母；西方学者戴依与亚尔斯滕（Day & Alston，1998）的研究发现有94%的生理障碍者的主要照顾者是家人；台湾学者吴慧婷（1994）发现台北市领取“居家生活补助”在家居住的成年智障者的主要照顾者平均年龄是55.5岁，而60岁以上的占36.7%；史耐德与奎飞（Snyder & Keefe，1985）的研究发现成年残障者或病弱者的主要照顾者为老年女性，照顾者平均年龄为60岁。

2. 家属照顾者的负担及压力研究

国内外的研究表明，家属照顾者承受着巨大压力与负担，《香港妇女中心协会照顾者生活状况问卷调查简要报告》发现照顾者遇到的困难有：照顾压力沉重（58.0%）、经济负担沉重（52.5%）、缺乏私人时间（51.9%）。《报告》还显示照顾者的健康状况普遍欠佳，在身体及情绪上均出现不同类型的症状，其中较多照顾者表示过去1个月感到疲倦（56.5%）、心情烦躁（47.5%）及腰酸背痛（44.9%）。张东枚（2003）在对广州市海珠区486户残疾人家庭的调查中发现，残疾人家属中有43.27%有抑郁症状，残疾人家属认为残疾给家庭带来多方面的负担，其中经济负担最重，其次是精神心理负担和日常生活负担。西方学者Navaie等对痴呆患者家庭照顾者的调查显示，76%的照顾者出现焦虑，42%有抑郁症状。

照顾者负担的研究源于20世纪60年代，Montgomery等（1985）将照顾者的负担区分为主观负担与客观负担两个方面进行评价，而Novak & Guest，Dunkin & Hanley，Chou等对照顾者的负担则从生理、经济、心理和社会等方面进行评价。目前，国内外学者对不同类型的残疾人家庭的家属照顾者都有进行压力研究。

（1）针对老年痴呆症患者家庭的照顾者：邱惠慈的研究（1993）指出照顾者感受到较重的负荷项目包括必须时时刻刻注意老人、外出旅行受到影响、自己不舒服还要照顾老人、照顾老人感到疲倦及心力交瘁等。汤丽玉（1992）指出照顾者负荷最重的前五项依序为必须协助病人处理很多日常事务、病人的依赖程度高、必须一直注意病人以防止危险状况发生、无法做想做的事、照顾病人的工作影响了照顾者的正常社交生活。徐亚瑛和张媚（1992）的研究则指出，在身体负荷方面，睡眠所受到的影响最严重，照顾者极易出现疲倦、胃口变差、睡眠不足等症状；情绪负荷方面，心情沉闷、没有自己的时间，对自身日后如何被照顾的担心；社会负荷方面，许多需要时间的活动，如外出旅行、家庭活动计划及休闲活动等受到较严重的影响。

（2）针对智力障碍者家庭的照顾者：智障者的主要照顾者的照顾压力是长期的，而且照顾压力是与日逐增的（Farber，1959），尤其当智障者成年时，家中照顾者步入中年甚或老年。霍尔依德等人（Holroyd et al.,1975）的研究发现年龄大的智障者的家庭压力大于年龄小的家庭，长期照顾智障者的老母亲所承受的压力大于其他种类之照顾者（Friedrich et al.,1983）。马尔迪罗斯（Mardiros，1982）的研究也发现智障者的母亲经常成为家中唯一的主要照顾者，缺乏社会支持，包括来自家人、朋友及社会的支持。

（3）针对精神病患者家庭的照顾者：Arey等人（1980）总结了以往4202例精神病人的报道，结果发现照顾患者的家庭成员存在着较高比例的心理障碍，从适应性障碍直至焦虑、抑郁。

从上述文献可知，家属照顾者承受着巨大压力，尤其是照顾残疾人的老人家属照顾者，除了有长期照顾上的压力要面对外，还有老年照顾者的问题，包括其自身老年健康、贫困、缺乏社会支持等危机，事实上，他们可能处于比残疾人更为孤立无援、更为弱势的处境。

3. 家属照顾者的需求研究

不同地域的研究表明，喘息服务将成为照顾者的共同需求：华东师范大学一项对1000名长期照顾者的调查显示，众多照顾者都希望能有“喘息”机会，希望一个月休息一次的超过1/7，另有近1/10的人希望每月最好休息2—3天；台湾学者许栎文（1995）收集台湾有关残障的实证研究，针对残障者的家庭的需求进行分析，发现残障者家庭优先的需求包括喘息照顾方案。

除“喘息”外的其他需求有：台湾学者邱启润等人（1988）的研究中显示有80％的主要照顾者希望得到以下帮助——照顾的知识与技能、居家护理服务及情绪行动的支援。

（二）国内外家属照顾者的相关政策研究

各国针对家属照顾者的政策支持主要可以分为经济性支持、税赋优惠措施、照顾假和法律性支持四大方面。

1. 经济性支持

（1）照顾津贴

台湾：老人照顾者津贴及规划中的长期照顾保险。

香港：设立“残疾人士照顾者津贴”制度——符合资格家庭可通过综合社会保障援助计划（简称“综援计划”）获得现金援助。现时，综援计划为残疾人士提供较高的标准金额及各项补助金和特别津贴，当中包括特别为支援那些在护理方面有特别需要的人而提供的家务助理服务津贴、综合家居照顾服务费用津贴、改善家居及社区照顾服务津贴，以及为残疾人士及其家人而设的社区支援计划服务津贴。如受助人经医生证明需要经常护理并获社工推荐，他们更可申请特别护理费津贴，以支付他们在家中使用特别护理服务的费用，包括聘请照顾者的实际开支。

美国：照顾津贴直接付给照顾者，现金给付的制度有两种方式，一种是薪资制（Wage Programmes）——此系对照顾者所从事的照顾工作之补偿。

亲属或邻居、朋友就如同其他的居家照顾的工作者般可被雇用，但大多数的方案只针对照顾1至2位的居家照顾员，并不是全职任用也未提供员工福利，故他们是部分工时，按时计酬，且是最低的薪资补偿。另一种则是津贴方案——基于照顾者的需要或被照顾者的状况而提供定额薪资给家庭照顾者。

其他国家：芬兰的家居照顾津贴——支付予在家照顾能力较低者如病弱残障人士，此津贴最低为每月2242 欧元。

（2）照顾报酬（以固定的薪资雇用家人来担任照顾者）

英国：包括残弱照顾津贴（Care Allowance）、重残照顾津贴（Invalid Care Allowance）及照顾者特别酬金（Carer's Premium）。重残照顾津贴，简称ICA，是一种针对照顾者的给付，于1975年开始实施，其对象是工作年龄的个人（很可能是主要的维持生计者），因需要而留在家里且充当严重失能及需要照顾的家庭成员之无酬的照顾看护。接受重残照顾津贴的照顾者可以是亲人，也可能是受雇者，只要他们来自就业的每周所得在扣除允许的费用后不超过50英磅。

瑞典：以薪资制的方式视照顾者为一个正式工作，以固定的薪资雇用家人来担任照顾者。通常，当老人需要持续性的照顾时，一位家庭成员可被地方政府雇用成为有酬的照顾提供者，每周照顾老人至少20小时以上的工作年龄之亲属可向政府申请工时薪资，金额等同于一般居家照顾机构支付员工的薪资，照顾者享有年假及年金等职工福利，所得也必须扣税（吕宝静，2000）。瑞典将照顾者的照顾工作纳入社会保险中的年资计算，规定每一个幼儿照顾可以抵三年的年金保险缴费记录。

澳洲：包括照顾者报酬(Care Payment)和照顾者津贴(Care Allowance)。有老人的家庭如果老人因病或年老导致行动不便需人照顾，而老人又不愿意去老人院（Nursing Home），那么其亲属可以向联邦服务中心（Centrelink）申请照顾者报酬，等于政府雇其亲属照顾其亲人。其报酬与所照顾的老人的养老金数额一样，每周都是220澳元左右。如果有困难，可进一步申请照顾者补贴，每周可再增加45澳元左右。

其他国家：法国的代用券制度（Voucher System）——雇用家居照顾者，雇员在家照顾子女可以免供社会保险；挪威则直接付工资给照顾者。

2. 税赋优惠措施

台湾：在综合所得税方面，扶养年满70岁以上的直系尊亲属，免税额111000新台币，高于扶养其他亲属之免税额74000新台币。另外，制订残障特别扣除额72000新台币。

香港：提供额外免税额。《税务条例》规定除了提供长者住宿照顾开支申请扣除，最高扣除额是每年6万港币之外，亦设有供养父母、祖父母或外祖父母免税额，其中若受养人全年与纳税人同住，可享有6万港币的免税额，作为对照顾者的额外支援。此外，纳税人亦可就上述残疾人士的家属额外申领伤残受养人免税额，现时每名受供养伤残家属的额外免税额为6万港币。

美国：有三种方式，一是免税，纳税人若与依赖老年亲属同住，且老年亲属每年的收入少于1000美元，有一半以上的支持来自纳税人，则可申请免税；二是减税，主要的减税方案来自收入总额的调整或需扣税的收入列出可减税的项目，然而此种减税的方式有利于高收入的阶层；三是宽减额，宽减额较有助于低收入者，照顾者可申请儿童及依赖者照顾宽减额（Child and Dependent Care Credit），但规定受照顾者每天必须有8小时待在纳税人家中，且是身心障碍或无自我照顾能力者，此外，全户纳税人都必须是全职工作者，才能享有每名受照顾者2400美元的宽减额。

加拿大：设有照顾家庭成员免税额（Caregiver Tax Credit）措施，为照顾父母、祖父母及患病亲属的照顾者提供税务优惠。

3. 照顾假

台湾：《两性工作平等法》中针对家庭照顾假，第二十条规定受雇于雇用三十人以上雇主之受雇者，其家庭成员预防接种、发生严重之疾病或其他重大事故须亲自照顾时，可请家庭照顾假，其请假日数并入事假计算，全年以七日为限。

美国：1993年通过的《家庭与医疗假期法案》（Family and Medical Leave Act,FMLA），规定全美五十人以上的私人公司，每年应允许员工有12周以内的无薪假期，以便自身休养，照顾新生儿或生病之配偶、子女及父母。

芬兰：2002年当局新规定，全职照顾者每月可得两天假期，其间政府须安排可收费的替代照顾服务，而获日托津贴的照顾者受到有关意外保险的保障。

4. 法律性支持

美国：2000年颁布了《国家家庭照顾人员支持法》，该法案为照顾老年人、残疾人的照顾者和抚养孙辈的60岁以上的老年人提供了支持和服务，被照顾的儿童必须是18岁以下。

英国：《照顾者平等机会法》（Carers Equal Opportunities Act）于2006年4月1日在英格兰及威尔斯生效，为照顾者就住房、健康及教育等方面提供法律保障。

南澳洲：2005年颁布了《南澳洲照顾者承认法》，规定作为照顾者，有可能从联邦服务中心（Centrelink）领取经济补贴；有若干种暂缓服务可供照顾者使用。

芬兰：《社会福利照顾法案》(The Act on Social Welfare Care)规定市政府需要为照顾者提供薪金及安排服务，家中照顾者可获津贴。

三、分析框架

（一）概念界定

1. 家属照顾者

国际上对家属照顾者尚无统一的概念，2000年美国家庭照顾者支持法案为家庭照顾者下的定义是在居家环境下负责为需要照顾的家庭成员提供生活、情感和经济照顾的人，该法案定义的家庭照顾者主要指与被照顾者有亲缘关系的家庭成员。大陆学者刘春年（1998）认为主要照顾者为“每星期照顾5天以上，每天照顾时间至少8小时，承担大部分照顾工作的家人”；刘腊梅（2007）指出照顾者是提供主要照顾服务即每周至少提供40小时的照顾且持续时间在3个月及以上的人。在香港，家属照顾者指为长期病患、残疾、年老家人、幼儿提供无偿照顾的人。

综合以上对家庭照顾者的概念界定，本研究将家属照顾者定义为：在家庭环境下无偿为长期病患、残疾人、老年人、幼儿提供生活、情感或经济等照顾服务，与被照顾者有亲缘关系的家庭成员，每周的照顾时间不少于40小时，且持续照顾时间不少于3个月。残疾人家属照顾者则定义为：无偿为残疾人士提供生活、情感或经济等照顾服务，与被照顾者有亲缘关系的家庭成员，每周的照顾时间不少于40小时，且持续照顾时间不少于3个月。

2. 被照顾者

目前尚未发现对被照顾者的概念界定，笔者则自行定义。本研究的被照顾者指接受老年人为其提供经济供养、生活照料和精神慰藉的残疾人。本研究特指研究对象Z女士的丈夫、女儿和4个外孙。

3. 需求

Hileman等指出需求是“一种对个人而言重要的情境，而且在个人所处的环境中并未得到满足”。Mckillp认为需求是某些事物的缺乏并可能导致个人生活受到影响，唯有提供所缺乏的事物，才能弥补所受的影响。Leske则认为需求是个人意识到一种要求，而这种要求若能被满足则可以减轻或消除个人当时的困境，以增进其感受上的满足。

本研究采用Hileman所做的定义，该定义可进一步解读为照顾者在照顾的情境中，为了达到满足照顾工作的目的的各种基本需求。而这些需求就照顾情境而言，有其迫切性和必要性，如能获得满足则可以减少烦恼。照顾者因不同的压力、照顾情境而有着不同的需求，如果能够了解照顾者的需求，有计划地提供照顾者所需的支持，则可以减轻照顾者压力的程度，并维持其家庭功能。

4. “以老养残”家庭

“以老养残”家庭，是指家中有生活不能自理的残疾人，日常生活主要依靠老年人照料，仅靠老年人的退休金供养，残疾患者介乎16至60周岁的这类特殊困难家庭。

5. 社会支持

社会支持是指一定的社会网络运用一定的物质和精神手段对社会弱者进行无偿帮助的一种选择性行为。社会支持的主体是一定的社会网络，即社会支持的资源系统，主要包括家庭、亲戚、朋友、邻里、社区、政府、市场等，按照社会支持主体的不同又可分为正式支持和非正式支持，其中，政府归属于正式支持系统，而家庭、邻里、社区等归属于非正式支持系统。本研究主要从家庭、政府、社会三个层面来分析研究对象所获以及所缺的社会支持。社会支持的客体及社会支持的受助者，主要是社会弱势群体，本研究指“以老养残”家庭中的家属照顾者和被照顾者。

（二）理论视角

1. 家庭压力理论

家庭压力研究最早源于1949年Reuben Hill关于战争引起的家庭分离和重逢的家庭压力研究，他提出的ABC-X模型也成为系统研究家庭压力与应对的重要理论基础。在ABC-X模型中，A指的是产生家庭压力的事件，或称为家庭压力源；B是家庭处理事件时的资源；C则是家庭对事件的定义或认知；X则经由A与B和C的互动之后所产生的压力程度或危机。

根据ABC-X理论，在“以老养残”家庭中，A是指家中有残疾人这一个非自愿性及长期性的压力事件，及其对整个家庭系统产生的影响；B是指家庭成员，以及家庭所拥有的和能够动员的各种应对资源；C是指家庭成员（特别是家属照顾者）对家中有残疾人这一压力事件的看法，此因素取决于家庭的价值观和先前处理危机事件的经验；X是指应对压力事件的过程及结果。压力事件A、应对资源B及认知评价C这三者的相互作用会影响压力事件的应对结果，如果应对不当，就会造成家庭危机。提供家庭支持（改变B），或协助家庭认知的改变（改变C），将是预防这些家庭瓦解的关键，因此在研究如何介入“以老养残”家庭时，应以改变B和C——提供家庭支持，增加家庭资源，或协助家庭不利与压力因应认知的改变为介入点。

1983年，社会学家MeCubbin和Patterson在Hill的家庭压力理论研究基础上提出了双重ABC-X模型(Double ABC-X Model)，见图2-5-1。此模型强调家庭压力源因时间因素带来需求的增加（aA），家庭因应的资源是否因此增加或减少（bB），家庭对压力源的认知是否修正（cC），导致后来的因应结果，即压力程度可能增加或减少（xX）。该模型认为具有资源优势和对压力持正向认知的家庭具有较强的应对与适应能力。

对“以老养残”家庭而言，与从前相比，家庭一个最大的变化就是家属照顾者年龄增大，自身需求增加，老年家属照顾者问题间接累积压力源及提高对外部资源的需求；同时家中残疾人的年龄也增大，需求也可能增加，因此该类家庭需求因时间积累而增加。根据双重ABC-X模型，随着“以老养残”家庭需求增加（aA），家属照顾者老龄化，家庭因应资源减少（bB），若此时家庭所获资源没有增加，即因应能力无法增强（bB），以及对压力事件的解释没有修正（cC），就会带来家庭危机（xX）；反之，若家庭的资源增加，如来自家庭外的资源增加（bB），对事件的解释也进行修正（cC），则其在压力源所带来的积累需求（aA）、因应能力（bB）和解释（cC）可以平衡，即表示其家庭适应产生，家庭系统能正常运作。由上可见，“以老养残”家庭十分需要家庭外的系统（如政府、社会）的帮助与支持，以增加家庭资源，应对家庭压力源需求的增加。

图2-5-1　双重ABC-X模型

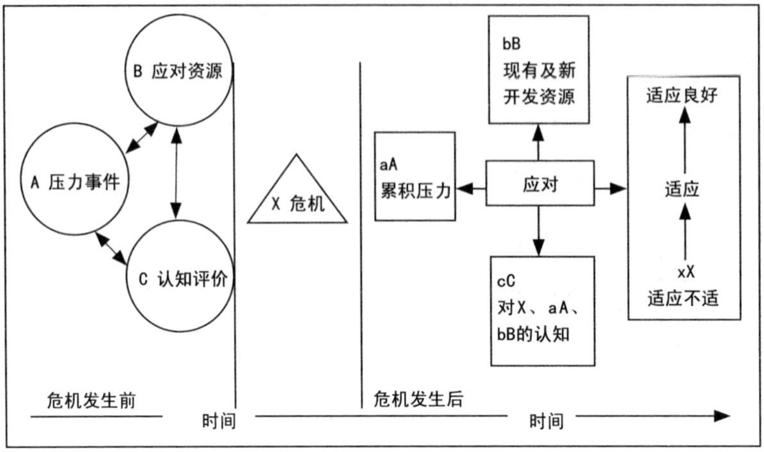

2. 社会支持理论

家庭的社会支持在家庭实务工作上对增强家庭的应对能力很重要，事实上，家庭社会支持是指在ABC-X模式中的家庭资源（B）；同时，社会工作者的介入也可被视为家庭的专业社会支持。

根据Cohen和Wills（1985）之观点，社会支持的功能包括：（1）社会支持的增加，会使人们的生理及心理健康也跟着提高；（2）支持可介入有压力的情境和反应之间，以预防及减少危机的发生；（3）适当的支持可以介入压力的处理，经由对问题的解决或经由对问题严重性的认知，以减少压力所产生的影响。

从实务工作观点来看，家庭的社会支持或家庭资源包括个人资源（指个人教育程度、技巧、特质、生心理健康、自主能力、自我概念等等）、家庭资源（指家庭的凝聚力、适应力、组织、沟通技巧、婚姻关系、家庭功能）、社区资源（指来自家庭外的个人、团体、机构组织的资源）（Patterson,1998）。Figley（1989）指出，社会支持对家庭在应对压力源或创伤事件中，是一个很重要的资源，甚至ABC-X模式在实务工作的运用中，介入家庭提供家庭支持（B）比去改变家庭的认知（C）要容易且直接，这同时也回应双重ABC-X模式，即资源的增加（bB）能和需求的积累（aA）达到平衡，并呼应家庭生态学观点，强调输入家庭应用资源的重要性，也是福利政策与方案的工作重点。

（三）研究方法及研究思路

1. 研究方法

（1）半结构式深度访谈法

笔者于访谈前拟定访谈提纲，并依实际访谈情况来调整各问题之次序和用语，给被访者留有较大的表达自己想法和意见的余地。本次访谈长达90分钟，更多的是希望了解被访者的压力、需求以及其现有的资源。

（2）个案研究法

个案研究法（Case Study Method）亦称个案历史法，追踪研究某一个体或团体的行为的一种方法。它包括对一个或几个个案材料的收集、记录，并写出个案报告。笔者曾连续3个月定期上门探访被访者一家，收集了相关资料并做了记录，了解了该“以老养残”家庭与被访者（家属照顾者）的状况，并且利用最后一次半结构式深入访谈确定相关信息，以及了解被访者的压力与需求。本文就是对该个案进行的研究分析。

（3）文献法

文献研究法主要指搜集、鉴别、整理文献，并通过对文献的研究形成对事实的科学认识的方法。文献研究法贯穿本研究始终，在选题、确定研究问题以及论文撰写过程中都查阅了大量的相关文献。笔者通过图书馆借阅相关书籍，通过网络期刊网、国内外相关官方网站搜集与家属照顾者压力、需求相关的文献、官方数据、政策等，并进行整理、分析，最后融入本文中。

2. 研究思路

本研究首先阐述并分析了“以老养残”家庭不断增加的背景与原因，以及我国在为家属照顾者提供政策支持方面的缺乏；然后对台湾、香港和国外关于家属照顾者的研究与政策支持进行综述，并界定相关概念与介绍本文的理论视角；接着介绍本研究个案“以老养残”家庭的特殊性，及其家属照顾者的压力；重点分析“以老养残”家属照顾者的共同需求及该个案家属照顾者的特殊需求，最后提出相关策略。

四、研究对象的资料收集与分析

本个案的访谈是在2011年12月23日进行的，访谈地点是广东省广州市×区研究对象家里。被访者（Z女士）是该个案家庭唯一的照顾者，照顾6个残疾人，Z女士最小的外孙女为主要被照顾者。Z女士的大女儿的丈夫去世后，他们全家无人照顾，Z女士就接大女儿一家来到城里住，并亲自照顾他们。

（一）个案简介

1. 家庭状况

（1）户籍：广州市

（2）家庭人口：7

（3）家族病史：无

（4）家庭收入来源：退休金、重残补助金、低保、工疗站工资

（5）家庭恩格尔系数：66.7%。每月购买食物的支出金额大概为2000元，每月总支出金额（买药物及生活用品等）大概3000元。

（6）住房类型：租赁的公有住房（家属照顾者退休前单位出租的）。①大小：两房一厅（没有私人厕所，用公共厕所）；②租金：63.31元/月。

（7）家庭类型：“以老养残”家庭

2. 家属照顾者（Z女士）的基本状况

（1）年龄：60岁

（2）身体状况：双膝骨质增生

（3）退休前职业：马路清洁工

（4）收入来源：退休金（每个月2000多元）

3. 被照顾者基本状况

表2-5-1 被照顾者基本状况

与Z女士的关系	年龄（岁）	残疾类型	收入来源	生活自理能力	居住地方
夫妻	63	精神残疾	退休金（每个月1000多元）	基本能自理（需用拐杖）	家里
母女	40	智力二级残疾	低保（480元/月）；工疗站工资（平均180/月）；重度残疾人补助金（120元/月）	基本能自理（但相对较弱）	家里
祖孙	20	先天视力残疾	低保（480元/月）；重度残疾人补助金（120元/月）	基本能自理	××颐养院（食宿费：800元/月）
祖孙	17	智力三级残疾	低保（480元/月）；工疗站工资（平均180/月）	基本能自理（会煮饭）	家里
祖孙	13	智力三级残疾	低保（480元/月）	基本能自理（会煮饭）	家里
祖孙	8	智力三级残疾	低保（480元/月）	基本能自理（但相对较弱）	家里

（二）个案分析

1. 家属照顾者和被照顾者的特殊性

家属照顾者是老人，被照顾者是不同类型的残疾人，他们都是弱势群体。

该家庭的家属照顾者（Z女士）是女性老年人，是家里唯一的照顾者。作为女性老年人，Z女士有着一般老人的共同困扰：在生理方面——感觉器官功能下降，如听力下降，味觉和嗅觉迟钝；神经运动机能缓慢，如行动缓慢；减低效能，特别是容易疲劳。在心理方面——液态智力（主要与神经的生理结构和功能有关的智力类型）退化，学习新东西、新知识的速度减慢；特别是记忆力减退，比较健忘。在社会交往方面，生活方式有所改变，社交圈减小。

被照顾者方面：

精神分裂症者——Z女士的丈夫，因精神分裂症平时都需要依靠药物来稳定病情，又患有高血压和癫痫症，同时也需要吃相关的药物，因此购买药物也是该个案家庭经济支出的重要部分。

先天性视力残疾者——Z的男外孙，在熟悉的环境（农村的家里）里生活是可以自理的。由于Z女士的家太小，男外孙无法到家里住，而又需要有人照顾他，于是Z女士在外界的帮助下安排男外孙到××颐养院居住，Z女士主要从经济方面支持他。

智障人士——Z女士的大女儿和外孙女们，感知觉能力较常人低，还经常倒错，如穿鞋不分左右；记忆力差，经无数次重复才能学会一些知识，因此Z女士的二外孙女读书成绩不太理想；言语能力差，只能讲简单的词句；思维能力低，理解能力差，她们有时都无法听懂Z女士说的话，导致Z女士的照顾压力增加；基本无字数概念，靠机械记忆能学会简单的加减计算，Z女士的大女儿和外孙女们都不会看钟表时间；交往能力差，刚开始与Z女士的小外孙女接触时，她很害羞甚至不敢出房门。

2. 照顾动机

在问及照顾动机时，Z女士答道“我没有别的办法，我辛苦也没有办法，自己人嘛（所以我有责任照顾）。如果是其他人，你也不会这样啦”。通过这句话，我们可以了解到，Z女士选择接智障女儿一家到城里并亲自照顾她们的主要原因之一是亲缘、情感因素，Z女士对大女儿及外孙们有着亲密的感情，不忍、担心女儿一家留在农村无人照顾。

此外，Z女士认为照顾大女儿一家是在尽自己作为母亲、外婆的一份责任：“总之我活一天，我就养一日，照顾一日，照顾到我死就没办法了。”

由此可见，Z女士的照顾动机主要是念及与大女儿一家的亲缘关系和亲密感情以及尽作为母亲、外婆的责任。

3. 家属照顾者（Z女士）的压力（J为笔者）

J：你照顾他们会不会觉得压力特别大？

Z：不用问（都知道），压力当然大，当然觉得辛苦。如果不是（因为照顾他们），我们两个老来退休肯定非常舒服。如果那帮年轻人不是这样（指有残疾），我们两个去哪儿吃、去哪儿玩都行，拿着一份退休金多好啊。现在我去哪儿都要带着他们（笔者按：小孙女整天跟着），很不方便。我想煲汤也要煮一大锅，（生活水平）跟以前很不一样。以前我和老伴去哪儿都可以，回老家也方便，两个老人行动起来肯定比带着一帮小孩方便多了。

由以上对话我们可以看到，该“以老养残”家庭的家属照顾者在照顾过程中承受着巨大压力。在个案研究中，我了解到Z女士承受着巨大的压力，以下由经济、生理、心理、社交等方面对Z女士承受的压力进行分析。

（1）经济压力

经济方面的压力主要是指家属照顾者在照顾残疾人的过程中，经济支出、生活成本方面的压力。

Z女士一家的恩格尔系数为66.7%，根据联合国的划定标准，一个国家平均家庭恩格尔系数大于60%为贫穷，我们可以推论出Z女士一家是贫困家庭。另外，针对Z女士丈夫的精神病可能随时复发，即使有医保但自费部分还是需要很多，Z女士还说到大女儿一家都没有医保，如果有什么病，医药费也是个令人担忧的问题。而Z女士大女儿一家拿的低保都是要每年审核的，Z女士也担心如果没有得到审批，大女儿一家5个人拿不到低保，那么Z女士的经济压力就会很大。总的来说，Z女士的显性经济压力不大，但是隐性经济压力还是比较大的。

面对这些经济压力，Z女士会在日常生活中省吃俭用，尽量存储更多备用资金。

（2）生理压力

生理方面的压力主要是指家属照顾者在照顾残疾人的过程中，自身身体、生理上的压力。

在问及照顾过程中身体方面的压力时，Z女士说道："我的身体暂时没什么问题，只是双腿膝盖会痛，可能我以前（当环卫工人）日晒雨淋扫地，做这份工作很多人都会有职业病，都会膝盖痛，两个膝盖都有骨质增生。"

从以上可知，除了之前所说的老人一般衰老的特征外，Z女士还有膝盖骨质增生的困扰。Z女士说每到阴雨天气时，她的膝盖都会很痛，有时候痛到站不起来，但她都会忍痛去买菜；有时她的腰也会痛。由此我们可以看到，Z女士作为家中唯一的照顾者而且是老年人承受着沉重的生理压力。

面对这些生理压力，Z女士表示她也只能默默忍受，尽力照顾大女儿一家。

（3）心理压力

心理方面的压力主要是指家属照顾者由于照顾工作而产生的紧张、担心、厌恶、烦躁、焦虑等负面情绪。除了上面介绍的记忆力退化、液态智力退化等，Z女士还有烦躁、担忧等负面心理压力。

烦躁：Z女士每天重复着同样的、琐碎的照顾工作，长期以来，难免会产生厌倦与烦躁情绪。特别是照顾智力障碍的大女儿一家，Z女士承担的心理压力更大，由于认知功能有障碍的被照顾者无法与照顾者进行正常的情感交流，对Z女士付出的辛苦劳动也不能给予理解与回应，甚至还不配合，Z女士的情感无处排遣，通常感到内心压抑、烦躁。很多时候面对一些类似的事情，Z女士会感到烦躁甚至发脾气。Z女士曾经提及："我真的有打过他（指孙子或孙女），有时他们真的把我惹得很生气。"

担忧："我没想那么多，只希望自己健康长寿，多照顾他们几年"，"他们这帮年轻人，二孙女还未读完书，个个都还没本事，没长大"，"这个小东西（小外孙女），我都不知道可不可以看到她长大成人啊……我当然希望自己身体健康，可以照顾他们多些"。Z女士在这些话语中透露出了自己的担忧，几个外孙女年纪都还小，世事无常，她希望自己能身体健康以便照顾他们久一点。

面对这些心理压力，Z女士也只能进行自我调节，少计较。（Z："他们不听话就算了，没办法的。他们听话就好，不听话就算了，放弃咯。"）

（4）社交压力

社会交往方面的压力指家属照顾者因受时间限制社会交往减少而产生的社会功能变差和被疏离感。

J：那你接他们出来之后，会不会比以前更少联系其他工友？

Z：唉，我哪里有空联系那些工友啊，没空。

J：就是因为照顾他们没时间？没精力？

Z：没有，我都没跟他们联系了。单位每年去旅游一次，在外面过夜，我都去不了，还说什么联系工友，哪有时间，这帮小的在我这里，哪有空去玩呢。去年去了一次，因为刚好是周六，前年我就没去。

由以上对话我们可以看到，Z女士在照顾大女儿一家后，与工友联系少了，几乎没有空暇时间去参加社交活动。而与亲戚朋友的联系则没有太大的改变，亲戚朋友在了解情况后还会探望他们，买东西、带衣物给Z女士的大女儿一家。

面对这方面的压力，Z女士也在努力保持与外界的联系，她每天早上都会带小外孙女去公园，与街坊一起做运动、聊天等，虽然时间很短，但至少丰富了社交生活。

总的来说，Z女士对家里有6个残疾人这一压力源，没有太多极端的消极认知，还是以比较积极的心态应对的，该"以老养残"家庭秩序能正常运作。

（三）家属照顾者的需求分析

1. 该"以老养残"家庭与"年轻人供养残疾人"家庭在照顾过程中遇到的困难比较

表2-5-2 残疾人家庭家属照顾者照顾过程中遇到的困难

照顾过程中遇到的困难家庭类型	人力不足	财力不足	物力不足	沟通困难	外出困难	获取外界资源能力不足	家庭角色冲突	婚姻问题	工作角色和照顾角色的冲突
该“以老养残”家庭	√	√	√	√	√	√	√	×	×
“年轻人供养残疾人”家庭	√	√	√	√	√	×	×	√	√

根据表2-5-2，我们可以看到该“以老养残”家庭和“年轻人供养残疾人”家庭在照顾过程中遇到的困难的异同点。

以下笔者将重点分析该“以老养残”家庭遇到的困难——人力不足、财力不足、物力不足、沟通困难、外出困难、获取外界资源能力不足和家庭角色冲突，以及“年轻人供养残疾人”家庭遇到的特殊困难——婚姻问题、工作角色和照顾角色的冲突。

（1）该“以老养残”家庭遇到的困难

①人力严重不足。Z女士作为家中唯一的照顾者，全家的正常运作秩序都需要她独自维持。当提到可以向她的小女儿寻求帮助时，Z女士说“我都没叫过（她帮忙），我小女儿很忙”。我了解到Z女士没什么特殊情况都不会叫小女儿帮忙。一旦Z女士患有疾病，该家庭秩序就会混乱。

②财力不足。该家庭的经济来源主要是老人退休金、重残补助金、低保。这些补助加起来也不是很多，除去日常支出，一般没有什么剩余的资金可以存储，一旦任何一个家庭成员生病了，该家庭的经济压力就会很大。由于我国目前还没有针对残疾人家庭家属照顾者的经济性支持政策，无论是年老或年轻的家属照顾者都承受着巨大的经济压力。

③物力不足。Z女士一家的住房较紧张，二房一厅的房子对于七口之家而言显得十分拥挤，也不够地方住，因此，Z女士被迫把外孙送到颐养院去居住。很多“以老养残”家庭都属于比较困难的家庭，没有能力购买房屋，只能住租赁的公有住房。

④沟通困难。在与Z女士的交谈中，她多次提到连如何穿衣脱衣这些简单的事情，大女儿都不懂，“成天都穿错衣服”；她也提到小外孙女很难管教，重复教过她穿鞋，可现在还会穿反。面对这一切，Z女士无处倾诉。与“以老养残”家庭不同的是，“年轻人供养残疾人”的家庭照顾者可以与自己的配偶、亲属等，诉说自己的照顾烦恼，及时排解压力，还可以通过轮流照顾的方式进行喘息。

⑤外出困难。对Z女士而言，她如果只带小外孙女出去还是可以应付的，但如果带两个智障人士外出，Z女士就难以兼顾了，智障人士也极易走失。由于智障人士的认知能力、语言表达能力等都比较差，一旦走失，不懂得求救，这样极易被人贩子拐走，存在严重的人身安全问题。

⑥获取外界资源能力不足。像Z女士那样作为女性的老年人照顾者，一方面本身缺乏一些获取资源的知识（如不会上网，没有手机）；另一方面社会交往减少，很难从他人处获取信息，这导致Z女士对新近出台的对自己或家庭有益的法规政策一无所知，对于一些支持性服务也不了解。

⑦家庭角色冲突。像Z女士那样的家属照顾者进入老年期，生理功能与经济能力都有所下降，本来到了享受别人照顾的年龄却要承担起照顾的责任。他们一方面扮演着老年人的角色，同时承担着照顾者的角色，由于缺乏充分的时间和精力，常常会顾此失彼，无法满足这些角色所提出的期望，特别是这些角色期待彼此矛盾时，就会产生角色冲突，进而严重影响到自身的发展，如身体素质下降，生活水平降低，精神生活得不到满足。

（2）“年轻人供养残疾人”家庭遇到的困难

①工作角色和照顾角色的冲突。斯通•卡佛拉特和桑格尔（Stone • Calsrat & Sangeal，1987）报告说，由于要提供照顾，在职工人不得不改变工作时间（29%）、减少工作时间（21%），利用休息时间做没有薪水的工作（19%）。更为严重的是，由于需要向老年家庭成员提供照顾，一些成年子女不得不放弃他们的工作岗位（Blieszner & Alley，1990）。Daut Zenberg

（2000）的研究发现，有工作的照顾者常常感到难以平衡工作和照顾老人之间的关系。这表示只靠个人力量，很难解决工作角色和照顾角色之间的冲突。在没有政府或工作单位的援助下，这些家属照顾者也只能忍耐，如果辞去工作，专事照顾，该家庭将会面临极大的经济困难。

②婚姻问题。对于未婚的年轻家属照顾者而言，照顾生涯一旦启动，何时终止是非常不确定的，照顾者对自己的生活无法进行规划并掌握，因此对未来充满疑惧，交友及婚姻都成了不可期待的事情。对于已婚的年轻家属照顾者而言，照顾压力会影响到照顾者情绪，也极可能影响照顾者与配偶的夫妻感情。

2. 照顾者自身条件分析

（1）身体条件方面

在“以老养残”家庭中，一方面，Z女士本身作为老年人，生理各项机能有所下降，正处于“泥菩萨过河，自身难保”的境地，却还要照顾6个不同年龄层的残疾人，有时会感到力不从心。研究表明，长期超负荷地操劳，身体得不到充分的休息，人体免疫力会下降，甚至严重影响照顾者的身体健康；另一方面，由于照顾工作占据了Z女士的大量时间，Z女士的小外孙女几乎整天跟着她，Z女士几乎没有时间进行身体锻炼（如打太极），长期以来，身体素质逐渐下降。

在“年轻人供养残疾人”家庭中，家属照顾者正值壮年，拥有较好的身体机能，相对“以老养残”家庭的照顾者来说，他们的身体比较健康，身体压力也比较小，对于被照顾者的未来的担忧也相对没那么多。

（2）照顾能力方面

在该“以老养残”家庭中，家属照顾者的照顾技能和照顾知识都比较缺乏。像Z女士那样本身就是老人的家属照顾者，学习新知识的能力较弱，也很健忘。因此如果要她学习手机、电脑，或是去参加有关如何更好照顾智障儿童的培训班等，她是不会有心思也没有精力去学的。另外，由于缺乏获取资源的手段，“以老养残”家庭的家属照顾者的政治触觉很低，对新信息的接收能力也比较低，这导致很多该类家庭可以享受的优惠政策他们都没有去申请。

而对于“年轻人供养残疾人”家庭的家属照顾者而言，其学习能力比老年人强很多，而且其社会网络也比Z女士那样的照顾者大，能通过很多方式学到相应的照顾技能和照顾知识，并可以获得资源，接收最新优惠政策等信息。

（3）社会功能方面

在该“以老养残”家庭中，Z女士承担照顾角色，时间安排受到严格限制，参加社会或社区活动的机会减少，休闲娱乐的时间以及拜访朋友的次数也大大减少，长此以往，社会交往圈子将逐渐缩小，社会功能越来越差。金尼（1996）在对照顾后果的比较研究中也指出：“向老年家庭成员提供照顾会导致负面后果，照顾者同非照顾者相比，其社会功能更差，譬如，对社会活动的满意水平更低，限制更多。”对此，Z女士也说道：“晚景凄凉啊，本来应该安享晚年，现在老来辛苦。老人应该享福的，但没有福可享，辛苦啊。”

而在“年轻人供养残疾人”家庭中，年轻的家属照顾者由于自身身体状况较好，获取资源能力较强，即使没有工作也能参与很多社会活动，如专门机构的服务项目、免费讲座等等，也可以在一些团体活动中担任一定角色，发挥其社会功能。

3. 照顾方式分析

在该“以老养残”家庭中，Z女士由于没有工作、经济困难等原因而选择亲自照顾残疾人。一方面，她认为自己有能力有时间照顾大女儿一家，而且自己照顾比较放心；另一方面，家里穷，不想浪费钱去请人。

而在“年轻人养残疾人”家庭中，照顾方式十分多样：一种是亲自照顾。一种是请保姆，家属照顾者有工作能力，还可以到社会上赚钱，实现自己的价值。据我所知，很少有年轻的残疾人家属会请保姆来照顾自己的孩子，因为很多残疾人家庭生活都比较困难，不会花钱请保姆。还有一种是送到托养机构，对于残疾儿童，父母会送去专门的机构进行日间托养；对于残疾老人，有专门的机构，如老人院、颐养院等，有些成年子女会选择这种照顾方式，相对而言就没有那么大的照顾压力。

由上可知，“以老养残”家庭的照顾方式比较单一。

4. 该家庭与“以老养残”家庭相比的照顾特殊性

从照顾规模上看，该个案家庭的照顾特殊性在于Z女士不仅是家里唯一的照顾者，而且需要同时照顾6个不同类型不同年龄层的残疾人。

从照顾者家庭角色上看，Z女士与被照顾者的关系有夫妻关系、母女关系、祖孙关系，这表示Z女士作为照顾者有着三种角色：一是作为妻子，去照顾有精神残疾的丈夫；二是作为母亲，承担起照顾智障女儿的责任；三是作为外婆，亲自照顾3个智障的外孙女和通过经济支持来照顾视力残疾的外孙。

五、服务策略

（一）需求概括

由上可知，“以老养残”家庭有着人力不足、财力不足、物力不足、沟通困难、外出困难、获取外界资源能力不足和家庭角色冲突等照顾困难，以及作为老年人的家属照顾者面临身体、心理机能日渐衰弱、社会功能弱化、照顾方式单一的问题。根据马斯洛需求层次理论，该“以老养残”家庭的家属照顾者的生理需要、安全需要、爱与归属需要、获得尊重需要等未得到满足。

在此要说明一下，Z女士的需求能反映“以老养残”家庭家属照顾者需求的原因在于，该个案家庭具有较强的代表性，该个案家庭是政府针对“以老养残”家庭开展阳光计划项目的家庭之一，这说明了该个案家庭是经过政府相关部门审核的“以老养残”家庭。此外，该个案家庭不仅是“以老养残”家庭，而且是“一家多残”的“以老养残”家庭，该家庭的家属照顾者比其他“以老养残”家庭的家属照顾者有着更多的需求，如果制定的服务策略能满足该家庭的家属照顾者的需求，那么对其他“以老养残”家庭的家属照顾者实施的可行性会更高。

（二）Z女士现有的资源

在家庭层面上，Z女士的一个重要支持力量就是她的小女儿。一方面，Z女士得到小女儿的精神支持（通过电话、探望等方式来缓解母亲的照顾压力）；另一方面，还得到小女儿的行动支持，Z女士提到帮大女儿一家申请低保时都是小女儿帮忙准备申请资料的，“申请低保年年都要打报告，我又不会打（报告），又要找我小女儿打（报告），也好麻烦她。打什么报告都要找她，她也没空过来，我一有表格要填，不会填就去找她”。此外，Z女士的亲戚朋友也会拿一些衣物、食物给她和孩子们，特别是她的大嫂经常拿衣服给她穿，她能省下不少买衣服的钱，她说：“我有很多衣服都是嫂子给的，还是很新的衣服，不用自己买。”

在政府层面上，Z女士所有的资源就是社会保险（退休金）和医疗保险。

在社区层面上，Z女士现有的资源首先是居委会，很多时候有新的政策优惠，居委会都会告知Z女士，就如之前可以申请廉租房政策也是居委会通知Z女士的。其次是工疗站，特别是工疗站的老师，Z女士的大女儿和大外孙女是工疗站学员，工疗站老师了解他们家的情况后很热心地帮助他们，如协助Z女士的二外孙女上小学，安排男外孙入住颐养院等。Z女士在访谈中多次提到“工疗站的老师帮了我很大的忙，如果不是靠他们帮我，孙子孙女哪有工作，哪有书读。多谢×老师，多亏了工疗站”。最后，Z女士还得到邻里的帮助，如给予一些食物、衣服等。

在民间组织方面，有社工对其提供服务，并在一定程度上帮助Z女士排解压力，减轻了照顾难度。

（三）策略

目前，“以老养残”家庭的家属照顾者这个群体并没有得到政府、社会大众的关注。但他们对社会的贡献巨大，因为他们的悉心照顾，残疾人群体有了栖身之所，有了安稳的生活，得到有尊严的生活，然而他们却承受着巨大的经济、生理、心理、社会压力，甚至连最基本的生理需求都得不到满足。为更好地满足“以老养残”家庭的家属照顾者的需求，笔者提出如下服务策略：

1. 经济性支持方案——主体：政府

经济性支持方案指为“以老养残”家庭的家属照顾者提供经济性支持的措施，即补偿该类家庭的家属照顾者的牺牲，此方案实施的主体是政府。政府应该给予“以老养残”家庭的家属照顾者一定的现金补贴——“照顾津贴”，即每月提供定额的给付以满足家属照顾者的需求，在一定程度上减轻照顾者的经济压力。政府应该针对不同情况的“以老养残”家庭，制定相应的家属照顾者“照顾津贴”标准，如针对“一家多残”的“以老养残”家庭的照顾者可以给予更多的津贴，从而满足家属照顾者的特殊需求。针对家属照顾者是老年人这一特殊状况，政府应该给予一定的“医疗津贴”和“医疗积分卡”，如每一年给予一定金额的医疗费用，如果没有用到就可以累积到“医疗积分卡”中，一旦照顾者有需要就可以动用里面的资金，从而满足照顾者寻求医疗的需要。

2. 法律性支持方案——主体：政府

法律性支持方案指为“以老养残”家庭的家属照顾者提供法律性支持的措施，即保障该类家庭的家属照顾者的权益，此方案实施的主体是政府。政府应该颁布一些肯定“以老养残”家庭家属照顾者的劳动价值的法律，类似南澳洲2005年颁布的《南澳洲照顾者承认法》，对家属照顾者的社会贡献给予认可，满足家属照顾者获得尊重的需要。此外，政府应该针对家属照顾者作为老年人这一特殊情况，制定相应的医保政策，让这些家属照顾者不用担心医药费的问题，从而减轻家属照顾者的照顾压力，满足家属照顾者寻求医疗的需要。

3. 劳务性支持方案——主体：社区、民间组织

劳务性支持方案指“喘息服务”“暂代照顾服务”，即为“以老养残”家庭的家属照顾者提供一种合宜的、社会所认可的休息，让家属照顾者有时间处理个人事务，补充睡眠或参与社交活动等，使个人生活不致因照顾工作而丧失。此方案的实施主体主要是社区和民间组织。“喘息服务”形式主要有居家临时服务，如居家医疗照顾（为家属照顾者提供医疗服务从而满足照顾者的生理需求，或是为被照顾者提供医疗照顾）、居家护理照护（为老年残疾人提供护理服务，为其他类型的残疾人提供照护）、个人照顾及家事服务（主要帮助照顾者做家务，减轻家属照顾者生理上的照顾压力）等；另一形式是日间临时服务，如日托中心、临时照顾中心等；还有一种形式是较长时间的临时照顾服务，如护理之家、医院或其他正式机构提供的过夜停留服务（Lawton et al.，1989），此类服务能给予家属照顾者充足的休息时间，使之可以参与单位旅游，做自己想做的事情等。“喘息服务”不仅能满足家属照顾者的生理、安全需要，而且提供了一个平台给家属照顾者去满足自我实现的需求。

另外，我们可以发动社区志愿者，建立“时间银行”机制。所谓“时间银行”，是指志愿者将参与公益服务的时间存进时间银行，当自己遭遇困难时就可以从中支取“被服务时间”。如此可鼓励低龄老人或者中青年志愿者为“以老养残”家庭的家属照顾者提供劳务性服务，如帮忙买菜、打扫、整理低保等相关救助的申请文件、接送残疾儿童上学、为家属照顾者检查身体等等，累积服务时数，待自己年老需要服务时，即可享受同等时数的服务。这样不仅有助于减轻家属照顾者的照顾压力，而且提供了一个途径让家属照顾者与外界接触，认识新的朋友，扩大社会网络，有助于获取信息、资源。

4. 心理性支持方案——主体：民间组织

心理性支持方案指增长“以老养残”家庭的家属照顾者的知识并提供情绪支持以减轻压力、改善生活的服务方案。此方案的实施主体是民间组织，

即NGO。在此，我们可以引入社会工作者。“以老养残”家庭的家属照顾者在照顾过程中有着心理层面的困扰，如因缺乏照顾知识、咨询对象及情感支持所产生的无助感、挫折感。针对这些困扰，心理性支持方案主要包括咨询服务（设立“照顾者热线”）、照顾者支持小组、个案服务（包括心理辅导）等，这些服务最好引入社工。

咨询服务，就是为“以老养残”家庭的家属照顾者提供照顾知识或法规政策的讲解服务。

个案服务，即社工通过一对一的方式，运用专业的方法帮助“以老养残”家庭的家属照顾者解决个人问题，包括心理辅导、如何处理角色冲突等。

照顾者支持小组，在社工的引导下形成，社工运用团体动力、专业技巧协助“以老养残”家庭的家属照顾者们排解心理压力。照顾者支持小组可以为照顾者提供一个抒发情感及同其他照顾者分享应付策略和实践讯息的场景。通过支持小组，小组成员可以探讨难以同家人或朋友讨论的情感，参考其他成员解决情感问题的有效方法，拓宽获取社区资源的途径，并发展起长期的友谊，扩大社交圈。

六、结语

“以老养残”家庭的家属照顾者为照顾残疾人付出了辛勤的劳动却难以得到残疾人的回应与理解，照顾工作使得他们承受着经济、生理、心理和社会等压力。作为老年人，该类家属照顾者因自身的特殊原因有着特殊的需求，而仅靠他们自身的力量是难以得到满足的，因此需要得到政府、社区和民间组织的帮助与支持。

“以老养残”家庭的家属照顾者为发展我国残疾人事业做出了贡献，希望该类家庭的家属照顾者的照顾价值能得到认可，并获得政府和社会各界更多的支持。

参考文献

[1]陈景宁，吕宝静．女性家属照顾者之处境与福利建构[A]//刘毓秀主编．女性•国家•照顾工作[C]．台北：女书文化事业有限公司，1997：59-92.

[2]毕云霄．孤独症儿童家长应对方式及影响因素分析[D]．长春：吉林大学，2011.

[3]陈庆余，邱泰源，姚建安等．缓和医疗住院病人主要家属照顾者的讯息需求与满意度的研究[J]．台湾安宁疗护杂志，2003，8（3）：270-282.

[4]刘敏君．建构“性别敏感”的公民权：从女性照顾工作本质之探析出发[A]//刘毓秀主编．女性•国家•照顾工作[C]．台北：女书文化事业有限公司，1997：185-226.

[5]刘雅文，庄秀美．中低收入老人特别照顾津贴之相关探讨：关于福利使用自主权与照顾者女性化议题[N]．台湾社区发展季报，1988（108）：237-247.

[6]宋立升．精神病患者对家庭的影响：家庭负担[J]．国外医学 精神病分册，1991，18（4）：214-217.

[7]寿莉莉，周海旺．支持老年照顾者——应对高龄化社会的老年照护挑战[J]．重庆工学院学报（社会科学版），2007（7）.

[8]蓓蕾．构建面向生活质量的城市养老体系探析——以上海市为例[J]．同济大学学报（社会科学版)2006，17（4）.

[9]张东枚．残疾人日常生活能力与家庭负担研究[D]．广州：暨南大学，2003.

[10]周月清．家庭社会工作——理论与方法[M]．台北：五南图书出版股份有限公司，2001.

[11]周月清．残障照顾与女性公民身份[A]//刘毓秀主编．女性•国家•照顾工作[C]．台北：女书文化事业有限公司，1997：93-126.

[12]曾莉．上海市老年人家庭照顾者社会支持性服务的研究[D]．上海：第二军医大学，2011.

[13]二零零九年十一月十八日立法会会议就为家属照顾者提供支援议案进度报告[Z]．2009.

[14]香港立法会．劳工及福利局局长就为家属照顾者提供支援议案的总结发言[Z]．2009.

[15]天涯社区．我眼中的澳洲社会保障制度[EB/OL]．2008．http://www.tianya.cn/publicforum/Content/free/1/803887.html.

[16]Juliet C. Rothman．残疾人社会工作[M]．上海：华东理工大学出版社，2008.

指导教师 肖小霞讲师

社会工作对精神残疾家庭照顾者的介入与支持
——基于社会支持网络

|郭绮霞|

摘　要：当今社会，由于生活节奏不断加快，精神疾病的病发率呈上升趋势。截至2011年10月底，广州市登记在册的精神疾病患者约4.6万例，在目前我国关于精神残疾者的各种福利保障政策还不完善的情况下，对精神疾病患者的照顾还是以家庭为主。而如今，精神疾病的多发性已使得越来越多的家庭承受着相当沉重的负担。家属不仅要肩负照顾者的角色，提供经济供养和生活照料，承担昂贵的医疗和康复费用，还得承受巨大的精神和心理压力。

本文试图从社会支持网络视角出发，运用定性研究方法，以广州市越秀区“阳光家庭”项目8户精神残疾家庭照顾者为调查对象，通过访谈了解他们的困难、需求以及目前的社会支持系统。从社会工作角度出发，探索对家庭照顾者的介入与支持，在运用社会工作专业技巧（个案、小组、社区等工作方法）的实践中尝试构建社会支持网络，并提出相关社会工作服务建议。

关键词：社会支持网络　社会工作　精神残疾者　家庭照顾

一、前言

（一）研究背景

当前，我国处于经济、社会快速发展的转型期，随着城市社会生活节奏的加快，市民的心理冲击和社会压力不断增大，使得各种心理问题逐步增加，精神残疾者的数量不断增多，呈现一个上升状态。据2006年第二次全国残疾人抽样调查[①]显示，广州市共有残疾人52.12万，占全市人口的5.26%，而截至2011年10月底，广州市登记在册的精神疾病患者约4.6万例[②]。

在我国，由于社会保障体系还不完善以及专业化的机构照顾资源短缺等因素制约，对精神疾病患者的照顾还是以家庭为主。而如今，精神疾病的多发性已使得越来越多的家庭承受着相当沉重的负担。家属不仅要肩负照顾者的角色，提供经济供养和生活照料，承担昂贵的医疗和康复费用，还要承受社会的不解与歧视。照顾精神病患者不是一件容易的工作，长期照顾患者的家人不得不改变自己原来的生活方式，承受着巨大的精神和心理压力。他们自身也需要社会的关心和帮助，是社会工作者应该去关注的弱势群体之一。

在目前我国关于精神残疾者的各种社会福利保障制度还不完善的情况下，对其家庭照顾者相关福利保障政策的支持更处于缺失的状态。现今国内的研究大多主要集中在对精神残疾者医疗保障、康复训练以及职业技能培训上，而对家庭照顾者的关注比较少。

本文从社会工作角度出发，探究对家庭照顾者的介入与支持，在运用社工专业技巧的实践中尝试为越秀区精神残疾家庭照顾者照顾工作“减负”，使其以更健康的身心为精神残疾者提供优质照顾。

(二) 研究目的与意义

1. 研究目的

本研究希望通过定性研究（Qualitative Research）方法，了解并分析越秀区精神残疾家庭照顾者面临的照顾压力与需求，同时梳理现有的社会支持网络，通过实际开展的社会工作介入为精神残疾者及其照顾者提供支持，观察并评估家庭照顾者在社会工作介入服务后的变化，探讨分析社会工作介

---

①国家统计局，第二次全国残疾人抽样调查领导小组．2006年第二次全国残疾人抽样调查主要数据公报（第一号）[EB/OL]．2006.

②穗登记重性精神病患者4.6万[N]．南方日报，2011-11-25（A1-06）．

入的方法与空间，在实践经验基础上反思并提出建议，为残疾人的社会工作服务提供借鉴，希望引起社会的广泛关注，并在政策上做出倡导。

2. 研究意义

面对社会竞争和压力的增大，精神疾病的发病率呈上升趋势，且病情迁延、反复加重、预后差，为家庭带来了沉重的负担。同时，精神疾病给照顾者带来巨大影响（孤独、困惑、无措），使亲属因此遭受痛苦、忧虑、悲哀、社会隔离等生活质量的下降，导致生存状况不断恶化，对各方面资源的需求也在持续增加。

参考家庭系统理论①，“任何家庭小系统的改变，都有可能引起家庭主要系统的改变”，家庭各子系统既相互协助又相互制约，即精神疾病患者与家庭照顾者是相互影响的系统。如果不突破传统的社会福利框架，纵然精神残疾者得到较好的康复，而精神残疾家庭照顾者却得不到社会的支持和帮助的话，后果是“由于家庭中弱势成员的生活质量和发展需要完全依赖其他成员的帮助，任何与家庭相关的风险，包括家庭照顾者个人和环境的因素，都会使他们受到直接的影响”②，从而使其无法顺利再社会化，对社会的和谐发展都会造成影响。

关注精神残疾家庭照顾者的照顾现状以及社会需求，思考“谁来支持照顾他人的人”以及“如何支持”等问题，将大大提高社会各界对“精神残疾家庭照顾者”这个特殊群体的关注度，有利于“照顾照顾者”新理念的发展，促进残疾人（精神类）社会工作服务体系的完善，对于健全社会福利制度有着重要的意义。

---

①张文霞，朱东亮．家庭社会工作[M]．北京社会科学文献出版社，2005，4：101.

②张秀兰，徐月宾．建构中国的发展型家庭政策[J]．中国社会科学，2003（6）.

（三）研究方法与研究对象

1. 研究方法

（1）文献研究法

文献法是研究的基础。文献搜集和阅读是理论总结梳理的主要方式和必要过程。笔者通过查阅国内外书籍、相关论文、残疾人社会工作和社会支持理论发展情况，对残疾人社会工作、家庭照顾者、精神残疾以及社会支持网络的基本概念进行了界定，对我国社工支持精神疾病患者家庭照顾者服务的现状和发展趋势做了概括性的阐述。

（2）调查研究法

理论源于对实践的客观把握。笔者通过在实习期间上门家访、个案开展以及小组活动中对家属进行观察、无结构性访谈（非标准化访谈），从中获取笔者论文所需资源；通过访谈调查以及小组评估、问卷调查对越秀区8户精神残疾家庭照顾者照顾情况、需求及社会工作介入支持网络展开调研；通过调查分析以及小组活动开展，梳理目前照顾者照顾情况、需求以及社工可介入支持的空间，为后续调查提供方向和重点。

（3）比较研究法

比较研究法是一种确定事物异同关系的思维过程和方法。本人在小组反馈评估表的基础上，在社会工作者介入服务前后对家庭照顾者的影响进行简单比较，得出符合客观实际的结论。

2. 研究对象

本人从2012年5月至7月初在越秀区残联“阳光家庭”项目实习，该项目由专业社会工作服务机构承办。机构通过家庭个案介入，家庭支援性、教育性小组，社区宣传以及社区互助活动等，为社区内残障人士及其家庭提供专业化的服务。

根据机构已有的资源、提供的服务宗旨与范围以及笔者本人的研究方向，且通过分析越秀区目前残疾类别人数分布情况，服务群体主要集中在精神残疾、肢体残疾以及智力残疾方面，最终笔者将研究对象定位于越秀区“阳光家庭”项目在册精神残疾家庭照顾者，并通过电访与街道推荐需要社工服务的家庭名单，最后选取了8户进行家访，评估家庭照顾者的需求并提供服务。

二、文献综述与理论视角

（一）概念界定

1. 精神残疾（Psychiatric Disability）

医学上定义——“指各类精神障碍持续一年以上未痊愈，由于病人的认知、情感和行为障碍，以致影响其日常生活和社会参与”①。在精神残疾中，精神分裂症所占比例最大。在文献搜索中也用“精神疾病”“精神障碍”互相替代。

2. 精神残疾家庭照顾者（Family Caregivers For Psychiatric Disability）

本文将精神残疾家庭照顾者定义为：与被评定为精神残疾者生活在一起，主要负担其家庭照料或其他支持服务的具有血缘关系的亲属。研究范围界定：在广州越秀区所属辖区街道居住家庭中，与区残联在册登记的精神类残疾者共同生活，负责照料其日常生活或其他支持服务，具有血缘、亲属关系。

3. 社会工作（残疾人社会工作）（Social Work For The Disabled）

本文主要研究对象为精神残疾家庭照顾者，范畴属于残疾人社会工作，因此着重讲述残疾人社会工作对于家庭照顾者的支持性服务研究。

“残疾人社会工作是对残疾人个人、家庭或残疾人群体进行的有目的的专业性活动，是以残疾人为主体对象而提供的各种有效服务和帮助”②。

“残疾人社会工作是指社会工作者采用专业化的理论和工作手法，充分

---

①张福娟. 残疾人社会工作案例分析[M]. 广州：华南理工大学出版社，2010，3：3.

②卓彩琴，谢泽宪. 残疾人社会工作[M]. 广州：华南理工大学出版社，2008，6：11.

调动和利用一切社会资源为残疾人服务，以促进残疾人平等参与社会生活和共享社会成果的活动[①]。”

4. 社会支持（Social Support）

社会学上定义——“是指一定社会网络运用一定的物质和精神手段对社会弱势群体进行无偿帮助的行为的总和”[②]。尽管学者们对社会支持的理解各不相同，但无论采取何种分类方法，将社会支持细分为哪几个方面，从其支持内容来看，可概括为客观的实际支持和主观的精神心理支持。

（二）文献综述

1. 家庭照顾者

何谓照顾者，许多研究定义为提供病患最多服务、与病患关系最密切、照顾时间最久的家属，或具有使用服务方式决定权的家属（屈莲等，1996；秦燕，1995；刘惠俐，1995）；若是使用机构式服务，除具有决定权之外，时常看望病人的家属为其主要照顾者（林峰辉，1998）。

西方学者吉莉安•帕斯考（Gillian Pascall，1986）认为“照顾”就是照料其他人。Anderson（1995）将家庭照顾者定义为与患者生活在一起，主要负担患者家庭照料的人。哈里斯（Harris Dan R，1998）在 Anderson 定义的基础上细化了“照顾者”的含义：指那些为其老年父母、亲戚或朋友提供个人照顾或其他形式支持服务的人。我国学者王丽霞（2005）与焦建余（2005）则认为照顾者一般指父母、子女（包括子女的配偶），强调了照顾者与被照顾者之间的亲属、血缘关系。

近年来，我国学者对精神残疾家庭照顾者有一定数量的相关研究文献（杜元可，2011）。从研究对象来看，主要集中在老年人群体、精神分裂症以及特殊儿童的家庭照顾者；从研究学科来看，主要从医学、护理学角度，

①卓彩琴，谢泽宪．残疾人社会工作[M]．广州：华南理工大学出版社，2008，6：11.

②社会支持．http://baike.baidu.com/view/1478886.htm.

运用统计学等分析方法，探究精神疾病患者家庭照顾者的生活质量、经济负担压力，而从社会工作支持视角去探究的相关研究则比较缺少。笔者认为究其原因是我国政府和学术界普遍认为家庭照顾属于“私人领域”，家庭与生俱来就有照顾的功能，国家在政策制定和社会福利、公共服务提供的过程中并没有扮演“支持照顾者”的角色，学术界也忽略了“支持家庭照顾者”对精神疾病患者康复影响的重要性。

联合国1994年有关残疾人机会平等的资料更进一步指出，国家有责任促进残疾者拥有家庭生活，为维护残疾者与家人同住，政府有责任提供“家庭喘息与照护服务”（Uniter Nations，1994，Rule 9）。因此，在建构和谐社会的今天，我们应该多关注残疾人家庭照顾者这个群体。

2. 家庭照顾者的负担压力与需求

国内外许多学者对家庭照顾者的情绪和心理压力进行了研究。“照顾者负荷”在1966年首次被提出，George等（1986）将“照顾者负荷”定义为家庭成员在照顾患者时经历的生理、心理、情感、社会和经济问题。我国学者认为，“照顾者负荷”即照顾者因提供照顾工作，对身、心、社会各层面的改变所感受到的压力（杨嘉玲，1992；孙慧玲，1992）。

现有研究对“照顾者负荷”的定义集中在两个方面：一是照顾经历给家庭照顾者带来的负面结果；二是对照顾压力的反应或感知（张锦玉，2007）。Montgomery、Gonyea和Hooyman将照顾者负担分为“客观负担”（Objective Burden）和“主观负担”（Subjective Burden）。家庭照顾者的客观负担主要包括照顾、经济、精神、工作、家庭和社交休闲；主观负担包括焦虑情绪、疏离、愤怒等（唐咏，2006）。

吴就君（1996）把照顾精神病人的家庭所承担的负荷概括为经济因素、社会歧视。张红彩、李峥（2009）在进行精神分裂者家庭负担的研究总结时，引入了“客观负担”和“主观负担”的概念,并通过相关的量化指标总结出了相关家庭的心理负担、生理负担、社交负担、日常生活负担、家庭关系负担和经济负担。Berg等（2005）的研究指出，98例家庭照顾者中，30%有抑郁症状。Morimoto（2001、2003）指出长期繁重的日常生活护理，给主要照顾者带来的负荷会影响其身心健康。经济、社会地位较低的患者家庭照顾者更易产生忧伤和不幸的情绪（Christakis，1996）。

国外不少学者对分裂症患者的家庭成员心理状态进行了一系列研究。Gibbons（1984）的研究结果表明，多数家庭成员难以应付患者重返家庭后带来的一系列问题，因而出现心理障碍者占32%。Harrie（1987）的研究结果发现，有72%的照顾者曾因患者的不良影响而接受过心理治疗。宋立升（1992）等人研究发现，39%的照顾者在长期照顾精神分裂症患者后，存在不同程度的心理障碍，以焦虑、失眠这组症状较多见，其他依次为严重抑郁、社会功能不良和躯体症状，照顾者需要“减负”的需求不断提高。

3. 社会支持网络

西方许多国家对于照顾者的社会支持非常重视，甚至将社会支持网络的大小作为健康生活方式的指标之一（Martha A.，1993）。Weiss（1974）把社会支持分为六种形式，包括社会整合、对价值的重新确认、可靠的联盟、指导和教育的机会等。另外社会支持还可分为情感支持、社会化、实际支持、经济支持、建议或了解等几大类（Waux，1988）。

韩燕红（2011）等人研究发现，脑卒中患者家庭照顾者在感知的社会支持不充足的情况下，抑郁较常见，他们感知的社会支持水平越低，越趋向于出现抑郁症状。杨红红（2005）等人则提出要提高居家主要照顾者的社会支持度，从而降低其符合水平，促进主要照顾者的身心健康，更好地照顾疾病患者。我国针对照顾者的社会支持文献，大多都是来源于医学、护理学，较少来源于社会工作以及社会学。其中，李敏惠（2010）提及精神病人的福利除了个人的感知以外，更重要的是体现在家庭和社会方面。李敏惠认为相对于社会，家庭承担了相对较多的照顾责任，但同时也承担了更多的压力。在精神病人的照顾中，家庭是基础，家庭会因为精神病人的存在而承担沉重的债务、社会的排斥、社会支持网络的中断，所以家庭以及家庭照顾者都应该成为福利政策的惠及对象。

（三）理论视角

社会支持作为一个科学的专业术语被正式提出来是在20世纪70年代。70年代初，精神病学文献中引入了社会支持概念；而社会学和医学则用定量评定的方法，对社会支持与身心健康的关系进行了大量的研究（House J.S.、Landis K.R.、Umberson D.，1988）。Hollinger（1993）将“社会支持”定义为：个体接受来自社会各方面包括家庭、亲属、朋友、同事、伙伴、党团、工会等个人及组织所给予的精神上和物质上的帮助和支援，是应激过程中个体“可利用的外部资源”，是“人们赖以满足他们社会、生理和心理需求的家庭，朋友和社会机构的汇总”（Atchley，1985）。贺寨平（2001）在对国外社会支持网研究综述中指出：网络规模越大，就越可能提供社会支持；不同的网络关系将提供不同类型的社会支持；网络成员间的互惠是保持社会支持持久不断的条件等等。

从广义而言，社会支持既涉及家庭内外的供养与维系，也涉及各种正式与非正式的支持与帮助。社会支持不仅仅是一种单向的关怀或帮助，它在多数情形下是一种社会交换（丘海雄，1998）。无论在过去还是现在，作为人类社会最基本的社会单位，家庭都是社会成员最重要的福利资源，而在建构和谐社会的今天，我国关于残障人士的社会政策一直以临时性和残缺型的救助为主，家庭承担了主要的照顾和治疗责任。而相对于正常照顾者而言，精神残疾家庭照顾者承担更大的精神和经济压力，负荷更重，在与精神疾病患者息息相关的康复环境中，照顾者是否身心健康与精神残疾者的康复有着密切联系。

笔者在收集相关资料后，将从“正式支持”和“非正式支持”这两个维度分析归纳精神残疾家庭照顾者的社会支持网络，并突出社会工作专业支持的重要链接桥梁作用。本文将详细论述社会工作的专业性支持，即社会工作的介入是如何通过专业方法（个案社会工作、小组社会工作等）对精神残疾家庭照顾者进行介入，以及社会工作如何协助照顾者构建良好的社会支持网络。

三、精神残疾家庭照顾者研究发现

（一）精神残疾家庭照顾者基本情况——以广州越秀区为例

1. 基本情况

（1）精神残疾者数量多，患精神疾病而致残的问题日益突显

截至2011年10月底，广州市登记在册的精神疾病患者约4.6万例。从表2-6-1可知，在越秀区20条行政街道上报残疾家庭数中，残疾在所有残疾精神类型中所占人数最多，其次是肢体与智力残疾，其中精神残疾患者人数在0—10范围内的有3条街道（白云、矿泉、登峰），11—20的有9条街道（北京、东山、东风、广卫、流花、建设、六榕、洪桥、农林），21—30的有3条街道（大新、梅花、诗书），而超过30以上的则有5条街道（人民、大塘、光塔、珠光、大东）。据残联工作人员介绍，很多时候服务的案主都是精神残疾者，其次是肢体及智力残疾者，因患精神疾病而致残的问题日益突显。随着精神残疾者数量的增多，照顾精神残疾者群体的家庭照顾者的数量也相应地壮大，如何为这些照顾者谋求福利，“照顾照顾者”这个理念值得我们去深思。

表2-6-1 2011年“以老养残服务”居家照顾统计表a

总体及居住情况			残疾类别					
	各街道上报家庭数	仍居住所属街道	精神残疾	智力残疾	肢体残疾	视力残疾	听力残疾	语言残疾
白云街	22	22	9	7	8	2	1	—
人民街	102	44	36	16	4	1	1	—

（续上表）

总体及居住情况			残疾类别					
	各街道上报家庭数	仍居住所属街道	精神残疾	智力残疾	肢体残疾	视力残疾	听力残疾	语言残疾
矿泉街	17	15	10	2	4	—	1	—
大新街	79	42	28	17	10	2	4	—
北京街	41	22	16	13	6	4	1	1
大塘街	116	68	46	39	23	5	—	—
东山街	27	20	11	9	1	—	—	—
东风街	35	29	14	10	9	—	2	2
光塔街	89	61	46	27	12	3	1	1
登峰街	21	18	5	5	8	1	1	1
广卫街	57	53	20	14	17	4	—	—
梅花村	65	64	23	20	18	2	1	1
流花街	32	数据暂无	17	11	4	—	—	—
建设街	35	28	14	18	3	—	—	—
六榕街	35	26	19	7	5	—	—	—
诗书街	54	30	22	15	13	3	—	—
洪桥街	21	14	13	6	2	—	—	—
农林街	30	1	12	7	5	2	—	—
珠光街	75	28	32	17	19	7	—	—
大东街	66	数据暂无	35	16	14	1	—	—

资料来源：残联2011年“以老养残”汇总表

（2）居家照顾为主，家庭成员肩负着较重的照顾重担，大多都具有“以老养残”的特点

根据表2-6-2可知，在照顾情况上，残疾者主要依靠父母、兄弟姐妹、夫妻以及其他家庭成员，残疾者家庭成员依然是主要照顾力量。在笔者实习期间进行家访的8户家庭中，其中6名是与父母同住（5名是母亲承担照顾责任，1名是父亲承担照顾责任），1名是妻子照料，1名已入院（母亲承担其医疗费用）。这8户照顾者的年龄都较大，其中2名在75岁以上（78岁、79岁），

2名50岁以下（45岁、49岁），4名在50—60岁的范围中，大多都具有“以老养残”的特点，都是靠年迈的父母的退休金生活。

表2-6-2 2011年“以老养残服务”居家照顾统计表b

总体及居住情况			照顾情况					
	各街道上报家庭数	仍居住所属街道	独居	父母	兄弟姐妹	夫妻	其他	其中已入院
白云街	22	22	—	20	—	2	—	—
人民街	102	44	—	60	21	21	—	—
矿泉街	17	15	—	17	—	—	—	2
大新街	79	42	3	41	8	5	22	1
北京街	41	22	4	33	1	3	—	—
大塘街	116	68	—	70	15	25	6	2
东山街	27	20	—	19	2	—	6	—
东风街	35	29	—	35	—	—	—	—
光塔街	89	61	1	86	1	—	1	4
登峰街	21	18	3	16	2	—	—	—
广卫街	57	53	—	23	11	23	—	—
梅花村	65	64	—	41	8	13	3	—
流花街	32	数据暂无	—	26	2	3	1	—
建设街	35	28	—	31	—	3	1	1
六榕街	35	26	3	26	3	2	1	2
诗书街	54	30	—	29	10	12	3	1
洪桥街	21	14	—	21	—	—	—	3
农林街	30	1	—	24	1	5	—	—
珠光街	75	28	1	13	4	1	—	—
大东街	66	数据暂无	1	19	—	6	—	1

资料来源：残联2011年“以老养残”汇总表

（3）残疾者家庭月收入水平较低，大多数家庭生活贫困，经济负担压力重

从表2-6-3中可以看出，家庭月收入在1300—2999元范围内的家庭数占每条街道家庭数的比例最多（其中广卫街低于1300元范围的家庭数最多），月收入低于3000元的占各街道家庭数的50%或以上，大多数家庭月收入不太理

想，家庭经济负担较重。

根据2012年广州最低生活保障标准，越秀区低保标准为480元，而通过向残联相关工作人员了解，家里有残疾者的，大部分都是有领取低保的，在笔者走访的8户家庭中，大都是属于低保低收家庭户。这些困难家庭，经过考察都被纳入越秀区“阳光家庭”以及“以老养残”项目服务范畴中，每户家庭能够得到300元/月的经济补贴。而对这8户精神残疾家属而言，精神残疾者康复过程比较缓慢而且容易出现反复，家庭照顾者经济压力负担重。

表2-6-3　2011年“以老养残”服务居家照顾统计表c

总体及居住情况			家庭月收入				
	各街道上报家庭数	仍居住所属街道	低于1300元	1300—2999元	3000—4999元	5000元及以上	未知
白云街	22	22	2	11	5	4	—
人民街	102	44	17	73	10	2	—
矿泉街	17	15	5	6	5	1	—
大新街	79	42	29	35	11	4	—
北京街	41	22	12	15	3	3	8
大塘街	116	68	41	71	3	—	1
东山街	27	20	5	15	1	—	—
东风街	35	29	—	1	—	—	34
光塔街	89	61	3	48	19	8	11
登峰街	21	18	5	11	4	1	—
广卫街	57	53	46	10	—	—	1
梅花村	65	64	9	37	10	9	—
流花街	32	数据暂无	6	20	4	2	—
建设街	35	28	4	26	2	3	—
六榕街	35	26	9	23	2	1	—
诗书街	54	30	18	29	5	2	—
洪桥街	21	14	3	14	3	1	—
农林街	30	1	5	15	4	1	5
珠光街	75	28	11	6	2	—	—
大东街	66	数据暂无	—	—	—	—	67

资料来源：残联2011年“以老养残”汇总表

2. 问题剖析

就目前而言，大多数精神残疾者仍以依靠父母、妻子以及其他家庭成员生活为主，大多为传统照顾模式。同样，依靠退休金、低保、政府补贴支撑全家庭的生活开销也是大多数家庭照顾者的家庭生活方式。在竞争日益激烈的现实生存环境中，家庭照顾方式不可避免地受到家庭成员无能为力，或是家庭核心化、小型化等因素冲击。家庭照顾实际包含多方面的内容，如经济抚养和生活照料，而且要承担昂贵的医疗和康复费用，这就使得家庭照顾的质量，很多情况下都要大打折扣，照顾者身心也承受着巨大的压力，这样既不利于精神残疾者康复，也拖累了正常家庭成员的的日常生活。

首先，作为法定抚养人，照顾者要从经济上抚养康复者，有很大的经济压力。大部分照顾者都是患者的父母，他们有的已经退休，靠退休金维持生活；有的因为要照顾患者迫不得已辞去工作。除了要承担自己和康复者的生活费用之外，还要负担康复者每个月的医药费。照顾者因为长期照顾，笔者在访谈中了解到，大多数照顾者的照顾时间已有5年以上，相对正常的家庭照顾者而言，承受着巨大的精神压力。他们常常会担心康复者万一在外受到某种强烈刺激而导致病发，从而做出伤害他人及社会的事情。

其次，长期的家庭照顾工作会对照顾者的身心健康、社交生活等各方面造成影响。生理方面：多数照顾者呈现身心疲惫、睡眠不足、健康状况变差等状况。心理方面：对于长期照顾精神病康复者，照顾者自身的情绪往往有心力交瘁、沮丧、焦虑、无力感、孤独与抑郁等负面反应。社会生活方面：大部分照顾者存在社会交往活动减少、亲戚朋友疏离等问题。家庭生活方面：有的照顾者家庭关系紧张，经济困难等。

笔者在与精神残疾家庭照顾者访谈过程中，了解到照顾者在日常实际的照顾中面对的压力与困难，下面将通过截取实际访谈对话内容来对照顾者在照顾过程中面临的压力与困境进行归纳，从而更好地呈现精神残疾家庭照顾者所承受的巨大压力源。

以下为访谈对话内容（内容摘要部分来源于笔者与家庭照顾者访谈的过程记录，部分由笔者在尽量保持原家庭照顾者叙述原意的基础上进行转述）：

（1）经济负担重

访谈对象A（儿子25岁，精神一级残疾）

“发现儿子这个病时，单单吃药一天就40粒，一个月都要400到600多块钱。当时因为我也没退休，我先生呢，就是在外面做一些值班的工作，他自己也是有些视力方面的残疾，那时候我们经济很不好。”

“刚开始一两年，儿子住院，一个月都要整整一万块啊，芳村那边第一个月因为要做全身检查，就已经一万多块了，本来家庭环境还可以，因为他的病，我又不工作专程照顾他，现在街道让我申请低保了。”

访谈对象B（儿子48岁，精神一级残疾）

“说不困难，那是假的，现在我们家也是低保户。”

“以前我们是住华侨房的，后来亲戚收回，他也是因为这样而发病的，现在全家住在17平方米的房子里面，之前搞过房屋补贴，现在却不了了之。”

“我现在每月有2300元退休金，他哥哥在街道联防队工作，大概1000元一个月，他嫂子就做散工，900多块一个月吧，我就平时外出捡些破烂，能卖几个钱。”

“他每个月有100元补助金，但是单单药费就用光了，而且孙子读书呢，样样都是钱啊。”

访谈对象C（儿子24岁，精神三级残疾）

“我在2009年才真正知道他可能患病，然后到中山三院做心理辅导治疗，一次就360块，每个星期两次，他已经看了六七次，但是没有太大的好转，费用又那么贵，医保又不报，我现在打工的工资真的负担不过来。”

“转到华侨医院看，每月看病就要1800块了，真的压力很大。”

“我听别人介绍，最近一个月把他转到广州脑科医院门诊看病，那里的主诊医生知道我家庭比较困难，尽量开一些便宜的药给我儿子，现在就几百块钱左右。但是现在又发现他的心脏和肝脏有问题，治疗起来，这笔钱又不少了。”

访谈对象D（儿子58岁，精神一级残疾，长住精神病院）

“压力肯定大啊，你想想看，本来前途那么好，突然间发病，基本上我所有的钱都给他看病了。现在广州每家每户都有空调，你看我，还在用一把70年代的老风扇。我的邻居，就楼上那个卖水果的，隔壁那个卖猪肉的，他们每个月都有八九千呢，我呢，拿着三千块的退休金，不单单要交他的治疗费，而且我自己也有心脏病、胃溃疡、高血压、腹主动脉血管瘤，每个月看病都要几百块钱，平时吃饭都很简单，自己一个人，挺凄凉的。”

“之前他住院的时候，医生就叫我交钱帮他做心理治疗、心理辅导，一次是五六百，一个星期要做一次，我一份退休金才三千多，怎么负担得起啊，而且之前也做过两三次，感觉他都没什么大的变化，我就跟医生说不做了，吃药就可以了。”

“他得病后，基本上治疗费用都是靠我一份退休金出的，女儿都没有关心过，怎么我这么凄凉？”

“他得精神病都已经十多年了，我一个人支撑也很辛苦，特别是他爸前年去世了，我一个女人去支撑整个家庭，我容易吗？”

（2）精神压力大

访谈对象E（儿子42岁，精神二级残疾）

“家里就我和他两个人住，他每天在家里自言自语，我天天要哄他吃药，我都很压抑，两个女儿都到国外了，没人和我说说心里话，幸好你们（社工）来了，听我说说，我心里舒服多了。”

“我觉得最困扰的问题就是他不肯吃药，他说吃了药不舒服，会麻痹犯困，我用了很多办法都不行，上次他病发还用刀砍门，我多害怕啊。”

“好压抑，没人和我说说心里话。”

访谈对象A（儿子25岁，精神一级残疾）

“是啊，很痛苦，就这一个儿子，他常常自己打自己，自己拿刀来割自己。”

“心情很不好，我和他爸爸每天看到他那样打自己，我们晚上都（担心得）睡不着觉的。我们都差不多精神崩溃了，养到儿子19岁了（发病时19岁），他却得这样的病，把自己打成这样，我们看着心里都好苦，都睡不着觉。”

“我自己都好辛苦啊，真的有时候自己都想不开的。”

“你不知道我仔仔当年发病的时候，我整个人都憔悴了，头发全部都变白了，现在染成了黑色。那段时间，眼圈全部都凸出来了，特别憔悴。”

“真的，若是仔仔没这个病，我是一个很开朗的人，然而仔仔病了之后的两三年里，我整个人都好低落。”

访谈对象F（丈夫53岁，精神三级残疾）

“他晚上不睡觉一直在吵，我要看着他，晚上都没睡好。”

“他那个死家伙，打人后倒是没什么事了，但是我要帮他处理糟糕事，真的不好受啊。”

“邻居经常跟我投诉他一直吵，我也没办法啊，只能一直说对不起、多多原谅，挨了不少白眼，没办法啊，谁叫他得了这样的病。”

（3）生活模式遭受改变

访谈对象G（女儿21岁，精神二级残疾）

“我现在退休了，就在家专心照顾她。”

“我老婆也有躁狂症，有时候因为女儿的问题，还会吵架，几次都是靠吴姑娘（社工）来调节才好起来。”

“街道、残联，好像你们搞的这些活动，都会叫上我女儿，我就陪着她来，陪着她走，不敢走开，现在都是我来照顾我女儿的起居饮食。”

访谈对象D（儿子58岁，精神一级残疾，长住精神病院）

“自从他得了精神病，就自己一个人在家，没什么人说话，还不如去图书馆走走，看看书之类的，我也读了挺多关于精神病的书籍，很多时候别人帮不到你多少的嘛，自己多看书，学习怎么照顾他咯。”

“我自己以前是处级干部，如果他没有这个病，前途多好啊，我现在也不用那么凄凉了。”

“以前体力好就一个星期去一次，到现在，我也老了，腿脚都没那么灵活，也一身病。因为要坐地铁搭公交去，而且地铁有时候还没人让座，一直站着，我的脚受不了，所以现在就一个月去看他一次。每次去都要带很多水果、汤给他，我自己都只是吃青菜白饭呢。”

访谈对象H（儿子23岁，精神三级残疾）

“我现在还没退休，但是已经不工作了，不放心他一个人在家，所以辞职了，专心照顾他。”

“现在好多了，刚开始的时候我简直是寸步不离地守着他，你们社工上门后，辅导什么的，现在他开朗了很多，我才多带他出来走走。”

“我现在去市场买菜都要带着他，留他一个人在家我确实不放心，担心他啊，你看，你们搞的这个活动（‘与你同行’小组活动），我都要带着他来参加的。”

（4）身心健康状况变差

访谈对象D（儿子58岁，精神一级残疾，长住精神病院）

“我自己也有心脏病、胃溃疡、高血压、腹主动脉血管瘤，每个月看病都要几百块钱。”

“以前也试过把他接出来，他已经来回住院四次了，最后一次出来的时候啊，又发病了，一直打我，把我差点打昏倒在地上，后来都是邻居帮忙，打电话报警，然后让精神病院派了四个大汉过来把他绑回去。差点我的老命都弄没了，弄死了我还好，一了百了，他不要把我弄残就是了，残疾了的话，你说，谁去照顾他？”

“是啊，好像前一个月，我腰痛得厉害，我睡在床上，动都动不了，两天之后，感觉腰没那么痛了，我才撑着床边，自己起来，出门去看医生。多惨啊我！”

访谈对象E（儿子42岁，精神二级残疾）

“我自己也有糖尿病，他爸爸就是因为糖尿病去世的，我真担心自己也是这样，到时候就更没人照顾他了。”

“我都78岁了，一直在家里照顾他，他又经常不吃药，我每天想着用什么办法让他吃药，很头痛。”

“他没吃药，哪里知道他什么时候会发病，我晚上都睡不好觉，你帮我劝劝他吧，看有什么办法让他吃药。”

访谈对象H（儿子23岁，精神三级残疾）

“身体当然不像以前那样啦，我年纪也大了嘛，小毛病很多。”

“当初知道他有这个病的时候，感觉天好像塌了下来。”

“有些恍惚，精神没有以前那么集中，现在出门要带着他，走到人多的地方，要提起精神，好怕他走丢。我头痛也多了，不敢吃太多药，有副作用。”

访谈对象F（丈夫53岁，精神三级残疾）

“我之前也有抑郁症，一直在吃药。”

“他这个样子，担心啊，我又不是什么事情都会跟别人说的人，我也害怕别人看我的目光，久而久之就不常常外出，后来朋友见我精神状态不是很好，就叫我去看医生，发现是抑郁症。”

访谈对象C（儿子24岁，精神三级残疾）

“他爸爸过世几年了，现在都是我打工挣钱照顾他和我妈妈，我自己身体都好差，我有子宫肌瘤和腹腔主动脉瘤，已经做过两次剖腹手术了。”

“前天我还去做身体检查，幸好单位现在还能够报销90%，过几年，好像单位就不报销了，那时候都不知道怎么办才好。”

“他又不出去找工作，我说他两三句就动手打我，脾气好暴躁，不能大声跟他讲话。”

访谈对象A（儿子25岁，精神一级残疾）

“我开头也想不开的，甚至想过自杀，我和他爸爸都没有了心情，两夫妻天天都在哭。第一次入院的时候，我们两夫妻天天都睡不着觉，真的想不到好好地把儿子养到19岁了，却得了这样的病，真是很难熬过这一关，当时我们的精神真的很崩溃，崩溃到不想做人了。”

（5）社交能力弱化

访谈对象G（女儿21岁，精神二级残疾）

“以前你们还没来的时候，我都是一直在家照顾她，基本上没出门，现在你们搞了很多活动，叫上她，我才多了些空余时间出去走走。”

“基本上就是工疗站、医院、家、市场几个地方，没什么地方可去，有时就带着她到公园走走，看看别人打球。”

访谈对象A（儿子25岁，精神一级残疾）：

“有些亲戚是远远地避开的，另眼相看，这样的情况让我觉得不好过，心里挺压抑。”

“我很多时候都是在家里，除了残联要开会，街道叫我拿些什么东西，我基本上都在家。”

访谈对象F（丈夫53岁，精神三级残疾）

“歧视啊，我好怕带着我先生出门，他们都会在我背后指指点点，嬉皮笑脸，说我先生吵着他们睡觉什么的。”

“你们有活动要我参加我就出来咯，平时我都在家，有些散工就去做做。”

“朋友不多，就说两三句客套话咯，很熟很熟的就不多。”

访谈对象E（儿子42岁，精神二级残疾）：

“早上带他出去打打太极拳，买菜后就一直在家，没什么活动。”

“亲戚也不会经常来家里，好多时候就我和他两个人，邻居回家后个个都关门闭户的，谁和你说那么多话啊，就平时下楼碰面会聊几句咯。”

（二）照顾者需求评估

精神残疾家庭照顾者因家庭的社会地位和经济地位不同，在向社会争取医疗服务、社会服务和康复服务时，可运用资源的多少、掌握和运用资源的程度也都有所不同。在应对这些问题时，家属们经常存在着压力，需要政府、专业人士以及机构团体提供支持与服务。

通过文献以及残联工作人员可以了解到，照顾者们希望获取社会工作专业服务方面的需求，主要包括：如何应付精神残疾者的异常行为、精神用药常识、如何应对精神药物带给患者的副作用、给予照顾者本人情感方面支持、患者的工作、未来依靠前景、家庭的经济问题、精神医院的医疗水平以及社区康复机构水平等等。

笔者通过与8户家庭照顾者的访谈，从中了解他们目前面临的困难与需求，归纳总结为以下5种需求：

1. 压力宣泄与情感支持的需要

在精神疾病患者的家庭中，大多数是由父母双方中的一方或夫妻双方中的一方长期扮演照顾者角色，与患者相处时间过长，照顾工作重复、烦闷，照顾者容易出现劳累且心情烦躁的情况。他们承受的压力非常大，但无人倾诉或者没有人告诉他们该怎么办，他们都需要通过一些渠道宣泄压力并且获取情感方面的支持。

访谈对象A（儿子25岁，精神一级残疾）

A女士今年51岁，刚刚退休1年，在儿子19岁的时候发现他有自虐（自己打自己，用刀割自己）的现象，到医院诊断为精神分裂症，为此A女士辞了工作，专门照顾儿子已经将近5个年头。A女士告诉笔者，当发现儿子患上这个病时，她整个人都崩溃了，真的有想自杀的念头，看着他自己打自己，伤害自己身体的时候，她每天都在哭，晚上都睡不着觉。她提到自己经常在家，除了照顾儿子以及和一个最要好的工友出去走走外，基本上都是面对四面墙，自己都会觉得很压抑，也想多找些朋友一起聊聊天。

访谈对象F（丈夫53岁，精神三级残疾）

F女士今年48岁，丈夫早在两年前因与别人打架，出现脑震荡后精神异常，时常幻想有人害他，后被评定为精神三级残疾。在访谈中了解到，F女士的丈夫由于经常晚上大吵大闹，说别人要害他，导致邻居经常投诉与不满，F女士要经常向邻居们赔不是。很多时候F女士都待在家里面，避免出门。因为丈夫的关系，F女士也出现了抑郁症状，要一直吃药，精神压力比较重，平时没什么人可以跟她说说话。在笔者所在实习组举办的小组活动前中期，F女士都是一个比较沉默寡言的人。

2. 人际支持与社会交往的需要

家庭照顾者因为要照料残疾者，社交的时间非常有限，某些社交活动如朋友聚会、外出旅游等都会受到不同程度的影响，长此以往，整个家庭的社会交往圈子也会随之发生变化。精神残疾者症状在不能被同一社交网络的人们理解和接受时，其家庭的照顾者将会减少与人们的接触。如果精神患者外出后发病，伤害到别人，其照顾者是需要承担责任的。为避免其伤害到别人以及世俗的眼光，很多家庭照顾者都尽量多留在家里照顾他们，而避免经常外出，久而久之，人际交往能力由此弱化。

访谈对象G（女儿21岁，精神二级残疾）

G先生今年52岁，女儿由于升学压力太大而出现精神问题，有严重的幻觉幻听以及被害妄想症状。G先生已经退休，现在全身心地照顾女儿。有时候药量不够，女儿会有失控的情况出现，所以要经常寸步不离地看着女儿。G先生的生活场景都是工疗站、市场、医院、家里几个地方，没什么休闲娱乐活动。而他本人是比较喜欢上网的，也很喜欢参加社工举办的一些亲子活动，他告诉笔者，因为社工举办的活动，他能够暂时把女儿放在这里，自己能够有空到附近走走。

访谈对象H（儿子23岁，精神三级残疾）

H女士因为难产的关系，儿子出生后就发现有大脑发育迟缓的问题，6岁半开始出现癫痫，直到24岁开始由癫痫引发精神分裂，会自言自语、失眠以及精神异常，目前诊断为精神三级残疾。笔者在家访时，发现案主精神良好，能够与笔者正常沟通，日常生活能够自理，会自己定期吃药。H女士提及，自己出门买菜都要带着儿子，平时也没什么休闲活动。当笔者提及是否愿意来参加小组活动时，H女士表示很乐意来参加，她说很多人都不理解她儿子的病情，也会有些异样的目光，她希望可以认识有同样经历的人，能够倾诉一下，多认识一些朋友；也希望带着儿子一起去，因为希望儿子多接触外面的世界，这对他的病情有好处。

3. 精神残疾者能够得到医疗协助、工作方面帮助的需要

精神残疾家庭中，由于精神疾病患者所需吃的精神药物较多，很多时候照顾者都要为其吃药问题而烦恼；而到医院看病，医生由于病人比较多，往往不会详细解答病人家属更多问题，很多家属都希望能向医生多了解一些药物以及副作用方面的知识。在笔者所在实习小组举办的小组活动中，“医生面对面”环节时各位照顾者是最活跃的，小组结束后还围着医生，不愿离开，由此可见很多家庭照顾者都希望得到医疗方面的协助。

很多精神疾病患者经过药物治疗，病情得到控制，而且日常生活能够自理，其实是能够外出工作的，但是由于种种原因未能实现职业康复，而他们的医疗费用也是家庭的一笔不小开销，家庭照顾者也希望精神疾病患者能找到工作帮助生计。

访谈对象C（儿子24岁，精神三级残疾）

C女士的儿子在2006年就有精神方面的问题，但是直到2009年C女士才重视这个问题并带其前往医院就诊。由于儿子需要心理辅导以及康复治疗，只靠C女士的一份工资负担很重，儿子今年已经24岁了。在笔者家访过程中，案

主日常能够自理，有定期吃药，病情比较稳定，经常躲在房间上网打游戏、看电影。C女士告诉笔者，她有劝说儿子出去找工作，减轻家庭的负担，但是儿子却叫她去偷去抢不要来烦他，不愿意外出找工作。C女士希望社工给儿子做做思想工作，让他能够出去工作，而且希望社工能够在找工作这方面帮帮忙。自己一份工资要照顾整个家庭很吃力，希望在业余的时间能够有些散工做做，多挣些钱。

访谈对象E（儿子42岁，精神二级残疾）

E女士今年78岁，是铁路单位的退休职工，两个女儿早年移居国外，三四年才回来一次，老伴在1992年因糖尿病而去世，现在家里就剩下她和儿子两人生活。E女士主要的经济来源是每月将近3000元的退休金以及儿子的低保金，能够完全支付儿子的药费和两人的生活费等。在访谈中，E女士提及最让她苦恼的事情就是儿子经常不肯吃药，说吃药后不舒服、麻痹和犯困，很多方法都不能让他儿子乖乖吃药，C女士为此很担忧，因为儿子病发会有伤害他人的行为出现。C女士求助社工是否能够开导他让他吃药，并且询问是否有其他精神药物替代现在的药物，减少吃药后的副作用。

由于儿子有走失过，所以E女士经常寸步不离地看着他，去哪里都要带着他。而自己年纪也大了，患糖尿病，要定期出门检查，很不方便，希望能在糖尿病检查方面提供上门服务，不用她带着儿子走来走去。

4. 获得经济与物质支持的需要

在笔者所访谈的8户家庭中，8户都被纳入越秀区“阳光家庭”项目中，享受每月300元的残疾人补助金，其中7户是低保低收家庭。还有1户精神残疾家庭全家五口就生活在17平方米的小屋子里面，下大雨的话，房子就会进水，居家环境不利于精神残疾者的康复。

残障家庭经济来源大部分都是退休金、政府的福利救助和生活补贴，获得经济以及物质方面资源的需求是很强烈的。

访谈对象B（儿子48岁，精神一级残疾）

B女士一家以前居住在旅居外国的姑妈的其中一间房子，后因姑妈要求收回房子，委托B女士小儿子收楼，B女士小儿子遭到租户的恐吓发病，出现幻听幻想，思维混乱，有一定的自理能力以及能够坚持服药。B女士提到自己一家五口居住在17平方米的房子里面，房子又黑又脏（笔者进行家访时，曾有老鼠跑到笔者的鞋子上），靠每月2300元的退休金以及大儿子夫妻俩的2000元工资生活，还需要支付小儿子的药费、孙子读书费等，生活比较拮据。B女士自己有时候也会出门捡破烂，卖几个钱帮补家庭，想申请金沙洲的廉租房却不成功，希望能够得到住房方面的帮助。

访谈对象D（儿子58岁，精神一级残疾，长住精神病院）

D女士今年78岁，儿子在1986年由于工作压力过大患上精神分裂症，多年治疗并没好转迹象，反而病情加重，已经由精神二级残疾提升到精神一级残疾，目前长住精神病院。她在访谈中提到，丈夫去世了，儿子又得了这个病，女儿与她的关系很紧张，觉得女儿认为她是负累。2000元的退休金单单负担儿子的医药费就已经很辛苦，她每天吃得很简单，现在老了女儿都不关心自己。在访谈过程中，D女士提到儿子情况、女儿不关心自己以及自己晚年生活困窘时多次眼眶含泪，常用“为什么我那么凄凉”“那么惨”的字眼形容自己现在的生活。因为D女士自己一人独居，前几天腰痛得下不了床，都没人可以来帮她，她很希望可以免费安装平安钟，让她生病时有个保障。

5. 建立家长互助网络组织的需要

精神残疾者是社会上需要关注与支持的弱势群体，家属们面临的许多需求和困难都是相似的，但信息的不畅通以及社会的排斥等使他们缺乏一个互助的网络和平台。在笔者所在实习小组举办的小组活动中，照顾者们纷纷表示需要有这样一个自助组织或者网络，可以将大家联结起来，有机会有平台分享照顾中的困难与经验，提供情感支持并形成自主与互助网络。

这样的互助网络可以帮助大家更好地了解社区资源、医疗设施水平、自身可获取的权益及相关政策。照顾者们希望通过互相支持和关怀，强化自身的人际交往能力，提升他们的正向生活能量，并传达日常的照顾心得给正在彷徨中的照顾者，大家彼此间互相支持、鼓励及关怀。

四、 社会工作介入精神残疾家庭照顾者的支持性服务

（一）照顾者支持网络基本情况

1. 正式社会支持

指来自国家颁布的法律法规以及政策；政府、社会正式组织的各种制度性支持，主要是由政府行政部门，如各级社会保障和民政部门提供；准行政部门的社会团体，如工会、共青团、妇联等；政府出资购买社会服务。

（1）法律法规与政策支持

1990年，国家颁布实施《中华人民共和国残疾人保障法》①，国务院1994年颁布实施《残疾人教育条例》②，2007年颁布实施《残疾人就业条例》③。据不完全统计，涉及残疾人权益保障的法律法规有50多部，现已形成以《残疾人保障法》为核心，以行政法规、地方法规为支撑的保障残疾人权益的法律体系。其中：

《中华人民共和国残疾人保障法》对残疾人的康复、教育、劳动就业、文化生活、社会保障、无障碍环境和法律责任做了明确规定。

《残疾人教育条例》对残疾人学前教育、义务教育、职业教育、普通高级中等以上教育及成人教育、教师、物质条件保障和奖励与处罚做了明确规定。

《残疾人就业条例》对用人单位的责任、保障措施、就业服务和法律责

①中华人民共和国残疾人保障法. http://www.chinadp.net.cn/datasearch_/aboutUs/2008-07/17-619.html.

②残疾人教育条例. http://www.law-lib.com/law/law_view.asp?id=10662.

③残疾人就业条例. http://www.gov.cn/zwgk/2007-03/05/content_542647.htm.

任做了明确规定。

《中华人民共和国刑法》[①]第二章第一节第18条规定："精神病人在不能辨认或者不能控制自己行为的时候造成危害结果，经法定程序鉴定确认的，不负刑事责任。"

另一与残疾人有关的重要文件《中共中央国务院关于促进残疾人事业发展的意见》[②]也于2008年颁布，该文件提出要增强促进残疾人事业发展的责任感和使命感，加强残疾人医疗康复和残疾预防工作，保障残疾人基本生活，促进残疾人全面发展，改善对残疾人的服务，优化残疾人事业发展的社会环境，加强对残疾人工作的领导。

2012年的《越秀区残障人士服务指导手册》也明确列明了贫困精神病人的专项补助金、医疗救助方案、残疾人居家照顾补助金以及托养资助等福利政策措施。

（2）专业服务

与精神残疾者及其家庭照顾者相关的专业服务包括：精神病医院提供的医疗服务、社区卫生站提供的门诊服务、残疾人康复中心提供的康复服务以及政府出资购买社工服务。

A. 精神病医院（罗列的是笔者本人在家访以及实习期间从家属口中获悉的比较有名的精神病医院）

广州市民政局精神病院　广州市脑科医院（广州市精神病医院）

广州白云精神康复医院　广州军区总医院精神科

广州中医药大学金沙洲医院

B. 越秀区社区卫生站

据残联工作人员介绍，越秀区22条行政街道都设置了社区卫生站，都分布在居民密集的居住区中，便利居民生活。

---

①中华人民共和国刑法. http://news.xinhuanet.com/legal/2003-01/21/content_5679505.htm.

②中共中央国务院关于促进残疾人事业发展的意见. http://baike.baidu.com/view/3165668.htm.

C. 残疾人康复中心

越秀区残疾人康复中心为越秀区残疾人联合会下属事业单位。为进一步探索残疾人康复工作新道路，近年来该中心先后成立了越秀区康园工疗站服务中心、广州市家康社会工作服务中心两个民办非企业残疾人服务机构，为精神病康复及智障人士提供日间托管服务，为残疾人家属提供精神支持，为残疾人配置用品用具提供适配转介服务。

D. 政府购买社工服务的专业技术支持

a. “阳光家庭”服务项目

“阳光家庭”服务项目是越秀区辖内智力、精神和重度肢体残疾人居家照顾实施方案，通过个案工作、小组工作、社区工作等工作手法，为残疾人家庭提供服务，提高照顾者护理能力，缓解其心理压力和情感困扰，帮助其增强生活信心，提升社会参与能力，提高家庭生活质量；同时，挖掘社区资源，构建服务网络，最终达到社区共融。

广州市家康社工机构的“阳光家庭”服务项目组从2010年至今，为精神残疾者以及家属照顾者开展了“精神卫生日座谈会”“爱是科学的关心照顾者”“心灵呼吸站家属情绪舒缓型小组”等残障共融社区活动，招募志愿者上门服务、社工上门进行心理辅导等服务，切实为精神残疾者社区康复、再社会化以及家属情感支持等做出努力。

b. 越秀区利康家属资源中心

为越秀区辖区内社区精神病康复者及其家属提供社会工作服务，促进社区精神健康及社区照顾服务；以社区的需要为本，提供专业服务，帮助精神病康复者及其家属发挥潜能。期待能达到以下目标：提高家属对精神病及精神健康的认识，加强家属照顾康复者的知识及技巧；为精神病患者提供心理及社会支持；致力于推动社区关注精神健康；促进家属之间的支持和互助，建立家属互助团队。目前，越秀区22个街道都有利康家属资源站。

c.行政街道家庭综合服务中心

广州越秀区22条行政街道都相应地出资购买社会工作服务，设立家庭综合服务中心，为街道常驻居民提供服务，包括青少年服务、家庭服务、残障服务、居家养老服务等。

2. 非正式支持

非正式支持是指一个人通过亲戚关系以及其他正式或非正式的渠道，与他人发展相互的接触，而这些人际关系形成一个社会支持系统，保护个人免受失调。精神残疾家庭照顾者的非正式支持网络主要来源于亲戚、朋友、邻里、同事以及其他援助者的支持。目前，在完善的社会支持网络架构还未形成的情况下，非正式的支持网络是精神残疾家庭照顾者在遇到困难与危机时使用最多、最频繁，也是效果最明显的一种支持网络。

某位受访者表示在自己儿子患病需住院时，先生因为不忍看到自己儿子自虐的场景，而不愿意陪同前往医院。她的一位同事一直陪在她身旁，帮忙办理入院手续等，当时帮助了她很多，到现在依然很关心她。同事会时常同她和她儿子一起喝茶，她很感谢同事给予的支持，让她在照顾中得到很多心理慰藉。

3. 两类社会支持对家属照顾者的需求发挥的作用

笔者根据8户照顾者的访谈调查得知，精神残疾家庭照顾者的需求主要是压力宣泄与情感支持、人际支持与社会交往、医疗协助与工作帮助、经济与物质支持、建立家长互助网络组织这五种，归纳现有的社会支持网络所能够提供的帮助，都可以让照顾者的需求通过“正式社会支持”与“非正式社会支持”得到满足。

表2-6-4　需求与社会支持的对应表

<table>
<tr><th rowspan="2">需求</th><th colspan="2">可提供满足需求的社会支持</th></tr>
<tr><th>正式支持</th><th>非正式支持</th></tr>
<tr><td>压力宣泄与情感支持的需要</td><td rowspan="2">①社工上门服务
②街道举办的文艺娱乐活动
③街道家庭综合服务中心举办的各类小组活动</td><td rowspan="2">①照顾者自身寻求亲戚朋友、邻里的帮助
②志愿者帮扶，提供倾诉、精神上的支持</td></tr>
<tr><td>人际支持与社会交往的需要</td></tr>
<tr><td>医疗协助与工作帮助的需要</td><td>①精神病院、康复中心等针对精神残疾者开展的医疗协助、康复治疗服务
②越秀区残疾人就业服务所提供的就业培训与就业安排服务
③社工向照顾者们传递相关信息
④法律法规政策规定的精神残疾者可享有的医疗及工作方面的帮助
⑤定期举办的精神知识讲座以及照顾技巧培训会等</td><td>①亲戚朋友、邻里同事的帮助，推荐就业
②精神残疾者家属间沟通获悉的医疗、工作方面信息</td></tr>
<tr><td>经济与物质支持的需要</td><td>①法律法规政策规定的精神残疾者以及照顾者可享有的经济援助
②定期性支持：特定节假日街道组织的慰问送温暖活动</td><td>①亲朋好友伸出援手，提供一定的经济与物质支持
②社会各界热心人士的支援</td></tr>
<tr><td>建立家长互助网络组织的需要</td><td>①利康家属资源站定期向精神残疾者以及家属开放服务
②“阳光家庭”服务项目收集到的同类精神残疾家庭照顾者信息统计
③通过亲戚朋友等途径了解到与自身有着类似经历的照顾者同伴</td><td>①社工小组支持性活动（“与你同行”）
②自发组成的小团体互助网络</td></tr>
</table>

从表2-6-4可知，针对访谈的8户照顾者而评估、归纳所得的需求类型，都能够从“正式支持”以及“非正式支持”中获得相应的社会支持方式，让需求得到满足，即需求与社会支持的平衡性得以运作。然而，从访谈中笔者了解到，精神残疾家庭照顾者的需求明显地处于未满足或部分满足的状态，仍然需要各种社会支持的协助，究其原因，笔者认为一方面是由于照顾者自身的弱势地位，获取社会福利、医疗等信息的渠道比较缺乏、单一。在走访中发现，照

顾者们普遍与街道、居委联系不太密切，收集到的福利保障信息比较少，对政策了解渠道不畅通，总觉得照顾精神残疾者只能依靠自己，觉得没有什么资源和服务能够获取，要靠自己寻找与联络。另一方面由于政策信息的上通下达渠道未完善，在政策与照顾者两者之间，信息的流动不是明确的双向流动，中间需要经过多个部门的传递，才有可能被照顾者获悉。

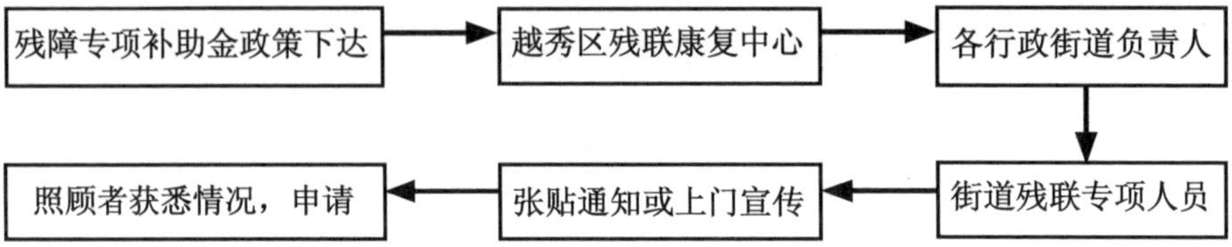

图2-6-1　政策与照顾者信息沟通渠道

从图2-6-1可以获悉，政策信息被照顾者获取需要经过多个部门的传递，很多时候中间一个环节出现问题，信息的流动就有可能中断。而现在有社会工作者上门家访，他们都非常关注我们能够提供什么服务，并且跟我们讲自己渴望获得的帮助。“阳光家庭”项目办公地就设在越秀区残疾人康复中心内，照顾者能够比较迅速地了解到相应的政策福利支持。这样一来，社工如果能够在两者中作为一个资源链接的媒介，减少资源传递的环节，充分调动他们的主动性，帮助他们掌握应对这些需求所能够提供的社会支持，最终让照顾者们依靠自己的力量解决问题，达到助人自助。

我国当前的社会工作是一种以助人自助为宗旨，运用专业知识、理论和方法，协调社会关系，预防和解决社会问题，帮助处于弱势地位的个人及群体在社会中恢复、改善和发展其功能，以适应和进行正常的社会生活的服务活动[1]。

社会工作通过家访以及需求评估了解精神残疾家庭照顾者实际照顾内容、社会需要和目前的社会支持网络情况，分析目前家庭照顾者需求与现存

---

①施泽斌. 社工协助精神病患者再社会化研究[D]. 上海：上海交通大学，2010.

社会支持网络平衡性的局限和不足。通过分析正式支持与非正式支持对照顾者需求的支持角度，从而寻找契合两种支持方式的社会支持网络架构，社会工作担任资源链接者的角色，链接各种资源，为照顾者提供更好的服务。从图2-6-2可以得知，社会工作者在照顾者与正式支持、非正式支持中处于一个资源链接者的角色，因而，社会工作者整合资源协助照顾者构建支持网络的强度，与整个精神残疾家庭的健康发展有着极大的关联性。

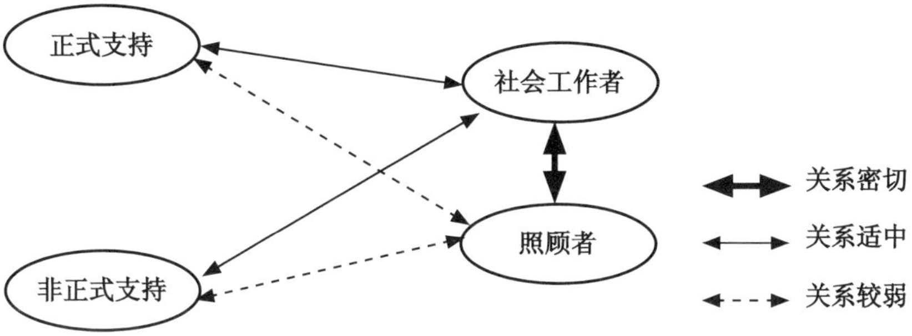

图2-6-2　社会工作运用社会支持网络构建精神残疾家庭照顾者支持体系

笔者于5—7月初在广州越秀区残联“阳光家庭”项目实习，主要负责为越秀区（大东街、珠光街等5条行政街道）被纳入“阳光家庭”计划项目的智力、精神以及重度肢体残疾人及其家庭提供社会工作服务。实习期间，在与专职社工上门家访、进行深入访谈与需求评估工作后，我们展开了整合的社会工作服务，包括个案工作服务、精神残疾家庭照顾者的支持性小组工作以及社区工作，通过资源链接联系了街道、残联、义工服务队、社区卫生中心等，逐渐构建家属的社会支持网络。

（二）社会工作的支持性服务

1. 个案工作服务支持

个案管理是一种提供服务的方法，它有专业社会工作者评估服务对象及其家庭的需要，并安排、协调、监督、评估及倡导一套包括多种项目的服务，以满足特定案主的复杂需求[①]。本人在调查中所选取的访谈对象，都是在实习期间机构已经有专门社工跟进的个案。

社会工作开展个案工作，是通过入户家访面谈了解当前精神残疾者及其家庭的基本情况（案主背景简述，外显问题，健康情况，家庭、经济、社交情况），以及面临的困难和需要，评估是否符合越秀区残联“阳光家庭”项目服务的条件，然后撰写接案记录，正式为精神残疾者及其家庭建档，综合评估服务的需要后制订相应的服务计划（心理支持、支持网络建构、日常陪护等），按照综合计划开展服务并对服务质量进行控制与评估，定期重新评估服务需求的变化，修订计划，当目标达成则进行结案。社会工作者需要将来自不同福利机构和组织提供的资源进行整合，联结成社会支持网络，对精神残疾者家庭的社会支持网络目前的资源进行发掘开发、重组整合以及系统管理。

①陈志霞．个案社会工作[M]．武汉：华中科技大学出版社，2006（9）．

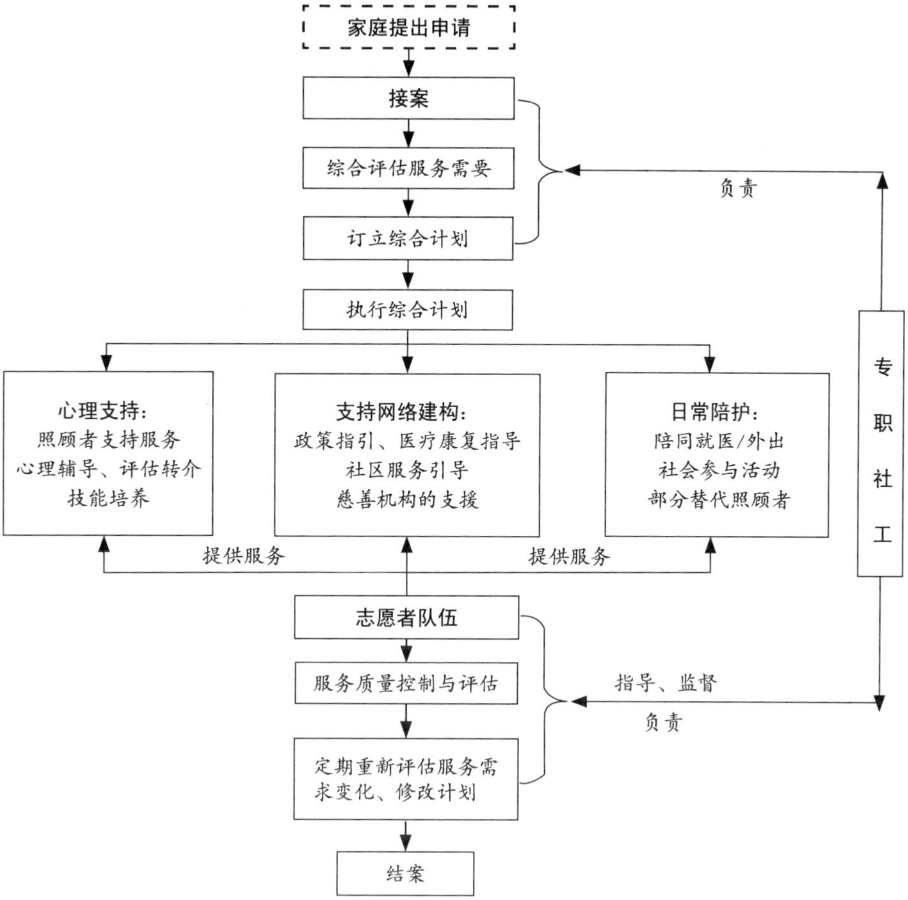

图2-6-3 越秀区残联“阳光家庭”项目阳光计划服务流程图

资料来源：越秀区残联“阳光家庭”项目宣传季刊，2010-06-26，第一期

在前期，笔者通过访谈了解到每个精神残疾者家庭的生活情况以及目前面临的困难与需求，了解到每一户精神残疾者家庭的共性与特殊性，为下一阶段的服务开展打下基础。在访谈中，社会工作者扮演着聆听者与支持者的角色，让照顾者能够尽情地宣泄压力，说出自己照顾的需求与困难。接下来，社会工作者扮演治疗师的角色，通过对精神残疾者家庭的困难、需求以及社会支持网络进行评估后，为照顾者制订相应的服务计划，如放松练习、

参与社区娱乐活动等，以减轻其心理压力；鼓励照顾者积极表达自己的需求，根据需求分析目前可供选择的资源，让精神残疾者及其家庭照顾者参与到个案计划的制订中，让照顾者的个人权利得到增强，主动与社会工作者发掘可运用的社会支持，从而更好地解决需求及困难，达到助人自助。

如个案D女士，通过家访及访谈了解到的困难与需求是：①需要免费安装平安钟；②与女儿的关系比较紧张；③儿子患病自己承担过重的经济与心理压力；④身体状况变差。以其需求为本，通过评估制订的相应服务计划，如表2-6-5。由于8个个案都没有完全由笔者本人从接案到结案跟进下去，所以服务计划是阶段性的。

表2-6-5 D女士个案服务计划表

需求	服务计划	服务结果
免费安装平安钟	与街道理事联系，询问免费安装平安钟的申请条件，将政策信息反馈给D女士	年满80岁的老人才能免费安装平安钟，D女士由于还差2年才满80岁，不符合免费安装平安钟的条件。理事了解D女士的家庭情况后，建议由街道出资，替D女士免费安装，但是需要其支付每月的维护费，20元/月×12月=240元/年。D女士觉得维护费太贵，负担不过来，最终没有接受，等满80岁的时候再去申请安装
经济困难	越秀区“以老养残”补助金申请以及其他政策资源的可申请利用情况	D女士已申请“以老养残”补助金每月300元，街道发放补助金情况为每季度一次，即3个月发放一次，合共900元
心理压力过重	通过松弛训练（听音乐、逛公园、晨运等方式）减轻其心理压力，鼓励D女士出门参与文艺娱乐活动，丰富自己的生活	D女士接受社工的建议，参与了街道家综举办的老人电脑技能培训小组活动，认识了一些朋友，丰富了自己的生活 D女士通过与社工聊天，把自己的心里话说出来，感觉心情舒畅了很多，减轻了自己照顾儿子而产生的过重的心理压力 邀请D女士参与“与你同行”小组，舒缓压力，提升人际交往能力，强化其非正式支持网络

（续上表）

需求	服务计划	服务结果
身体状况变差	D女士很多家务活由于身体关系而没办法完成，于是替其申请家居清洁；鼓励支持D女士出门晨运，多做运动锻炼身体	家访发现D女士一直在吃老年人补钙奶粉以及鱼肝油，同时D女士告诉社工会听社工的建议，等自己的腰没那么疼，多做晨运，同时社工联系医疗志愿服务队伍以及义工上门服务，定期为D女士检查身体以及进行义工关怀服务
与女儿关系紧张	后续与D女士的交谈中，了解D女士与其女儿关系紧张的原因，再开展下一步服务	暂未开展

从社会支持网络建构的角度分析，通过个案工作的介入，社工扮演了聆听沟通者与支持者的角色，可以满足精神残疾家庭照顾者的“压力宣泄与情感支持的需要”，为家属们情绪舒缓、身心健康发展提供了平台。社会工作者担任资源的链接者及信息传递者，通过个案工作减少了资源流动的环节，能让“正式支持”与“非正式支持”通过社工的媒介逐步被照顾者所获悉、运用，依靠社工对政策的掌握情况以及社会资源的整合力，将可利用的“正式支持”与照顾者的需求链接，通过直接、面对面的沟通方式，协助照顾者从中认识自身拥有的资源和潜能，增进其适应社会和解决困难的能力，达到助人自助的宗旨。

2. 小组工作服务支持

在资源供需不足的社会中，精神残疾家庭照顾者作为弱势群体在资源分配、社会政策享受上相对于强势群体处于较弱地位。俗话说“聚沙成塔，集腋成裘”，小组工作作为社会工作的方法之一，以团体或小组为对象，并通过小组或团体的活动为其成员提供社会服务，从而促进团体或小组及其成员的发展，使个人能借助集体生活加快自身的社会化；协调和发展个人与个人、个人与团体、团体与团体之间的社会关系；发挥团体或组织的社会功能，促进社会的进步与健康发展[①]。

笔者实习期间所在实习小组举办的关于精神残疾家庭照顾者支持性小组活动（“与你同行”小组）以家长互助支持小组为主要形式，根据照顾者的具体需求设计不同主题的活动，旨在构建家长互助的非正式支持网络。

通过个案以及访谈，笔者了解到，每位照顾者都有五年或以上的照顾时间，有着丰富的实践经验，对如何照顾精神残疾者都有自己的独特见解。他们的经验能够帮助其他人，包括照顾者自己。我们通过小组活动宣传招募组员的方式，将他们聚集到一起，社工作为活动的领导者，向组员阐明小组建立的缘由，与组员共同制定小组规范以及小组目标，借助社工的引导角色，拉近组员们的关系，让组员彼此能敞开心怀分享彼此的故事与经历，互助互享，彼此依靠与支持。接下来通过观看影片（《没有墙的世界——妄“相”》），让照顾者更好地了解精神残疾者的内心世界，对精神残疾者的行为表达有更多的认同与理解。在本节小组活动中，因为照顾者们长期进行照顾工作，积压了太多的不满与压力，很容易滔滔不绝地讲述自己的故事而忽略了聆听他人的情况，社工的引导角色要突出，时刻提醒组员小组的规范，通过两两对话以及选择代表发言的方式灵活处理。

在第二节小组活动中，我们邀请到精神科医生给家属们传递精神药物知识、突发情况应急处理技巧，让照顾者能向医生面对面咨询，平时在看病门诊中无法详细询问药物情况等疑惑在本节小组中能够得到医生的悉心回答，以及分享一些专业技巧。小组活动结束后，5名组员依然围着医生询问，他们认为精神科医生面对面地给予解答的机会很难得，都希望多了解精神病方面的知识。在本节小组活动中，社工作为一个秩序的维护者，要让每个组员能够有机会与医生进行交流，控制每位组员提问的时间，保证小组活动能够顺利完成。

---

①刘梦．小组工作[M]．北京：高等教育出版社，2003.

照顾压力过重，家属们都希望得到“喘息”的机会。在第三节活动中，社工通过对场地灯光（拉上窗帘，营造出昏暗的光线效果）、椅子舒适度的调节，营造一个安静、舒适的环境，让照顾者选择坐在椅子上最放松的姿势，闭上眼睛，全身心地放松，通过音乐以及冥想词的配合，让家属们的压力与情绪得到舒缓，带走焦虑与烦恼的情绪，以更健康的心情面对生活。

笔者所在实习小组希望家属支持小组能够让家属的压力与情绪得到舒缓，同时在分享交流的过程中学习更多照顾知识，分享一些与精神残疾者的沟通技巧，探索对精神残疾者康复更加有效的照顾方法与途径，如照顾者们能够通过互动，互相掌握政策、福利制度等信息。我们也希望通过小组建立家属间的相互支持，建立长期的互助网络。

更长远的——希望通过更大规模的小组活动，强化其非正式支持网络，联合家庭照顾者的力量，发出他们的声音，能够影响政府部门对精神残疾者及其照顾者的关注度，在社会政策制定上能够更多地给予经济等方面的支持。

在整期小组活动结束后的评估访谈和反馈表填写中，家属们对本期小组活动表示满意，对我们工作人员给予了支持和鼓励。在每节小组结束后，我们都会及时进行讨论与评估，根据本节活动中家属们的参与情况和需求，调整下一节活动的内容。通过家属小组这个平台，更多精神残疾家属照顾者能够彼此认识，增进沟通，在精神上相互支持，分享更多关于照顾的经验，形成一个家属互助网络。

从社会支持网络的角度分析，小组工作的介入可以为照顾者提供一个互助分享经验的平台，从而满足照顾者“人际支持与社会交往的需求”；同时创造了自由开放、平等安全的环境，照顾者可以讲述自己在照顾中的无助、孤独感，从而获取其他照顾者的支持。社会工作运用小组形式传递专业照顾技巧、药物的科学认识，通过社工的介入服务为照顾者更好地建立家属互助网络提供支持。

“与你同行”小组协助照顾者们构建了一个非正式的社会支持网络，让精神残疾家庭照顾者相聚、认识，并互相分享支持。在小组活动进行过程中，照顾者们之间的对话内容能够让我们更好地明确为照顾者们构建非正式支持网络的可行性。以下是在小组活动进行过程中，笔者所听取到的家属间的交流对话：

“原来你住在我隔壁街，有空可以串串门。”

“我参加了街道的电脑培训。”“是吗？我之前也培训过，有什么不明白的打电话问我，我教你啊。”

“大家留个电话吧，以后能够出来聚聚。”

“你想帮你儿子转医院啊？我觉得民政局那间精神病院不错。”“但是我不知道怎么去。”“你知不知道……，那里有专门去民政精神病院的车，免费的。”

“你啊，不要常常待在家里，要多到外面呼吸新鲜空气，多出去才行。”

3. 社区工作服务支持

社区社会工作，是以社区和社区的居民为案主，通过发动和组织社区居民参与集体行动，确定社区问题与需求，动员社区资源，争取外力协助，有计划、有步骤地解决或预防社会问题，调整或改善社会关系，减少社会冲突，培养自助、互助及自决的精神，加强社区凝聚力，培养社区居民的民主参与意识，发掘并培养社区领导人才，以提高社区的社会服务水平，促进社区的进步①。

社区是联系家庭和社会的组织形式之一，是精神残疾家庭照顾者照顾工作“减负”的支持资源之一。在小组中，成员间的相互支持是有时间与空间限制的，很难形成较大范围的社会支持，而社区是一个开放性的场所，通过社区活动寻找同质性的精神残疾家庭照顾者，从而凝聚集合成互助团体，

①周沛．社区社会工作[M]．北京：社会科学文献出版社，2002.

能够为照顾者们拓宽其压力宣泄、人际交往情感支持以及政策信息等的空间渠道。社会工作者通过链接社区各种资源（街道、残联、街道家综、工疗站等），提高他们的社会参与能力，例如符合条件的精神残疾者能够在街道、残联的安排下前往工疗站学习，减轻照顾者的压力；举办大型社区活动让照顾者能够从枯躁的照顾生活中暂时得到放松；联系社会公益组织提供资金支持等。

社工通过社区还可以招募发动义工、志愿者等参与到减轻照顾者照顾压力的活动中来，通过一对一帮扶、上门慰问、提供健康检查（医生义工）等，为家庭提供帮扶，让他们能够得到喘息、情感放松等。

从社会支持网络的角度分析，社区工作的介入为照顾者构建支持网络架构提供了更为广阔的空间，社会工作者通过社区，动员链接社区资源，为解决照顾者的“工作、医疗照顾需求”“获得经济与物质支持需要”“建立家长互助网络组织需要”提供支持。

社工的服务都是以社区为本，在社区里通过个案、小组以及社区活动将服务对象凝聚在一起，形成家庭照顾者互助网络，完善其社会支持网络架构，提高照顾者们对社区资源的获取及利用能力。

4. 整合社会工作服务支持

整合的社会工作服务介入策略是在关于精神残疾家庭照顾者的支持问题上，社会工作以解决家长目前面临的困难和压力、满足家长需求为基点，通过以社区为本的个案访谈、小组工作、社区倡导等形式介入，同时链接与其紧密相关的社区、其他机构、政府部门等外围环境的支持，注重系统内在要素之间的有机结合，嵌入式剖析问题与解决问题。

在实习中，笔者发现，针对服务对象开展的服务，不能单单归结为个案、小组或社区工作，而是需要把个案、小组以及社区整合起来，评估各种社会工作方法存在的优缺点，发挥各自的优势，充当好资源链接角色，从而更好地为服务对象服务。

五、总结

（一）研究总结

本研究中，大多数精神残疾者需要照顾者为其提供较长时间的照顾，而且照顾者多数为父母，都存在明显的“以老养残”特点，除承担自己与精神残疾者的生活费用外，还要负担康复者每月的医药费以及应对康复者病情复发的入院费用，担心病发时伤人还要承担相应的责任，照顾任务比较繁重，给照顾者带来的压力和负担比较大，这和文献回顾中一些学者的研究结果相类似。

繁重的照顾负担不仅会影响照顾者自己的身心健康，而且还会影响照顾者的工作、社交活动、家庭关系等。照顾者在照顾过程中很少有时间关注自己，也缺乏关注度，并没有相应的社会福利保障，照顾者由于各种原因只能孤军作战，独自承受各种重担。因此，为精神残疾家庭照顾者提供相应的支持性服务和帮助，缓解照顾者的压力和负担，加强对这一群体的关注，指导其采取恰当的方式来调整情绪，提供适当的时机和场合让其表达或发泄内心的感受是很有必要的。

研究了表明大多精神残疾家庭照顾者存在经济负担重、精神压力大、生活模式受到改变、身心健康状况变差、社交能力弱化的问题，有压力宣泄与情感支持的需要、人际支持与社会交往需要、工作医疗照顾需要、经济补助以及建立家属互助网络组织的需要，对各种资源与支持有较强烈的需求与期望。

本研究通过对精神残疾家庭照顾者进行的访谈以及向笔者实习所在机构的相关服务工作人员详细了解的情况，对照顾者的各种困难与压力进行整合，归纳照顾者较强烈期望的需求以及梳理目前他们的社会支持网络，运用社会工作介入服务，从个案、小组、社区等方法，链接相关政策资源，更好地构建家庭照顾者的社会支持网络，让他们以更健康的身心投入到照顾工作中，减轻照顾负担。更长远而言，本研究希望通过社会工作介入协助精神残疾家庭照顾者的社会支持网络构建，联合家庭照顾者的力量，发出他们的声音，从而影响政府部门对精神残疾者及其照顾者的关注度，在社会政策制定上能够更多地给予经济等方面的支持。

（二）社会工作服务方面的建议

1. 结合多方力量，构建照顾者社会支持网络

在资源供需不平衡的社会，残障人士及其家庭照顾者属于社会的弱势群体，他们面临的许多困难与压力都有一定的共性，对各种资源的需求也是相似的。但是由于自身的社会支持网络不健全，导致他们缺乏可以寻求帮助的途径与机构。社会工作可以运用个案、小组、社区等工作方法协助他们建立一个属于自己的自助组织或者互助网络，链接资源构建更健全的社会支持网络，将有共性的他们联合起来，提供分享经验与政策资源交流的平台，让他们彼此在情感上互帮互助，壮大家庭照顾者的力量，提升他们的正向生活能量，达到助人自助。

2. 提供家庭喘息、日间照顾服务

长期的照顾工作对照顾者的身心、社会生活和家庭生活带来各方面的影响。家属们也需要有个“喘息”的机会，不用担心自家的精神残疾者的照顾问题，能够出去见见朋友，做自己喜欢的事情。社会工作者能够通过链接资源、联系相关机构，开展相应的日间照顾、托养服务，为家属们的照顾工作“减负”，让他们能够得到短暂的休息，以更健康的身心投入到残障人士的照顾工作中，创造有利于精神残疾者康复的居家环境，从而促进社会的和谐稳定发展。

3. 积极推进以专业社会工作为主、志愿服务为辅的工作运行模式

志愿者在社会工作开展服务中有着不可或缺的重要性。笔者所实习的越秀区残联，4名社会工作者的服务对象是越秀区22条行政街道的残障人士及其家庭，相对于1名社工需要包揽5—6条行政街道几百户残障人士家庭，能够全身心帮扶一户家庭的精力是有限的，而志愿者正好辅助社会工作者为服务对

象提供服务，让志愿者和有需要的家庭形成对接，或一对一帮扶，组成长效互助机制，能够更好地服务残障人士及其家庭。

（三）研究的不足

一是研究样本数量较少，不具普遍性。本次研究对精神残疾家庭照顾者的访谈为8份，而开展的“与你同行”参与人员为5名，小组参与反馈表为5份，研究样本数量较少，有以偏概全的偏向，对家庭照顾者目前面临的种种困难以及需求评估不具普遍性。

二是个案服务中，笔者并没有完全参与，因此个案工作服务支持模块分析是残缺的。在进行的8户个案服务中，其中4户已经在笔者实习前就由社会工作者进行服务，笔者后期加入；另外4户笔者已参与前期的接案、服务计划制订以及服务实施阶段，但由于实习结束并没有完全进行到结案阶段，因而对个案社会工作介入这一模块的描述分析存在缺陷。

三是对精神残疾者以及家庭照顾者的相关研究文献主要来源于医学、护理学，较少来源于社会工作以及社会学。

参考文献

[1]韩燕红．脑卒中患者家庭照顾者抑郁及社会支持的纵向研究[J]．中华护理杂志,2011（2）：11-12.

[2]贺寨平．国外社会支持网研究综述[J]．国外社会科学，2001（1）：30-35.

[3]焦建余，冯云辉．脑卒中患者主要照顾者的生活质量及其相关因素[J]．中国临床康复，2005（5）：57-59.

[4]李敏惠．关于精神病人福利及照顾问题的研究综述[J]．科教导刊（中旬刊），2010（10）：15-23.

[5]丘海雄．社会支持结构的转变：从一元到多元[J]．社会学研究，1998（4）：23-31.

[6]宋立升．慢性精神分裂症患者家庭照顾者的心理状况及有关因素[J]．中国心理卫生杂志，1992（10）：3-7.

[7]唐咏．女性照顾者的压力与因应研究：基于深圳的个案[J]．社会工作，2006（12）:33-37.

[8]王丽霞. 脑卒中患者家庭主要照顾者照顾压力与照顾能力研究[D]. 福州: 福建医科大学, 2006.

[9]吴就君. 精神病人家庭照护者负荷的跨国文化解析模式（上、下）[J]. 临床精神医学杂志, 1996（4-6）: 12-15.

[10]王丽霞, 姜小鹰. 脑卒中患者照顾者压力的研究与进展[J]. 上海护理,2005, 5（3）: 54-56.

[11]杨红红. 脑卒中病人居家主要照顾者符合水平与社会支持度的相关性研究. 中国实用性护理杂志,2005（3）: 9-13.

[12]杨嘉玲, 孙惠玲. "照顾者负荷"概念分析[J]. 马偕学报, 1992（3）: 15-27.

[13]张红彩, 李峥. 精神分裂症患者家属感知病耻感的调查分析[J]. 中华护理杂志, 2009（12）: 22-26.

[14]张锦玉, 吕探云, 王君俏等. 脑卒中居家照顾者负荷的研究进展[J]. 护理学杂志, 2007, 22（23）: 65-68.

[15]Atchley. *Social Force and Aging* [M]. California: Wads worth Publishing Company, 1985.

[16]Anderson C.S., Linto J. and Stewart Wynne E.G., A population-based assessment of the impact and burden of caregiving for long-term *stroke* survivors[J].Stroke,1995（26）: 843-849.

[17]Berg A., Paloma KiH and Lonnquist J., Depression among caregivers of stroke Survivors[J]. *Stroke*, 2005（36）: 639-643.

[18]Harris, Dan R., *Aging Sourcebook* [C]. Vol.3, Detroit, MI: Omnigraphics, Inc, 1998.

[19]Hollinger L.M., Buschm and M.B., Factors influencing the perception if touch by elderly nursing home residents and their health caregivers [J]. *Int JNurs Stud.*, 1993, 30（5）: 445-461.

[20]House J.S.& K.R. Landis , Umberson D., Social Relation and Health[J]. *Science*, 1988（241）: 640-545.

指导教师 肖小霞讲师

第三部分　社工实践

用爱筑起希望之路

点点星光　重燃希望

复康之路

携手并肩　关注成长

一路有你陪伴

用关爱消除歧视

为何爱会伤人

坚强走我路

同行复元阳光路　社区家庭齐共融

走出一片天地

第二次退休

用爱筑起希望之路

|龚运玑|

一、案例背景

案主小彭（化名），男，22岁，精神一级残疾（精神分裂症）。

家庭情况：父母健在，一家三口住在广州市越秀区某街道。19岁时，小彭全身经常出现不明状况的伤痕，之后因无法控制而在父母面前出现自残现象，后来被送往精神病院，确诊为精神分裂症，程度为精神残疾一级。小彭父母由于照顾他而放弃了工作，父亲眼睛有斜视，最近也确定患有白内障；母亲由于长期在家照顾小彭而显得非常焦虑，失眠状况时而出现。

疾病情况：小彭刚开始发病时，经常乱打乱咬自己，父母就用麻绳把他捆住以防他伤害自己。小彭曾入住多家精神病院，确诊初期每天的药量达到40多颗，四年以来不断转换药物以缓解其病情，直至近一年才下降至20多颗的药量，但情况依然未稳定。小彭形容经常“有人骚扰”他，有时也知道自己伤害自己，但无法自控，严重时甚至伤害了自己之后也毫不知情。

经济情况：小彭父母原是广州纺织厂的工人，后因工厂转型而被迫下岗，孩子也在此时病发。小彭的家境原本还算宽裕。小彭从小就喜欢玩电子游戏机，父母由于能够承担便满足他。但自从小彭病发之后，小彭父母就把近乎所有家财花费在他的治疗上。现在单单是小彭主要服用的其中一种药片每月就要400元，致使小彭的家人不得不申请最低生活保障来维持生计。

二、介入思路

（一）理论架构

现实疗法（Reality Therapy）最初是由格拉瑟(William Glasser)在1965年提出来的，到20世纪80年代才逐渐完善起来。该疗法的精髓在于“要求个体接受自己的行为，并对自己的行为负责，从而帮助他们获得成功和快乐”。格拉瑟认为，正是因为不负责任才导致了问题行为或是精神疾病的发生，而“病”不过是不负责任的借口。现实疗法正是帮助当事人在现实世界中认识自己的责任，选择负责的行为，以正面积极的态度面对困难，解决困难，努力去满足自我的需求。

现实疗法在治疗精神疾病方面有以下特点[①]：

1. 现实疗法相对于其他一些疗法，不纠缠无法改变的过去，也不纠缠看不见摸不着的潜意识，而是着眼于现实行为和心理需求，因此更容易让来访者接受和认可；

2. 现实疗法又不仅仅是像行为主义最初的理论那样把人当作机器，只关注行为，而是注意到了人的心理需求，所以就不显得那么机械；

3. 现实疗法应该属于“认知—行为”流派，其理论简单易懂，它依赖于人的理智和逻辑，以问题为中心，所以这一疗法很容易被各种各样做“人”的工作的人所接受和掌握，能够广泛应用到学校、监狱、社区和社会上的心理服务机构。

（二）问题分析

刚开始接触小彭时，他比较冷峻，很少说话，对于社工的提问可能问三

①魏广东. 现实疗法讲义（Reality Therapy）[R]. 2010: 5.

句才会回答一句，这里面的原因归结为三个：一是案主每天需要服用大批量的精神科药物，以致反应、思维和精神状态都有不同程度的下降；二是四年来虽然案主妈妈经常带他外出，但由于接触的基本是他的家人，而跟其他朋辈的交往不是很密切，也不愿意让他的朋友知道他的现状，以致案主心里带有强烈的自卑感和无可奈何的情绪，所以多以消极的态度面对生活；三是个人性格和家庭环境。下面节选社工第一次探访小彭时，社工跟小彭及其家人的一些个案记录：

社工到了案主家，询问案主以往的情况，案主的父亲代为回答道："他（小彭）小时候就已经很内向了，他不会跟别人交流，最喜欢玩游戏机，成绩一般吧，小学时成绩还不错，升了初中之后可能是经常外出打游戏，成绩差了不少，但我们都只是说他两句，从来不会打他。怎么也没有想到，他读大专时突然就像发了疯一样。为了让他恢复过来，我们不知花费多少金钱了，别人的孩子已经快要出社会赚钱报答父母了，现在我们却还要照顾他。他这人，社会和家庭意识薄弱，我们经常对他说什么、教育什么，他都没反应，一有时间就去打游戏机。我真的不知道如何教育他，他又不主动跟别人交流，都不知道将来可以做什么。"

案主父亲说话的过程中，社工不时留意案主的表情，但自始至终小彭的表情都没有太大的起伏。

社工于是温柔地询问小彭："小彭，你是否知道父母为你的病付出了很多呢？"

小彭愣了一下，然后看着我低声说道："不知道啊。"

这是探访过程中的一个小片段，至少可以观察到，小彭从病发至今这个阶段跟家里人的沟通不是很畅通，家里人对小彭的期望很高，但从小彭冷漠的回答中，他似乎对父母的努力不太认同，同时因为案主父母长时间地照顾他，身心都已经很疲累，恐怕长此下去矛盾会越来越深。

三、介入过程

（一）个案目标

1. 与案主建立专业关系，使案主及其家人信任社工；2. 运用现实疗法介入案主的情况，改善案主生活及病情；3. 扩大案主的交友范围，提高案主的倾谈技巧；4. 提高案主的自信心；5. 发掘案主的兴趣，协助提升案主技能；6. 提高案主对社会和家庭的责任感，能够理解别人的付出，甚至能自愿为别人付出。

（二）服务过程

根据现实疗法的定义，人性有两个基本需要：对爱的需求和对自我尊严、自我价值、自我抱负的需求[①]。格拉瑟说："对爱的需求有多种形式，诸如：母爱、家庭的爱、婚姻的爱、朋友的爱。这种需求使得我们不断地在活动中寻求满足。而对自我尊严、自我价值、自我抱负的需求是指我们对自己和他人都觉得有价值。尽管以上两种需求是分开的，一个人若爱他人并且也被他人爱通常是一个有价值的人；反之，一个有价值的人通常是一个爱他人并且也被他人爱的人。"现实疗法的关键是帮助病人满足这两种基本需求，其治疗重心是现时现地，而不像精神分析那样注重过去。

因此，社工在第一次探访即刚才遇到冷场之后，有了以下的对话：

"小彭，我想问你，你每天的饭菜是谁为你做的呢？"社工依然保持微笑问道。

①张源侠．现实疗法与精神病康复[EB/OL]．2004．http://www.soonup.com/bbs/thread-1472-1-1.html.

“妈妈。”小彭还是冷冷地回答。

“妈妈的饭菜怎么样呢？”社工紧接着问。

“一般吧。”小彭依然故我。

“我想问，小彭最喜欢吃什么菜呢？”社工想更多地关心和了解案主。

“都无所谓，可能是煎午餐肉和香肠吧。”小彭想了一会儿回答社工。

“那么妈妈会经常煎午餐肉和香肠给你吃吗？”社工想让案主思考一些看似简单但包含着情感的事情。

“经常。”小彭的话有些迟疑，并且眼神离开了社工而往下看。

“嗯，相信小彭你已经明白我问你这些话的原因了。你妈妈每天有各种各样的家务劳动，还要照顾你，留意你是否会出现什么突发状况。你妈妈知道你最喜欢吃什么东西，所以都会有意无意地为你去准备。就像我，我妈妈知道我最喜欢吃鸡，所以很多时候都会煮给我吃，我知道我妈妈真的很爱我。”社工专门在“爱”字上提高音调，而且是发自内心的自我披露。

小彭的妈妈情绪有些起伏，社工话题一转说道：“虽然小彭暂时还未能完全康复，但根据我所知道和观察到的信息，小彭已经在你们（父母）的悉心照顾下，有一个很好的恢复势头。你看，小彭以前需要服用40多颗药，现在已经降到20多颗。”

小彭的母亲忍不住插话说：“对啊，以前每次的药量真是惊人啊！”

社工微笑地看着小彭的母亲接着说：“这不就是你们和小彭努力的成果吗？还有小彭，以往他一出现‘状况’就会立刻伤害自己，刚才听妈妈说，现在有‘状况’只要不断呼叫他的名字，让他恢复神智，再分散他的注意力就可以了，现在已经甚少出现伤害自己的情况了，不是吗？”

小彭母亲有力地说道：“是啊，以前我们都不知所措，现在慢慢知道他可能在变化，所以提前会分散他的注意力。”

社工提高音调，笑容更灿烂地说：“这就是了！有赖你们的悉心照顾和小彭的意志，这四年的艰难日子已经过去了，接下来的路虽然也有崎岖，但

有了之前的努力和日后的方向，我会尽自己能力帮助小彭康复，而更重要的是你们的照顾，我有信心小彭会好起来的。”

社工眼神突然转向小彭处，真诚地询问小彭：“小彭，你有没有这个信心啊？”

小彭先是愣着，然后勉强地回答：“有。”

社工跟小彭以及小彭父母的交谈，正是在现时现地让病人认识到自己的两个基本需求——爱与自我价值的缺失状况，并立即行动起来去改变目前的状况。这是现实疗法的关键所在。

现实疗法的第一个步骤是投入。所谓投入就是真心实意地关心他，可以像最好的朋友一样无话不谈。社工和案主之间可以找任何共同感兴趣的话题展开讨论。当社工能够让案主笑起来，彼此之间的初步信任就可以建立起来。社工的第一个尝试就是运用自己命名的一个疗法——“扑克疗法”。社工的考虑是，通过一起玩扑克牌，既能观察到更多的信息，也是作为日后长期服务的大破冰。探访当天，刚好小彭和他父亲都在，社工就提议玩“斗地主”。这个扑克游戏既可以活跃小彭的思维，减少药物对小彭思维的影响，同时能增强小彭和他父亲的交流。游戏过程中，可以见到小彭和父亲有不少的交流，不像小彭父亲之前说的：“这孩子都不懂得表达，讲什么他都没反应……”而且在游戏中可以看出小彭对胜利的喜悦和追求，比如他会说“怎么要跟呢，我可以赢地主的，做农民（游戏里的角色）的要合作”等怪责父亲出错牌的话，又会用表情表达自己出错了，气氛比第一次探访好了很多，也让社工更肯定小彭是一个会表达的人，对胜利和康复依然抱有期待。之后经过不断的交谈，话题从小彭的身体状况到最新电影，从家里的小狗到小彭最爱的电玩，一步一步地与小彭建立了关系，建立起友谊。

上文已经述说了，现实疗法相对于其他一些疗法并不讨论患者的过去，也不参与患者的自我分析。在倾听患者的自我叙述后，社工只要坚定地把话题转向对患者当前行为的探究。“你目前正在做什么？”这是现实疗法最核心的问题。为此，社工和小彭共同制订了一个计划——“乐活之家”。设计这个“乐活之家”工作坊的出发点是小彭正在康复阶段，经常在家闲坐或打游戏机，既没有妥善地运用时间，又影响与父母的关系，所以为了加强小彭对家庭的责任感，同时让小彭自我发掘在家里可以做更多有意义的事情，就定期布置工作任务，让小彭与家人、社工一同完成。

具体操作如下：运用“头脑风暴法”，让小彭说出在家里可以做的事情。经过小彭的自述或社工的提点，最后得出包括扫地、拖地、煮食、上网、帮小狗冲凉等16件“在家里可以做的事情”。社工再让小彭自己选择哪8件事情是他“最喜欢做的”，哪8件事情是他“最不喜欢做的”。这些步骤在相互尊重和自愿的原则下进行。之后，社工就动员小彭实施这个计划：

社工突然认真地对案主说：“好的，小彭，从这次探访开始，我会布置一些任务让你去完成，所有任务都是根据你刚才想出来的这16件事情。我现在就立一个契约，以一周为期限，任务就是完成8件事情，分别是你刚才提出的头4件你‘最喜欢的事情’和‘最不喜欢的事情’，每次完成任务都要填写任务记录，我会安排你妈妈作为监督，证明你是否有完成任务。假如你没有完成，惩罚的话……就是请我喝汽水以及不能玩游戏机一天。”

案主没有给予反应，于是社工接着说：“那么，小彭你愿意接受这项挑战吗？”

案主拿着刚才自己写的这份清单，露出不满的表情说：“那么你就是让我做我不愿意做的事情咯？”

社工事前已经估计小彭有可能出现这样的反应，于是耐心地对他说：“小彭，你的话有对的地方，但不是全部。首先，这里面不全是你不喜欢做的事情，也有你喜欢做的事情，我希望你记录的不只是不喜欢做的事情，还有喜欢做的事情。另外，我问你一句，这4件你不喜欢做的事情，你记得你曾

经做过多少次呢？”

案主想了一下，轻声地回答：“没有多少次。”

社工接着说：“那你没有做多少次，怎么知道自己真的不喜欢做呢？何况你每天在家里休养，你看到你父母每天都在做你觉得无趣的事情，难道他们是因为喜欢做才去做的吗？小彭，我只是希望你可以做一次尝试，老实说，我可以让伯母配合我来要求你怎么做，但我没有这样做，而是给予你自由去选择自己要做的事情。而且你做这些事情带着怎样的态度我也是控制不了的，所以，你做这个尝试最终都是对自己负责的。我再问你一次，你愿意跟我一起做这个尝试吗？”

案主想了一阵子，问社工：“每周只要做一次吗？”

社工见案主软化了，很高兴地说：“我没有说多少次，你喜欢做多少就做多少。”就这样，小彭接受了这个工作坊。

社工于是跟小彭订了契约，列明任务的内容、期限、要求、奖惩，并且附上任务时间表，列明哪个时间，案主做了什么事情，持续了多长时间，还有怎样的感受等。格拉瑟认为订契约可以帮助患者消除惰性，并在执行契约的过程中感受到社工的关怀。“乐活之家”计划符合现实疗法对于制订计划的要求，清晰，简明扼要，具体可行，而且不会有让案主陷入挫败的可能。格拉瑟讲过：“这个行动计划必须足以使患者做出一些改变，哪怕是一点点改变，但千万小心不要让患者陷入挫败的可能。”

接下来的3周，小彭很自觉地完成了上一周布置的内容。之后，内容从以往的“4＋4”变成后来的“3＋5”，小彭需要取舍一件“最喜欢的事情”，增加一项“最不喜欢的事情”。最终小彭选择的“最不喜欢的事情”是“煮食”，这有些出乎社工的预料。而在一周之后，看着小彭自己填写的任务记录，社工很是满意，决定履行契约奖励小彭。契约中列明，当小彭自觉完成任务一段时间，社工就会带他出去玩一款他心仪已久的游戏机。社工了解到一家社工中心有该款游戏机，所以事前已经联系了对方。那地方离小彭家不远，才三四个车站距离，但这是社工第一次跟小彭和他母亲出门，心情难免有些紧张。小彭妈妈虽然很感谢社工带他儿子出去，但听到是去玩游戏机，心里有些不解，因为小彭在家里最常做的就是打游戏机，她希望社工带他出去做做运动或者结识更多的朋友。社工这次带案主玩游戏机有三个理由：一是带他去玩游戏是信守契约的承诺，他已经完成了社工布置的任务，社工就需要按照规定奖励他；二是家长普遍觉得打游戏机是浪费时间，是导致小孩子颓废的祸害，但他们从来就没有尝试过玩游戏机，没有亲自感受打游戏机也有乐趣和获益之处；三是既然小彭喜欢玩游戏，那么他交友的方式和谈资就是游戏，在游戏当中也能够结识到好朋友。

最后结果显示，带他到社工中心玩游戏机比社工预期收获得更多。这天下午，小彭不单玩到了游戏，还与该中心的其他参与者有了交流，社工看到他会把自己的位置让给小朋友去玩。而小彭的母亲，也认识了一些同年纪的阿姨，一起谈跳舞，谈儿子，谈超市特价，比起在家里那个为小彭忧心忡忡的小彭妈妈，在这里她只是当中的一名普通母亲，社工认为，对她而言，这一定是小彭出现状况以来最大的希望。

那天的外出活动，小彭给予了很高的评价："还好。"据小彭妈妈说，这已经是很不错了。外出活动后的下一周，社工上门跟小彭和小彭的母亲开了一个分享会，社工问小彭是否愿意下次一起出去，但不是玩游戏而是出去游玩或者做运动之类的，小彭表示"可以啊"。这天探访，社工了解到小彭的病情有些反复，很久没有出现的自残情况再次出现，小彭妈妈非常焦虑，情绪也比较起伏，倾谈中出现了"想放弃""很累很辛苦""给家里人和外人白眼"等消极的词句，社工也及时安慰小彭的妈妈。

小彭的妈妈最后说道："妈妈现在已经渐渐衰老，身体状况也大不如前，如果再过十年你还是没有任何长进，妈妈可能就要考虑放弃你了。"案

主的母亲说到最后一句时声音已经明显颤动了。

“十年后我已经康复了！”案主突然斩钉截铁地说道。

“既然小彭这么有信心，阿姨，我们一起努力，继续循序渐进地帮助小彭康复好不好啊？小彭，你有没有信心能够康复啊？”社工找到突破口，立刻询问案主。

“有。”案主虽然一如既往地以陈述口吻说着，但眼神似乎比以往哪个时刻都坚定。

小彭的信心使社工调整了小彭的工作任务，重点不再是让小彭帮助母亲做家务，承担家庭责任，而是回归到小彭本人，让他思考“假如日后康复了，你希望可以做什么事情”这个话题，从自身出发得出答案，社工再就此帮助小彭达成愿望。在上一次的探访当中，社工跟实习生一起实施了这个方案，姑且命名为“乐活之家2.0”。

“小彭，我记得当时布置你完成这些任务（契约里的工作任务）时，你曾说‘那么你就是让我做我不愿意做的事情咯’，还记得吗？”社工温柔地询问案主。

“记得。”案主很快做出回复。

“很感谢你之前对工作任务的配合与尊重，现在你看着自己的工作任务记录，再回想起当初说过的自己不喜欢做这样的工作的话，是不是很骄傲自己能够把自己不愿意做的事情做出来呢？通过这几周的工作，你感受到妈妈为你付出的很多精神和力量了吗？”社工把话题联系到父母的付出上。

“知道。”案主回答得很肯定。

“太好了，既然你认识到父母的努力并不是理所当然之后，那么之前的契约就宣告结束了。从今天起我们开始一个新的工作任务。上次过来探望你时，我记得你对妈妈说过‘十年后我已经康复了’，有没有错呢？”社工继续询问。

“是的。”案主回复说。

“既然你有信心十年以后会康复，那么你有没有想过假如康复之后，你希望可以做什么呢？”社工问道。

案主一时无法回复。

“之前没有想过是吧？”社工再问一次。

“没有哦。”案主尴尬地回答。

“好的，”社工打开之前记录工作任务的小册子新的一页，“我给一个星期的时间，让你在上面写你所希望做的事情，我们再按照你的想法帮助你达成愿望，可以吗？”社工用笔指着空白页。

“好的。”案主回应道。

虽然新的工作安排还没有最终确定，但社工对小彭和这个计划充满信心。

四、介入结果

其实，现实疗法最担心的是案主出现放弃、挫败的情绪，无法坚持执行过程中社工安排的一些任务。但由于任务启动之前，社工向小彭做了详细的解释，更重要的是落实任务的过程中都有小彭的参与，所以工作任务的难度是在小彭可操作范围内的，小彭是完全有能力去解决的。而小彭在完成任务的过程中都很认真地记录任务时间。特别让社工意外的是，那次带小彭外出玩游戏之后，社工跟小彭说放他“一周假”，不用完成任务。但一周之后社工上门服务，试探性地询问他有没有在社工没有要求下完成任务，他说有给家里的小狗洗澡，原因是它看起来很脏。这对于以往从来不会主动做家务的小彭来说，实在是不小的进步。而社工在运用现实疗法的过程中，也做了稍微的改良。如现实疗法是要求不能惩罚的，但社工在设计工作任务，订立契约时添加了惩罚这一项。社工做出这样的调整，是出于小彭不像其他案主，曾饱经挫败，据社工观察小彭具有相当大的惰性，假如遵照现实疗法的要求，无论案主对于契约内容实施与否都要表示鼓励，而不加入惩罚会令小彭贯彻执行任务的决心下降，所以社工进行了改良，以适应小彭的情况。另一方面，上述服务开始时，小彭对父母为自己、为家庭所做的努力表示“不知道”，但上一次上门服务时，可以从小彭的口中听到“知道”二字，这对于小彭的家人来说是非常大的鼓励。相信只要小彭认识到父母一直的付出以及社工安排的工作是为了帮助他，他的生活态度以及对他人的理解都会得到升华。

五、社工反思

正如上面所述，新的工作坊“乐活之家2.0”是接下来的重要工作内容。由小彭自己决定未来的发展，再通过社工和小彭家人协助他达成愿望，相信能够作为日后一个长远的工作安排。其他方面包括继续加强小彭与家人的沟通，扩大小彭的交友范围及提高交流技巧，强化小彭的礼貌及感激他人付出的态度，关注小彭家人的身体和心理健康，关注小彭的精神状态和康复进度，争取开办小组活动等等。继续沿用现实疗法或改良后的现实疗法，帮助小彭有步骤地进行康复。

点点星光　重燃希望

|陈耀龙|

一、案例背景

案主阿星，男，43岁，精神三级残疾。

家庭情况：案主现独居在二姐的单位宿舍。案主排行第四，是家中最小的，有两个姐姐、一个哥哥。父母及其哥哥均已死亡。阿星主要由二姐照顾，有时楼上的邻居会下来帮忙，而大姐是完全忽视他的。

二姐的情绪不稳定，每当诉说与阿星有关事宜，特别是其大姐完全忽视阿星一事，常常不能控制情绪，多次落泪，甚至哀求社工寻求政府的帮助。

疾病情况：阿星患有肺结核、遗传性糖尿病，每天需打三次胰岛素。阿星已有10多年的肺结核史，一直没有得到持续有效的治疗，并且还患有精神分裂症，有幻觉、被害妄想症状。阿星能按时服用精神科药物，并能独立完成胰岛素的注射，日常生活能自理。

二、介入思路

（一）问题分析

1. 个案表面的问题

经与案主及其家属交流、面谈，初步分析得出案主表面的问题是：

（1）目前，最为紧迫的是协助服务对象到指定医院进行检查，查实肺结核病情及传染情况；

（2）家属需情绪疏导、支持；

（3）经济问题，主要是医疗费用来源。

2. 个案潜在的问题

社会支持网络缺乏。

3. 个案辅导的目标

（1）联系相关医院对服务对象的病情进行检查、治疗；

（2）疏导家属情绪；

（3）构建社区资源支持网络。

（二）服务计划

社会支持网络指的是一组个人之间的接触，通过这些接触，个人得以维持社会身份，获得情绪支持、物质援助和服务信息，并与新的社会接触。依据社会支持理论的观点，一个人所拥有的社会支持网络越强大，就越能够更好地应对各种来自环境的挑战。对那些社会网络资源不足或者利用网络的能力不足的个体，通过干预个人的社会网络，协助他们拓展社会网络资源，提高其利用社会网络的能力，进而改变其在个人生活中的作用。

由于社会弱者是一个在社会性资源分配上具有经济利益的贫困性、生活质量的低层次性和承受力的脆弱性的特殊社会群体，因此，弱势群体容易遭受社会风险，也最容易造成社会的不稳定，影响社会发展。社会支持理论为各种社会形态对社会弱势群体即社会生活有困难者所提供的无偿救助和服务。这种救助和服务既涉及家庭内外的供养和维系，也涉及各种正式与非正式的支持与帮助。它不仅仅是一种单向的关怀或帮助，在多数情形下是一种社会交换，借助于社会支持的概念理论来认识社会弱势群体社区支援综合网络。社会支持理论认为社会支持的客体是社会弱者，社会弱者包括生理性社会弱者，如残疾人、老年人和处境困难的儿童等。针对弱势群体存在的各种社会问题，社会支持理论指导社工提供社会工作服务。社会工作服务是一种正式的社会支持网络，在工作过程中可以发挥两个作用：一方面，以其掌握的社会资源为受助者提供直接的帮助，以满足受助者当前比较紧迫的需求；另一方面，协助受助者补足和扩展其非正式的社会支持网络，提高建立和利用社会支持网络的能力。

三、介入过程

（一）介入初期的情况

社工多次上门探访，运用同理、鼓励等沟通技巧，主动接触、关心阿星及其二姐，了解其情况，逐步建立专业关系。在与二姐接触的过程中，发现二姐对有关免费治疗肺结核的政策非常不了解。社工主动联系市结防所一分所，免费为阿星进行肺结核检查，并提供了有关免费治疗肺结核优惠政策的信息，希望二姐可以亲自陪同阿星到指定医院进行检查。

阿星由于精神障碍，认为那里的医生虽然是好医生，医术高明，但那里是没有药物的，没有药，医术再高明也不能治好病。由于案主的病多年来都没有大的转变，也没有太严重的情况出现，故案主及其二姐都有松懈的情况。另一方面，案主自述，从他母亲口中得知，那些结核所其实就是一个细菌制造所，是专门研究细菌的，里面的人是很厉害，不过只有得了重病的人才会去那里治病。案主认为自己的病情很轻，只有天气冷才会咳嗽，到了八九月，天气暖和的时候是没事的，因此是不能去这些地方的。此外，二姐向社工诉说案主的情况时常常不能控制情绪，多次痛苦流泪，情绪波动大。为此，社工运用正向心理训练，引导二姐学会寻找快乐，日常生活的点点滴滴是有意义的，生命是充实的。

（二）介入中期的情况

鉴于阿星拒绝到医院检查，坚持认为市结防所一分所不具备开药及治疗的功能。对此，社工运用寻解导向理论指导，灵活运用奇迹问句、例外情景问句，引导阿星逐渐改变观念。2011年4月19日，阿星在社工和二姐的引导、陪同下到广州市结核病防治所一分所进行有关肺结核的检查，其中包括胸透、三次痰片检查、照片、验血，检查结果显示，阿星确实患有肺结核，而且是Ⅲ型浸润型肺结核，具有传染性，且肺部有阴影，密度不均，双上肺穿孔。鉴于阿星患有三级精神病、Ⅰ型糖尿病，且已有十多年的肺结核病史，病情严重，医生建议案主住院以进一步诊治，并及时观察药物的使用效果。但由于阿星情况特殊（既是精神病患者，也是肺结核患者），且市结防所一分所不提供住院服务，而其他有治疗肺结核资质的医院普遍不愿意接收患有精神病的患者，而专门治疗精神病的医院暂未有资质、条件治疗这种具有高度传染性的患者。阿星的医疗进程突然走进了死胡同。

（三）介入后期的情况

社工经过与阿星二姐协商，决定寻求政府的帮助。社工把阿星的相关情况、医院检查证明反映给越秀区残联理事长，得到残联理事长的高度重视与支持。在理事长的协调下，社工邀请了越秀区疾控中心、案主所属街道办一起协商解决案主的医疗救助问题。经过四次协商会议，越秀区残联与越秀区疾控中心、街道办达成共识：一定要把案主送去医院住院治疗；社工做好联系工作，疏导案主及家属的心理情绪；街道方面与市胸科医院协调接收，尽量解决案主的医疗费用报销问题；越秀区残联特批5000元康复经费给予案主家庭作为治疗费用及住院押金。

四、介入结果

阿星终于可以住院治疗，二姐十分欣慰，笑容跃然脸上。社工通过与街道残联、民政办、居委会的联系，陪同二姐亲自办理各种手续，认识、熟悉社区可运用的资源，逐渐为阿星建立了一个社区资源支持网络，各相关部门负责人均表示会经常关注阿星的情况。

五、社工反思

有时候，社工要做的不仅仅是情绪的宣泄、心理的辅导，更重要的是为服务对象联系、协调资源，充分利用资源以解决服务对象的实际问题。如何更好地与政府相关职能部门打交道，协助服务对象申请到适宜的资源等都值得我们不断深思、学习。

复康之路

|李淑恩|

一、案例背景

案主小t（化名），女，37岁，精神病患者。

家庭情况：案主无业，只有每个月从工疗站获得的约200元的补助及低保金、住房补贴；丈夫为社区保安人员，每月工资600元，家庭经济收入低，为低保家庭；有一女儿读小学；夫妻感情较差，经常发生口角或肢体上的冲突，家庭矛盾激烈，生活较为艰苦。

疾病情况：案主在精神病院治疗出院后，由于服用的药物有副作用，影响到她的一些生理上的功能，如：会经常觉得没精神，或没有月经到来，或口干等。案主在2010年底开始逐渐拒绝服用精神药物，伴随而来的是案主幻觉幻听的情况越来越严重，开始出现失眠、食欲下降、注意力不集中等状况。受到这些病情的影响，案主开始不停怀疑丈夫有外遇，或者丈夫在身旁骂她，甚至怀疑有人要毒害她，导致不敢吃东西，也不敢睡觉。案主由于较少进食及休息不足，曾在工疗站因血糖低晕倒。

家庭关系：案主与父母的关系尚好，但父母认为嫁出去的女儿就如泼出去的水，加上父母与丈夫的关系不好，所以父母很少与案主来往，案主偶尔会到东莞探望父母，父母偶尔会给予案主金钱上的资助。

案主与丈夫的关系较为恶劣，与女儿的关系尚好，女儿较为关心案主。案主丈夫的妹妹，对于案主的一家也较为照顾，过年过节会送一些礼品给案主一家。

社交情况：案主与工疗站的学员及老师关系较好，会向老师诉说自己心中的郁结，偶尔跟学员到附近走动。邻居较多都是一些租户，与邻居的关系一般。

支援网络：

（1）家庭系统图

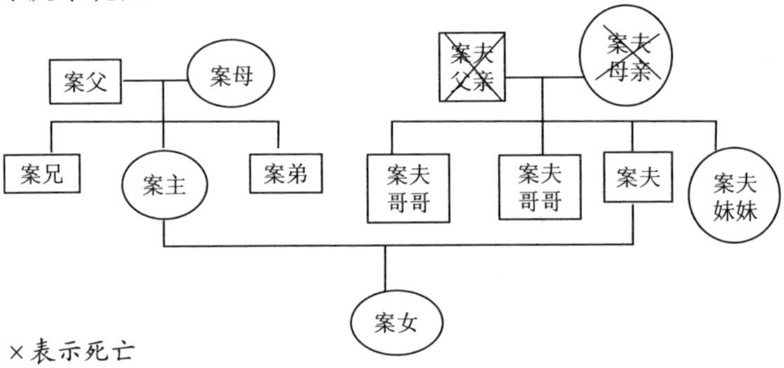

注：×表示死亡

（2）家庭关系图

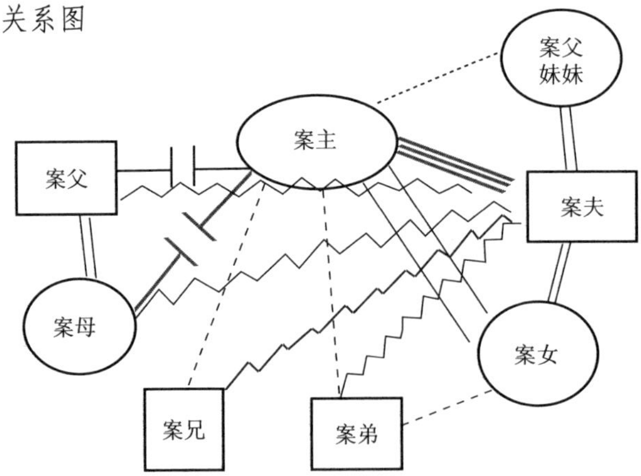

注：图中线条符号意义

- 关系疏离
- 正向关系
- 正向亲密关系
- 过度亲密
- 冲突关系
- 纠葛关系（既亲密又冲突）
- 沟通中断

案主是家中唯一的女儿，从小就感受到父母重男轻女。在案主还没有结婚之前，与父母的关系尚可，但自从案主结婚后，父母经常会在案主的耳边表达对案夫的不满，并且在案主生育小孩的时候，案母曾经与案夫发生很强烈的冲突，并导致案母没有再和案主一家居住。案主的哥哥、弟弟都认为案夫没有照顾家庭的能力，对案夫较为不满。在案主曾有外遇、发病的那段时间，案夫与案主的原生家庭发生很强烈的冲突，之后很少往来。案主自从有外遇后，与案夫的关系既亲密又冲突，案主感情上很依赖案夫，案夫也依靠案主照顾女儿和家庭，但对案主曾有过外遇以及目前经常怀疑自己感到很气愤，彼此经常发生冲突。案主的女儿从小感受到父母亲的吵闹，但与案夫或者案主都有正向的沟通，案主和案夫都较为疼惜女儿，将女儿视为自己的希望。

（3）社会支持系统

街道的工疗站老师较为关心案主的处境，给予案主政策福利上的援助，并疏解其情绪；案主在读书的时候认识几个较好的同学，时有走动；残联及“阳光家庭”计划提供服务。

二、介入思路

案主在精神病的影响下，会产生幻听幻觉、病态妒忌等行为，而这些行为严重影响着她与丈夫的相处，使得原本已经有所抱怨的丈夫变得更加有怨气，而案主的这些行为是受她的生理因素影响的。所以要解决案主的问题，第一步要先说服案主接受正规的治疗。

而案主会拒绝治疗，一是源于药物对其造成的生理上的影响，使得她不舒服；二是害怕再次被送进精神病院，曾经的住院经历使得她较为害怕；三是害怕高额的治疗费用，家庭无法负担；四是案主的家庭曾听说过，送入精神病院治疗第二次后，就再也不能够出院了，即使出了院也会变得痴痴呆呆的。

案主以及案主的家庭被一些非理性的情绪困扰着，而这些非理性的情绪使得他们没法正确地、正向地看待精神病以及精神病的治疗。提出认知行为疗法的贝克认为："适应不良的行为与情绪，都源于适应不良的认知。"认知行为疗法认为治疗的目标不仅仅是针对行为、情绪这些外在的表现，而且得分析案主的思维活动和应付现实的策略，找出错误的认知加以纠正。认知评估或信念对情绪反应或行为有着重要影响，非理性或错误认知导致异常情感或行为，而不是事件本身。根据这样的理论分析，需要改变的是案主在幻觉幻听影响下的情绪，以及这情绪背后的中介信念、核心信念，从而引导案主正确地看待精神病的治疗，最终愿意接受治疗。

（一）介入理论

认知行为疗法认为：人的情绪来自人对所遭遇的事情的信念、评价、解释或哲学观点，而非来自事情本身。所以其治疗的目标不仅仅是针对行为、情绪这些外在的表现，而且要分析病人的思维活动和应付现实的策略，找出错误的认知加以纠正。它有一些常人的认知和行为技术，包括认识自动思维、列举认知歪曲、改变极端信念或原则、检验假设、积极的自我对话、三栏笔记法、等级任务安排、日常生活计划、掌握愉快的评估技术、教练技术等。

这次个案的过程中，社工尝试运用这个疗法的技术来对案主进行辅导，纠正案主的非理性情绪。

（二）介入目标

1. 为案主提供情感支持，让其宣泄负面情绪；
2. 为案主的治疗寻找合适的社会资源；
3. 减轻幻觉幻听，减少夫妻间的冲突；
4. 引导案主自我觉察和反馈，识别非理性情绪；

5．改善案主的思维模式，减轻案主及其家人对住院和治疗的焦虑，能够接受正当的治疗。

（三）介入策略

1．聆听案主在精神病的影响下，在幻觉幻听的干扰下的感受，协助案主抒发情绪，与其建立信任关系，签订服务协议及制订服务计划；

2．探讨案主自行有效地减轻幻觉幻听的办法；

3．了解案主对于住院治疗或者服药治疗的感受，并引导案主说出在这些感受下，她自己会有怎样的行为，自己如何看待自己这些行为，当时是怎么想的等等，进而引导案主自我察觉和反馈，识别哪些是自己在治疗问题上的非理性情绪；

4．对非理性情绪进行辅导，了解背后的核心信念并动摇信念；

5．协助案主重新建立一个较为正向思考的方式；

6．链接住院治疗的资源，了解住院费用报销的政策；

7．与案主的家人面谈，征得家人同意，将案主送到精神病院治疗。

三、介入过程

（一）第一阶段

协助案主抒发情绪，与其建立信任关系，签订服务协议及制订服务计划。

1．工作重点及专业行动

社工在案主拔刀的事情发生的时候，即刻与家人一同安抚案主的情绪，引导案主有规律地深呼吸，等第二天案主的情绪相对稳定的时候，再与案主约见一同外出。在外出游玩的过程中，社工借机问及案主拔刀的事情，首先肯定案主当时是尽了很大的努力去克制自己的，并在过程中未造成任何人员伤害，同时社工也肯定案主是不愿意伤害任何人的，会有这样的行为是有一定的原因的，从而引导案主告知社工当时是怎么想的，有什么感受，是什么导致她拿出刀子来。案主告知，其实昨天自己是很不愿意来面谈社工的，因为她听到有个声音在说不要到那里去，但案夫偏要拉她来这里，当时自己也是很不愿意的，但控制不住自己，所以才导致这样的事情发生。事后她也觉得很内疚，并向社工表示歉意。社工再次引导案主思考是什么原因导致她如此，有什么办法可以防止这样的事情再次发生。案主表示自己回去会尽量吃药的。

社工在得知案主的行为动机后，也约见了案夫，了解案夫在这件事情上的看法，并告知案夫案主的精神状况，可能再如此下去，会对他们的家庭带来严重的影响和危机，建议案夫作为照顾者，负责好将案主送到医院接受治疗。案夫对此也有担忧，社工了解案夫的担忧是什么，并与案夫确定好初步的跟进协议。

2. 对象的变化情况

案主多在外面走动，幻觉幻听的现象有所减轻，精神状态较之前好转，会进食和对答。

（二）第二阶段

减轻案主幻觉幻听的程度，联系治疗资源。

1. 工作重点及专业行动

发生那事后，社工马上跟街道的工作人员沟通，争取免费的床位或者有补贴的床位提供给案主治疗，并马上向残联汇报情况。

在街道与残联为案主的床位进行沟通的时候，社工针对案主的幻觉幻听情况进行面谈辅导，引导案主回顾在什么情况下幻觉幻听的情况有所减轻，在幻觉幻听的影响下，自己的情绪会怎样受到左右。案主表示在听音乐或者在外面走动的时候，幻觉幻听的情况有所减轻，于是社工鼓励并偶尔陪伴案主多走动，也鼓励案夫有时间多陪伴案主到处走动，案主还自行购买了一个

MP3，经常放歌给自己听。

2. 对象变化情况

案主在那段时间的情况相对比较稳定，虽然还会将刀子带在身边，但再没出现类似拔刀的现象。案主开始较之前多进食，身体也长肉了。

（三）第三阶段

与案主及案主家人面谈，了解其中的核心信念，辅导正确认知治疗。

1. 工作重点及专业行动

社工通过与案主面谈，了解案主对于治疗的看法，案主告知其在精神病院的经历，她觉得那是一段很可怕的经历，所以她不希望再次回到精神病院治疗，同时她自己也担心再次进精神病院，会被医生治疗得更加严重。而这段时间，社工明显地感觉到案主的幻想有所加强，在电话中多次提到有人要陷害她，并且据其女儿告知，案主会半夜醒来，并将女儿叫醒。社工尝试再次与案主一同去参观一下现在的精神病院，从而减轻案主的恐惧，案主刚开始是答应的，但后来又拒绝，多次都未能约到。

在对案主进行辅导较难的时候，社工转而辅导其丈夫，希望丈夫能够从关心女儿，减少干扰的角度出发，多关心案主，并通过行为认知疗法，尝试通过鼓励丈夫参加精神病家属会议，多了解精神病以及精神病的治疗，从而动摇丈夫对精神病治疗“越治疗越痴呆”的想法；并且密切配合丈夫联系案主的父母，并从父母的口中了解他们对于将案主送到医院治疗的意见，从而再动摇丈夫害怕案主父母埋怨他的信念；接着密切跟进相关的医院以及福利补贴，帮助案主家庭解决医疗费用的担忧。

2. 对象变化情况

案主的幻想情况不稳定，时而严重，时而减轻，并且开始逐渐拒绝与社工进行面谈。

丈夫对于精神病的认识加深，并且认识了其他一些精神病家属，感觉有所支援，心情有所放松，并且开始主动联系案主的父母，沟通关于案主的病情问题以及相关的治疗费用，最后基于对女儿的安全担忧，丈夫最终同意将案主送到精神病院接受治疗。

（四）第四阶段

联系街道、医院等部门，协助办理入院治疗，安抚案主的情绪，让其家人愿意将案主送入医院治疗。

1. 工作重点及专业行动

社工协助街道沟通好各方关系，与其家人一同将案主送到精神病院接受治疗。但社工担心这会对案主女儿的情绪或认知造成影响，于是社工在案主被送入医院治疗后，辅导其女儿的情绪和认知。女儿在案夫的引导下，也开始逐渐理性地认识案主住院治疗的事情。

2. 对象变化情况

案主被送到医院接受治疗，情绪激动并反抗。

（五）第五阶段

到医院探望案主，并了解案主在医院的治疗情况，同时告知案主社工因工作原因将其转介给其他同工。

1. 工作重点及专业行动

与丈夫、女儿一同到精神病院探望案主，向医生了解案主在医院治疗的情况，也向案主了解在医院与其他人相处的情况，案主表示医院每天都打针，她很害怕打针，其他的地方都没有太大问题。案主表示在医院较闷，社工鼓励她可以多看看书。

社工告知案主因工作岗位安排的原因，将不再接手她这个个案，她的个案将由其他的同工跟进，并介绍同工给她认识，梳理案主的情绪，协助同工与案主建立良好的沟通关系。

2. 对象变化情况

案主对社工表现出不舍的情绪。精神状况有明显的改进，并写信交给丈夫和社工，信中表达了自己在那段发病时间的感受和想法，希望获得我们的原谅。

四、介入结果

（一）介入成效

1. 案主得到了正规合适的治疗；

2. 改变案主家人对精神病及住院治疗的非理性认知，并最终愿意将案主送到精神病院治疗；

3. 联系街道残联，为案主送医院治疗找到合适的资源。

（二）服务对象改变情况

案主在辅导的过程中，幻觉幻听曾经有所减轻。案主接受了正规的治疗，并在治疗后，思维较之前清晰，开始通过写信的形式与社工和丈夫沟通。丈夫对精神病有了更加全面的认识，并认识了其他精神病的家属，获得了心灵上的支持。

（三）个案目标达成情况

1. 为案主提供情感支持，案主得以宣泄负面情绪；

2. 已经联系街道残联，为案主送入医院治疗找到合适的资源；

3. 在跟进过程中，案主的幻觉幻听在一段时间内有所减轻，但案主夫妻间的纠纷和冲突由来已久，并且较为激烈，社工暂时未有能力提供更好的辅导服务，冲突依然存在；

4. 案主幻觉幻听的情况较为严重，思维较为混乱，尚未能够成功地引导案主自我觉察和反馈，识别非理性情绪；

5．未能改善案主的思维模式，但通过面谈以及鼓励其参与一些活动，减轻了案主及其家人对住院和治疗的焦虑，使其能够接受正当的治疗。

五、社工反思

在整个服务过程中，案主的情况一直反反复复，不利于个案辅导的开展，而她的丈夫对于案主的治疗更多的也是采取较为消极的态度。曾听督导分享说过，在国外较有成效的精神病康复者的个案辅导需要三种人配合：一种是医生，负责治疗案主精神病上的生理问题；一种是护士，负责监督案主服药以及观察案主的服药情况和精神情况；一种是社工，负责给予案主个案辅导，提高案主的社会适应能力。首先是要医生进行介入，对精神病案主进行治疗，接着是护士的介入，观察案主的情况，等案主的情绪稳定后，护士就会通知社工进行介入。但当案主还是处于精神病发病的状态，而案主自身以及案主的家人对案主的治疗都采取消极态度的时候，社工一直在思考，自己能做的有多少。这种思考，是缘于自身对社会工作狭隘的定义，以为一些专业的个案辅导才是社工的个案工作，但忘记了一个个案的管理，如何调动社区的资源为案主服务也是社工的专业工作之一。链接资源，将案主送到正规的精神病院治疗，才是这个时候社工真正能够做到的，也是对案主最有利的事情。

在个案执行的过程中，即使家人愿意将案主送入医院治疗，但高额的治疗费用或者治疗押金，因病致贫的家庭又能够从何获取呢？社会政策对此是否有更为明确的规定，是否更有利于精神病康复者再治疗呢？

良好的家庭环境是非常有利于精神病康复者康复的。个案中的案主，她的家庭环境是复杂的，丈夫对她的关爱是缺乏的，并且经常出现言语和肢体上的冲突，这样对案主的康复是极为不利的，也对案主女儿的成长是极为不利的。刚出院的时候，案主的精神情况还是不错的，自理能力很强，但后来由于夫妻间的争吵不断地增多，以及案主开始拒绝服药，导致案主的情况越来越严重。在此过程中，社工曾思考过将案主和她的丈夫分开，一来可以为案主的康复提供安静的环境，二来可以减少夫妻的冲突对女儿带来的不良影响。但无奈在广州尚未有精神病过渡性中途宿舍，而案主的亲戚朋友都在佛山。这样长时间的居住相处，使得矛盾越发激烈，案主的精神状况也大受影响，最终导致在治疗后短短一年多就再次复发。为了更好地为精神病残障人士服务，建立中途宿舍是很有必要的。

携手并肩　关注成长

|吴嘉敏|

一、案例背景

案主Mandy，女，22岁，未婚，初中文化程度，无业，精神一级残疾。

家庭情况：案主与父母、弟弟同住。案父50多岁，无业，精神病康复者，精神三级残疾，糖尿病患者，性格开朗，爱表现自己，多言。案母50岁，在医院饭堂做临时工，性格刚烈，不拘小节，粗枝大叶。案弟为医药大专一年级学生，性格内向，害羞。

经济情况：低保户，每人平均月入450元。

家庭关系：案父与案母感情冷淡，案父患糖尿病后主要在家照顾案主，案母下班后较少与案主交流。案母主要与案弟沟通。案弟与案主经常吵架。案父抱怨案母常批评案主偏帮案弟，重男轻女。从案主父亲口中得知，案主在初中时被分配往校风较差的中学，怀疑放学时被边缘青少年恐吓后发病。其得病后入住精神病院，生活曾经一度不能自理，逐渐康复后尚可自理。但性格依然孤僻，寡言，思考反应较为迟钝，反叛，经常离家出走，一夜不归。回家后沉默不语，无人得知其外出后的情况。因此案主父亲每天把案主反锁在家里，出去时也必须有案主家人带领及监护。

二、介入思路

（一）理论模式

心理社会治疗模式、联合家庭治疗模式。

（二）理论假设

1．根据心理社会治疗模式理论，我们假设案主本我当中的生物性受父亲遗传，有精神病易发基因影响；

2．根据心理社会治疗模式理论，可假设案主在童年或者成长过程中某个部分缺失或者遭遇一些恐怖的经历；

3．根据心理社会治疗模式理论，案主最大的环境影响因素是家庭，假设家庭氛围不良，会导致案主逃走及内心反抗，引发疾病；

4．根据联合家庭治疗模式理论，假设案主父亲因疾病原因导致自尊过低，而对案主产生依赖；

5．根据联合家庭治疗模式理论，假设在责备型沟通下，案主不敢或抗拒表达内心感受；

6．根据家庭序位治疗模式理论，假设案父曾经的出轨行为导致案主以疾病赎罪，对案父产生性侵犯幻想而抵触。

（三）案主的问题与需求

1．案主有孤独感：案主希望多认识同龄朋友；

2．案主缺乏自由：案主曾告诉社工出走原因，因整天被案父关在家里，很想得到自由；

3．案主父母对案主外出担忧：案主父亲表示希望案主能够增强自控能力，减少离家出走。

（四）介入目标

1. 工作目标

案主到工疗站工作。

2. 过程目标

（1）案主及家人与社工建立良好专业关系；

（2）案主能够更多表达自我，会主动向父母表达自己的意见和不满；

（3）案主出走减少，由每月1—2次，减少到每季度1—2次；

（4）案主社交能力提高，并能够认识新朋友；

（5）案主到工疗站工作。

（五）具体行动计划

以平均每周一次的频率进行：

1. 搜集资料，了解案主病史以及家庭环境；

2. 建立专业关系，与案主家人、案主建立专业关系；

3. 带案主接触社会，增强社会接触与锻炼；

4. 带案主参与志愿者活动，培养社交及表达能力。

三、介入过程

第一阶段：向案主父亲、主管街道残联理事长了解案主及其家庭情况，并且开始与案主接触，了解案主爱好、兴趣。协助案主到医院看病，并通过协助出行的过程与案主、案主父亲进行沟通，大概了解案主背景及家庭情况。案主父亲抱怨案母不懂照顾家庭，经常责骂案主。案主父亲多言并常代替案主回答问题。

第二阶段：带案主到附近区域公园、商场、书店、商店和景点等地学习社会交往，并陪同案主打羽毛球，与案主、案主父亲唱K，在外面吃快餐。案主对社工的到来表示欢迎和期待，并且乐于与社工外出逛街，案主明显较之前开朗，并且沟通对答有明显进步。案主父亲开始向社工表达内心的苦闷以及想法，并表示不愿意女儿离开自己，另外依然对案主能力不信任，不允许案主独立外出。

第三阶段：带案主、案主父亲参与志愿者小组活动以及机构公开宣传活动。案主父女皆表现活跃，能够主动表达想法，并主动与陌生人沟通，与志愿者交友。案主还能够认出志愿者朋友，并且独自上前与朋友沟通。案主父亲表示社工跟进的三个月内，案主出走仅一次。

第四阶段：社工与案主深入谈话，亦及时了解案主出走原因，并予以“认知—行为”治疗，在案主母亲在场的情况下，共同协助案主按照自己兴趣制订日程表及计划，案主大部分能够完成，作品受到家人的认可，因此增强案主父亲对案主的信心。

第五阶段：社工与案主父亲单独谈话，运用同理心技巧了解案主父亲的想法及期望，通过“认知—行为”治疗法让案主父亲意识到案主独立的重要性，摘掉其对案主自控能力缺陷的标签；并不断尝试与案主母亲、案主弟弟接触及沟通，促进案主与案主父亲、母亲及弟弟的沟通，表达自我的想法及感受。

第六阶段：社工继续发掘案主潜能，并且引导案主自行分析，选择追究过往不愉快历史或努力向未来发展。案主能够按兴趣自主选择未来要发展画画。案主父亲因案主的作品得到认可而感到自豪，给予支持，并偶尔带案主到工疗站上班。案主在工疗站受到老师和同学的欢迎，并结交到男朋友。

四、介入结果

1．案主比之前开朗，情绪较之前稳定，出走频率大幅降低为三个月0—1次；

2．逻辑性思维较之前强，更善于表达自我，并与家人沟通；

3．扩大案主社会生活，增强案主的社会能力；

4．案主父亲作为聆听者，增强案主父亲对案主的尊重，调整其对案主独立性的认知；

5．案主父亲能够逐步让案主偶尔独自去工疗站上班。

五、社工反思

从介入过程中发现，案主父亲与案主母亲、案主弟弟关系冷淡，案父曾表示与案母没有感情。社工分析因案主父亲与案母、案弟关系淡漠而寻求案主作为支援和依赖，从而一定程度地限制了案主的独立发展。

本个案后续需要进行家庭治疗的介入，而目前家庭治疗在我国的发展上受到局限。因此，无论是在理论学习还是实践上都需要花更多的时间。如社工在某些治疗模式上还未成熟，可将自身熟练的或者基础的方法和模式运用在关键的家属介入上，但这样一个个案可能需要更多的时间。

其实，无论哪一种治疗模式都是独特的理论和专门的方法，因此期待我们的个案社会工作可以给予更多的时间和培训学习的机会给相应的社工，从而真正达到长效的助人自助的效果。

同时，期待我国未来在心理学及社会工作专业上有更多的发展，可以有高校或者专业机构开设系统的专题培训。

一路有你陪伴

|马淑华|

一、案例背景

案主牛牛，女，43岁，精神二级残疾。

家庭情况：案主家庭是核心家庭，2000年结婚，婚后育有一女。

疾病情况：案主精神二级残疾，16岁时发高烧，引起癫痫，一直服药，到生女儿时变成严重癫痫。

案主的丈夫，38岁，本地人，父母双亡，14岁被送到叔叔处寄养。因长期劳累导致腰椎受损，不能长时间坐或站，现在全门照顾妻女。

案女，11岁，在东风西路小学读四年级，休学中。2010年11月诊断患了急性非淋巴白血病，属于严重等级，现正处于第一化疗阶段，要经历七个化疗期（大约一年）才可以做骨髓移植。现阶段每日治疗费用约2000元。

经济情况：案主曾做清洁工，但女儿发病后就辞职了。丈夫打散工，后因照顾家里，也没有继续工作。全家靠低保金1300元度日。家中原本就没有储蓄，现在更是雪上加霜，亲朋戚友生活拮据，爱莫能助。

居住条件：案主一家借住在亲戚的家里，一楼，阴暗潮湿。一家人挤在一张床上。

社交情况：案主一家在广州仅有一个亲戚，年事已高，偶尔会送油送米给他们，但不能提供更多的支援。案主的生活重心在女儿身上，没有朋友，兄弟姐妹偶尔会电话联系。

二、介入思路

（一）评估

该家庭有两个重症病人，问题复杂。社工尝试从每个人的角度进行评估。

1．案主的精神状态。案主常年吃药，精神不足，反应迟钝，但案女对她的依赖程度高，要求住院期间一定由案主照顾。长期的劳累对案主的身体和精神状态都是一大考验。

2．案主的丈夫，即照顾者的身心状况，从传统的视角，病人本身得到很多的关注，而照顾者的身心健康常常被忽略。因为他一人要承担两个病人的照顾责任，极有可能会出现生理、心理的不适，比如睡眠障碍、失眠、食欲下降、体重减轻、沉默、焦虑和恐惧、压抑和绝望，甚至会产生自责和不满。

3．案女的病情导致她休学，身边的朋友、同学都不在，她会感到寂寞、乏味，一时之间很难适应。她的情绪直接影响治疗效果和案主的精神状态。

4．解决家庭部分经济问题。白血病的治疗费用较高，普通家庭都难以承担，何况是一个贫困家庭，社工作为资源协调者，应积极联系社会资源，筹集善款，帮助他们渡过难关。

（二）介入理论

增能是指个人在与他人及环境的积极互动过程中，获得对生活空间更大的掌控能力和自信心，以及促进环境资源和机会的运用，以进一步帮助个人获得更多能力。

增能理论认为：

1．从伦理价值的角度强调推动社会正义，尊重服务对象的自决和自我实现。本案服务对象有自决能力，并且认识到社会工作者是解决问题的协助者，而他们自己是解决问题的主体。

2．干预认可：来自各个方面对干预计划可能出现的允许范围。社会工作者应尽可能在各方允许的范围内为服务对象争取更多的帮助资源。服务对象的社会网络支援不足，社工应担当“资源链接者”的角色，为他们尽力寻找资源。

3．在概念框架方面，能力不是稀缺资源，经过人们的有效互动，人们的能力可以不断增强。这里的能力发生在三个层面：个人层面、人际关系层面、环境层面。社工的作用是厘清问题，协助服务对象肯定自身能力，从自身、亲戚、朋友，甚至政策、社会环境中寻找能力者。

（三）服务目标

1．增强案主的能力；

2．构建社会支援网络，给予案主一家精神支持；

3．寻求经济资助，减轻案主一家经济压力。

三、介入过程

前期阶段照顾者主要需求是寻找资源，他经常致电各大电视台求助，但苦无结果，导致情绪很焦虑，还曾试图自杀，后来向社工坦言压力很大，经社工引导，才懂得正面释放压力。社工亦明白在没有得到直接的经济援助时，情绪支援很重要，除了自身扮演“同路人”的角色，陪伴案主一家，亦安排志愿者上门探访，到医院或家里陪伴案女，开展义教，组织生日会等，减轻案主的照顾压力。在筹款方面，社工联系本地的慈善组织，捐赠了1万元的重大疾病基金。

中期社工在慈善网站进行募捐，筹得1万多元；保持与媒体联系，终于得到一家媒体的跟踪报道。此时照顾者有两个重要的任务，第一是应付媒体的报道，案主从未面对过媒体，且文化程度较低，对于接受报道没信心，很是担忧，社工遂陪同照顾者接受访问，并给予积极的肯定。而对于访问过程中重复提及，造成二次伤害的情况，社工亦于事后做干预，协助他们摆脱低落的情绪。报道播出后，有心理咨询机构介入，社工与心理咨询师会谈，把观察到的状况告诉心理咨询师，便于他们开展工作。第二是维持日常的照顾，因案主在医院全日照顾案女，照顾者每日要负责煲汤、跑腿。但此时照顾者的电话已对外公布，用于筹款，所以很多媒体、热心人士致电，占用很多时间。社工只能在某些时刻代为回答问题，但不可终日帮忙。遂照顾者主动找到自己的亲戚帮忙，接听电话和煮饭。

后期媒体进一步帮助，联合全城的电台、报纸、电视、网络等多个渠道帮助案女筹款，共开展三次筹款活动，社工组织参与其中最大型的一次活动，组织多达50名义工参与活动。筹款的目标很快达成，超过90万元，案主一家的紧张情绪相对之前已有所缓解，并且照顾者以感恩的心继续帮扶其他患者，转捐部分善款。其间，有数次紧急情况需要输血小板，社工继续担任联系资源的角色，招募适合血型的血小板捐赠者。

四、介入结果

评估方法是填写服务满意度调查表和观察。一方面，照顾者对社工的服务感到很满意；另一方面，案主一家的社会支援网络也建立起来，家庭—社区—媒体—政府—社工机构—义工多方联动的救助机制。

介入成效：第一，照顾者会从更多角度思考问题，并且有任何问题都会积极与社工讨论，懂得向曾合作过的组织寻求帮助，照顾者的能力得到提升。第二，解决经济压力问题，一共筹款90万元用于医治案女。第三，案主的情绪得到很大的缓解，从担心失落中逐步走出，笑脸迎接未来。

该个案从一开始以提供情绪支援服务为主，到后期筹集巨额捐款，成果显著。家庭由原来的乐观但迷茫地前进，到现在有明显的进步，找到了合适的骨髓配型，也募集到足够的手术费，案女病情得到控制，适合进行骨髓移植，有了质的飞跃。同时，他们一路上获得志愿者、社工、媒体的支持，促进家庭联动机制发挥高效的作用。案主女儿得到积极的救治，筹款数目超出预期目标。

五、社工反思

一开始接触该个案，社工的畏难情绪比较明显，很怕到医院，避免看见伤感的情景，也深深感到无力。直到三个月后，照顾者主动提出要获取社会支持时，社工才到医院探望案女，被案主一家积极乐观的精神打动，逐步为他们争取资源。服务对象的反应与社工开展工作的情况紧密相关，因为他们的坦诚和愿意改变，让社工有动力尝试多种角度进行帮扶。

目前，广州的医院只有少数有引入医务社工，对社工的认识度很低。社工在筹得善款后才与医生就病情进行交流，但社工的专业性未获得医生的认可，并且对医疗不熟悉，在医治方案、手术费用等各方面都未能有效地提出意见。家属对费用的担忧，社工也无法从专业角度给出解决方案。假设当时有医院的社工能够接手，对稳定家属情绪会有更大帮助，可见发展医务社工的必要性很大。

媒体应答技巧是一个比较少关注的社工领域，但社工在公众教育、倡导时不可避免。我认为有两大关键：一是懂得如何与媒体沟通，知道各方的利益需求；二是始终站在第三者立场上，客观地描述事件，表达观点。

用关爱消除歧视

|李淑恩|

一、案例背景

案主小A，女，约50岁，精神一级残疾。

家庭情况：案主跟家人住在一个约30平方米的房子里。据家人反映，案主从小就有点异常，曾经有过比较暴躁的时候，但现在已经有了很大的改善，平日很少出现过激的行为。案主的日常生活基本上能够自理，喜欢吃零食，喜欢坐在楼下。

疾病情况：据街坊反映，案主经常很脏，身上有很大的异味，特别是在月经期间，裤子上到处都染上了血迹。据社工的第一次观察，案主个子娇小，身上的衣服都有一些陈年的污迹，白色的衣服变成了灰黑色，手上脚上都长有一些脓包，甚至还有些脓包被抓伤了，留下了血痂，头发有点长，有点乱，眼角旁有眼屎。靠近一闻，身上确实有股异味，个人卫生有待改善。

二、介入思路

第一次接触到案主家庭，照顾者没有提出一些主观上的需求，但社工观察到案主的卫生状况，认为这不但影响到其个人的身体健康和美观，而且还影响到她的人际交往。但由于案主家庭的其他成员都为男性，而对于女性的案主，在照顾上确实有些不方便，且不能手把手地教导案主一些个人护理技巧。同时家人一开始就对案主进行标签化，认为案主有病，有这种病的人，卫生状况都是这样的，这也成为导致案主卫生状况差的一个原因。同时案主说到的“水很冷，看电视而忘记了洗澡，厕所有老鼠”等，也是一个可能存在的原因。同时也注意到，家人对案主的关心程度不够，在面对案主卫生状况时，都是以“我们能有什么办法”为借口，即使意识到有问题，也不愿意主动去解决问题。

（一）介入方法

行为塑造法，目的在于通过强化（即奖励）而造成某种期望出现的良好行为的一项行为治疗技术。一般采用逐步进级的作业，并在完成作业时，按情况给予奖励（即强化），以促使增加出现期望获得的良好行为的次数。最为有效的强化因子（即奖励方法）之一是行为记录表，即要求患者把自己每小时所取得的进展正确记录下来，并画出图表。这样做本身就是对行为改善的一种强大的推动力。根据图表所示的进展，治疗者还可以应用其他的强化因子，当作业成绩超过一定的指标时，即给予表扬或奖励。此外，还可以采用让患者得到喜爱的食物或娱乐等方法，通过这种方式来塑造新的行为，以取代旧的、异常的行为。

在辅导的过程中，社工拟通过作业和行为记录表的形式来协助案主改善过去一些不妥的行为，并在案主表现好的时候，让照顾者给予足够的奖励或表扬，以加强行为改善的动力。

（二）介入目标

1．去标签化，消除家人对案主的标签认识；

2．增强家人对案主的关心度，促进家庭成员间的相互理解；

3．解决案主提到的一些“水很冷，看电视而忘记了洗澡，厕所有老鼠”等问题；

4．培训案主关于个人的一些护理技巧；

5．让案主每次都配合工作，改善自身的卫生状况。

三、介入过程

（一）第一阶段

与案主建立信任关系，并与其家庭签订服务协议和制订服务计划。

工作重点及专业行动：案主由于卫生情况比较差，邻居都很少会近距离地接触她，案主缺乏肢体上和言语上的关心。于是社工在接触案主时，会主动坐在比较靠近案主的地方，并跟她聊天，听她说日常生活中一些有趣的事情，等熟悉了，社工会主动地、有意地与案主有一些身体上的接触，以加强彼此间的信任感，建立信任关系。

在与案主接触的过程中，也会跟照顾者进行谈话，了解案主的日常生活情况，并主动与其沟通社工对于案主的一些看法，获得照顾者的认同，并一同确定初步的服务协议。

（二）第二阶段

去标签化，消除家人对案主的标签认识。

工作重点及专业行动：社工在接触该家庭的过程中，发现照顾者多以“他们那种人”的称呼来描述案主，而每当照顾者这样称呼案主的时候，案主总是会低着头。照顾者对其标签化和否定，让案主不好受，并且也不利于能力的提升。于是社工单独与照顾者进行了面谈，了解到照顾者最为关心的是自己怎样才能够更为省事地照顾案主。社工从其最为关心的话题出发，引导照顾者意识到提升案主的能力，可以更省事地照顾案主，并且鼓励照顾者让案主开始多尝试做一些力所能及的事情。

在此之后，照顾者会给案主钱，让社工带着案主去购买一些物品，也会带着案主在附近走动走动。

（三）第三阶段

增加照顾者对案主的关心度，并协助记录案主的行为。

工作重点及专业行动：在获得照顾者、案主的信任和行动的支持后，社工开始对案主的一些行为进行培训，会手把手地指导她如何进行个人的护理清洁，并且反复对她进行训练。在训练过后，社工会布置家庭作业，让案主在一周内坚持每天洗脸、刷牙和换衣服，由照顾者进行监督，并且在行为记录表上做好相应的记录，如果能够坚持一周，就会奖励案主吃一样她自己喜欢吃的零食。如果没有坚持下来，将会连续两个星期没有零食可以吃。

在进行辅导的同时，社工会组织照顾者以及其他家属一同商讨如何解决厕所有老鼠的问题，最后讨论结果是在厕所放一个老鼠笼捕捉老鼠，并且购买了新的热水器，方便案主使用热水洗澡。

四、介入结果

经过社工与家人、志愿者、案主的努力，案主的卫生状况有了很明显的改善，手上和脚上的脓包几乎没有了，身上的衣服也干净了很多，头发整齐，身上的异味也减少了，但眼角还时常伴有点眼屎，还未能够做到坚持刷牙。

照顾者对案主的关心度也提高了，态度也缓和了不少，会给案主买洗衣机洗衣服，甚至还会关切案主是否有洗脸和带案主外出购物等。

案主在精神较好的时候，会主动帮助街坊做一些手工，减少用指甲抓伤手脚的情况，并且也多与街坊谈话。街坊们都说案主如今的卫生状况好了很多，所以也愿意多跟她沟通了。

但案主在女性的个人护理知识上，掌握度还是不高，不会处理月经问题，这是社工在目前工作中较为困惑的地方，思考是否应该改善一下介入手法或培训手法。

五、社工反思

这个个案能够较好地对案主的一些行为进行辅导，是因照顾者较为配合，同时案主的精神状况一直处于较为稳定的状态。一个个案的成功，不但要案主配合，还需要相关资源的配合，这样才能够使得一些方法得以较好地实施。

另外像案主这样的精神病患者，他们有被关爱和追求卫生干净的需求，但他们往往容易被亲属或者外人标签化，使得她的一些问题行为得不到较好的辅导。所以应该倡导社会去关爱残疾人，去相信残疾人，给残疾人创造一个零歧视的生活环境。

为何爱会伤人

|梁裕聪|

一、案例背景

案主小健，男，21岁，智力四级残疾。

家庭情况：一家三口同住，家庭成员分别为父亲、母亲、案主。案主先天智力残疾（生产时因缺氧造成），在教育部门宽容处理下完成初中学业，自理能力一般，现于居住地街道工疗站工作，有语言障碍。母亲52岁，退休，是主要的照顾者，非常溺爱案主，父亲打散工。家庭关系良好，但父亲脾气比较暴躁，会向家人发脾气。

经济情况：该家庭属于低收入家庭，于2010年4月加入“阳光家庭”服务计划，建立专业服务关系。

二、介入思路

因案主为智力残疾，认知能力、自理能力较一般同龄人弱，社工主要辅导对象除案主外，案母也是重要辅导对象。

（一）表征问题

1. 案主

智力四级残疾；认知能力、自理能力弱（不会煮饭，个人卫生清洁需要有他人指引，不会用钱，只熟悉家里与工疗站之间的路）；语言障碍；社交圈小，能力差（初中毕业后跟同学没有来往，除了过节见亲戚外，只有去工疗站的时候和家庭以外的人接触，但据工疗站老师反映，他在工疗站中也没几个朋友）。

2. 案母

自卑（自我埋怨、感觉被歧视、自我评价低、对儿子的评价负面、缺乏希望）；社交退缩（退休前正常上班，但退休后，以“每天忙于照顾儿子为借口”拒绝参与社交活动，除买菜、看病外，很少出门）；忧虑（担心自己百年归老后儿子生存不了，担心儿子没有朋友，不会说话被人欺负）；过分溺爱（觉得儿子能力不行，什么事都帮着儿子做，护着儿子）。

（二）核心问题

根据马斯诺层次需求理论，因为案主智力上的缺陷导致案主在基本生存能力上有所不足，同时因为案母的溺爱，案主也缺乏很多生活能力上的锻炼，导致案主生活自理能力一直得不到有效的提升。而正因为案主无法完全独立自理，导致了案母的担心、忧虑与自卑，觉得自己儿子低人一等，进而否定儿子的潜能与能力。因为案主残疾是案母生产时缺氧所致，所以案母一直耿耿于怀，觉得自己要负责任，觉得自己欠儿子很多，导致溺爱，将所有责任都包揽上身。此外，虽然街道、亲戚对他们家庭都非常关心且乐意帮助，但是案母却将别人的善意帮助解读为同情，导致社交退缩。综合上述，案主主要的需要是生存的需要，案母是爱与被爱、尊重的需要，分别对应不同的介入任务。

（三）个案优势

1．案主在案母退休前的能力比现在强很多；

2．案母非常爱案主；

3．案主、案母非常乐意配合社工的工作；

4．案主、案母有充裕的时间；

5．家庭以外的亲戚、社区对案主家庭有支持。

（四）服务计划

1．介入理论

马斯诺层次需要理论；优势视角；寻解导向模式；认知行为治疗。

2．服务目标

（1）案主

①能独立完成日常个人卫生的清洁；

②能独立加热食物；

③能独立到超市购买生活用品；

④养成参与社区活动的习惯。

（2）案母

①相信儿子的能力，并督促儿子完成能力提升计划；

②放松心情，参与原社交圈的聚会；

③儿子能力提升后将部分家务责任转到儿子身上；

④与儿子一起参与中心邀请的活动。

3．服务策略

因为服务对象为智力残疾，逻辑思维、理解能力与认知能力较弱，所以服务策略是与案主少讲道理，多以行动任务、行为改善计划等方式为主要介入策略，通过鼓励机制去强化服务对象达成目标后的成果巩固以完成渐进式的任务目标。而案母方面，主要采取的策略是情绪疏导的方式，通过相互信任的交谈和分享让案母能正确面对现状，让案母对案主的爱与期待调适到一个合理的水平，并参与到案主的能力训练中来。

三、介入过程

（一）介入情况

本个案为期2年，共24个月，每月见面2—4次，以个案的时间进程分为5个阶段，具体过程如下：

1. 接案（0—1个月）

本阶段目标：建立关系；收集信息及评估；达成共识并制订工作计划。

成效（案主变化）：案母、案主、社工彼此信任；明确目标，订立服务计划。

2. 情绪疏导、基础训练阶段（2—4个月）

本阶段目标：案母情绪疏导；案主自理能力评估；基本训练（语言、肢体协调等）。

成效（案主变化）：案母多次哭泣，并向社工讲述自己多年来压抑在内心的真实感受，经情绪疏导后能正确面对儿子虽有智力缺陷但还是有能力和希望的现状；案主愿意配合社工设计的康复计划，并经鼓励措施后乐于其中。案母见到案主的变化信心提升。

3. 注入希望、训练阶段（5—10个月）

本阶段目标：案主——日常个人卫生的清洁训练、食物加热训练；案母——注入希望。

成效（案主变化）：案主在案母提点下完成日常个人卫生清洁训练和食物加热训练，如洗脸、扔垃圾等就能完成整个过程。母亲见到儿子的变化后心情好转。

4. 进一步注入希望、训练阶段（11—16个月）

本阶段目标：案主——购物训练；案母——继续注入希望，鼓励参与工友聚会。

成效（案主变化）：维持上阶段的成果外，案主独立到家里楼下的超市购买酱油、方便面等日常生活用品；案母连续两次参与工友饮茶聚会，参加一个家属支援小组。

5. 巩固成果、评估、结案阶段（16—24个月）

本阶段目标：案主——能力巩固，鼓励；案母——继续注入希望，信心重建；情况稳定后结案。

成效（案主变化）：案主能协助案母完成家务任务，在工疗站的表现也受到了老师的表扬。案主、案母多次参与社工组织的小组、社区活动，并坚持每天到家附近的居民健身点锻炼身体。经评估，结束个案关系。

（二）结案情况

因服务计划目标完成结案。通过面谈的方式与案主和案母介绍结案的事宜，案母有离别情绪，担心没了社工，儿子的情况可能会变差。社工和案母回顾2年的辅导过程，让案母明白，其实一直以来都是她和案主在努力，今天的结果是他们共同努力的结果，社工只是一个协助者、倡导者，就算没了社工也不会有坏的变化。同时提醒在之后的一年内，社工还是会定期探访他们，只是不像个案的时间有规律地见面，如果有需要还是能联系社工，社工有适合他们参与的活动也会邀请他们参加。

结案后第一个月，案母致电社工说案主老是问她最近怎么不见社工，社工通过电话和案主聊天处理情绪，之后的半年，案主和案母渐渐适应没有与社工定期见面的日子，并按照结案后的状态稳定生活，还参加机构开设的小组活动。

四、介入结果

满意度评估：非常满意。

目标实现程度评估：案母100%，案主80%。

五、社工反思

（一）残疾人相关专业知识薄弱，特别是智力、精神群体的服务知识与技巧

社工在从事残疾人社会工作之前，在学校是完全没有受到相关的知识学习和系统训练的，而到了机构之后，也只是通过一些书籍学习一下相关知识就直接上岗了，在刚开始面对残疾人及其家庭的时候，会不知所措，不了解我们服务对象的特点，不知道如何和他们沟通，只能当一般的家庭那样去工作，这样做有优点，有缺点。优点就是社工按照一般家庭的做法去对待服务对象，让他们觉得被尊重，特别是没有过分强调残疾人，没有过分地照顾，在本个案中是建立彼此信任和合作关系的关键，因为本个案服务对象自尊心重，同时自卑，担心别人的关心是施舍。而缺点是社工对智力残疾人的认识不足，在刚开始评估时无从下手，只能通过一些康复书籍的建议，按照书本一步一步自己慢慢摸索。

所以社工个人认为，在社会工作专业训练中，除了完成一般的基础能力、专业技巧的训练外，上岗前应针对服务领域的特点由社协或政府职能部门统一为该领域服务的同工安排系统的培训，这样能提升社会服务的素质和避免不必要的困难。

（二）爱有时候也是一种伤害

在服务过程的沟通中，社工发现几年前案主的能力其实比社工刚接案的时候好，案主在读初中的时候能自己上学放学，中午能独立回家加热食物

并休息，毕业后也能独立去工疗站。案主在案母退休前自理能力虽然不强，但没有像接案的时候那样，做什么都要案母带着才能做；案主能力变弱的情况，其实是从案母退休后开始的。社工了解到案母觉得退休就是老的标志，照顾案主的时间一天天减少，而出于母爱的伟大和无私，案母觉得能做一天是一天，能多做一点是一点，就是这种想法，过分的母爱将儿子原有的劳动机会剥夺了，儿子的能力更因这无微不至的关爱而一天天减弱。就这样，因为母亲过分溺爱儿子，导致儿子失去了锻炼独立能力的机会，溺爱越深，导致的伤害越大，有时候爱也能伤人。

社工发现这点后，引导母亲思考和回顾儿子在她退休前和退休后的变化，通过同理、澄清、对焦等技巧，分析她的不安、担心与关爱，逐渐让母亲明白，爱儿子，不单单是全身心的照顾和包容，不单单是紧张与着急，有时候放手和鼓励，让儿子经受锻炼和挫折同样重要。这种情况社工相信不单单出现在这个家庭，更适用于其他残疾人青少年家庭，甚至一般青少年家庭，如何协助家长调适对子女的爱的方法，有时候是一个个案达成目标的重要因素。

坚强走我路

|梁裕聪|

一、案例背景

案主小明，男，17岁，精神一级残疾（精神分裂症）。

家庭情况：一家三口同住，家庭成员分别为父亲、母亲、案主。案主和父母关系亲密而紧张，父母关心案主，但通常用责备的方式表达，导致案主和父母常常有语言上的冲突。

经济情况：案主家庭属于低保家庭，父亲无业，母亲靠兼职帮补家计。

社交情况：案主乐于走进社会，会主动外出找工作，与社区居民沟通（熟悉居委和邻居，但与自己同辈交往少），但与隔壁一位阿姨有很大的误会和矛盾（主要是因为隔壁阿姨知道他有精神病，会说案主傻）。

二、介入思路

因案主为精神残疾，虽然认知能力较一般同龄人弱，但是逻辑相对清晰，有自己的想法与目标。而家长虽然口头上常常责骂案主，但是实际上还是非常关心案主的。

（一）表征问题

1．案主精神一级残疾（精神分裂症）；

2．案主有非理性情绪，将自身经历的挫折全部归咎于他人；

3．案主有被迫害妄想，担心家人毒害他；

4．案主想学习，想工作，但是对自己能力的评估过高；

5．案主与家属的沟通模式为相互责骂、对抗的方式。

（二）核心问题

根据精神分析理论与埃里克森人格发展理论，从案主成长各阶段简述中可以看出，因为家庭教育方式的不合理，案主的成长历程缺乏鼓励与支持，更多的是放任与责骂，这种教育方式让案主在人生发展过程中形成了基本不信任他人、自主但自卑的人格。而在16岁时，青少年阶段，即自我同一性与角色混乱阶段，缺乏朋辈的支持甚至被忽视和欺负，家人又是采用之前的放任责骂的模式，导致案主精神状态出现混乱并做出过激的行为。案主在十多年的成长经历当中没有得到家庭、学校、朋辈、社区系统的支持，没有建立良好的沟通关系，所以案主产生的被迫害、不信任、对抗等表征问题，都是案主与各系统的不和谐引起的。要协助案主解决他的问题，就必须协助他处理好与家人的相处关系，并为案主寻找一个接纳他性格的学习或工作实践环境。

（三）个案优势

1．案主自我改变的意愿与动力强（想学习与工作）；

2．案主目标明确（想学电脑或设计）；

3．案主有主动走进社区的经验；

4．父母其实是关心案主的（积极与社工沟通并乐意配合）；

5．案主承认自己有病，但是认为病不会影响他自己，认为自己能战胜疾病。

（四）服务计划

1. 介入理论

精神分析理论；埃里克森人格发展理论；优势视角；寻解导向模式。

2. 服务目标

（1）让案主对自己的学习和能力提升建立一个理性的认知；

（2）协助案主找到实践的平台，并良好地融入该平台；

（3）协助案主家庭调整沟通模式，重建信任关系；

（4）协助案主建立朋辈支持系统。

3. 服务策略

首先，案主是一名精神分裂症患者，社工没有受过专业的精神治疗训练和心理辅导训练，所以心理辅导并不是本个案主要的辅导方式。其次，正如前文分析，导致案主目前状况的原因是案主成长过程中不断的负面经历累积，不是简简单单面谈辅导就能解决的。所以社工为案主学习、实践与家人相处调整了方式，让案主获得与以往不同的成功（舒适）感受，从而慢慢改变案主的行为、表达方式，最终协助案主回归良好的生活状态。

三、介入过程

（一）介入情况

本个案为期3个多月，共15周，每周见面一次，以个案的时间进程分为4个阶段。

1. 第一阶段：接案（1—2周）

本阶段目标：建立关系；收集信息及评估；达成共识并制订工作计划。

成效（案主变化）：案母、案主、社工彼此信任；明确目标，订立服务计划；让案主、案父母暂时放下成见，一起努力尝试实践计划。

2. 第二阶段：寻找适合案主的学习、实践平台（3—6周）

本阶段目标：协调案主与父母的沟通，调试他们的沟通方式；寻找合适的学习、实践平台。

成效（案主变化）：在讨论问题的时候，案主与父母还是多次出现冲突，但社工每次都做好"和事佬"的角色，让谈话最终能完成，并尝试引导双方相互理解。社工和案主、父母一起参观了多家精神康复者服务机构，最终案主挑选了一家有电脑班并且训练项目丰富的精神康复机构，并参与学习。案主在社工、案母的陪同下接受了该中心的评估，被接纳成为会员。

3. 第三阶段：案主适应康复阶段（7—13周）

本阶段目标：案主接受在该中心的安排下与其他学员和睦相处；能坚持准时上课，遵守该中心纪律。

成效（案主变化）：因为该中心为作一个精神康复机构，里面的教学水平和要求比起外边的学校来说，更简单和人性化，强调的是在学习中成长而非注重成绩。案主在该班学员中能力突出，并找到了自信。社工除定期到该中心陪同案主上课外，同时会和案主父母分享案主的变化和沟通感受，父母也觉得案主有所变化，心情好转，在社工的建议下，逐渐尝试弃用埋怨、谩骂的方式与案主沟通。

4. 第四阶段：巩固成果，结案（14—15周）

本阶段目标：案主行为规范的巩固；家庭新沟通模式巩固；结案。

成效（案主变化）：该康复中心的电脑课程为期3个月，即将结束，案主表现出色，得到了老师的表扬，和同学相处得还不错。社工让案主、案主父母共同讨论是否成为康复中心的长期会员，还是给案主机会到全日制学校就读，案主与父母最终达成共识，先报读该中心的艺术班，同时再一起看看是否有合适的全日制院校。案主、案主父母在社工的陪同下相互承诺，以后有事先不互相埋怨，互相攻击，而是尽量静下心来好好谈，有事会找社工协助帮忙沟通。社工和服务对象做结案评估，服务对象非常满意，成功结案。

（二）结案情况

因服务计划目标完成结案。通过面谈的方式与案主和案母进行结案。案主在过程中表现得很坦然，表示觉得自己通过3个月的学习已经提升了很多，可以不用社工“照顾”了，案母也对社工表示感谢。社工提醒案主凡事要和父母好好谈，要遵守康复中心的纪律，好好学习，不要骄傲自满，并定期见该康复中心的医生。

结案后的半年，社工邀请案主及案父参与了机构安排的书法小组和亲子烹饪小组，在小组过程中观察，虽然案主父子俩还是会有意见不合，但是都没造成冲突，案主在结案后稳定地生活。

四、介入结果

满意度评估：非常满意

基线测量评估：（以案主父母记录的，平均每天案主与父母语言冲突的次数和案主平均每周吃饭时怀疑父母下毒的次数来评定案主家庭沟通情况与信任情况是否改善）具体数据如下图所示：

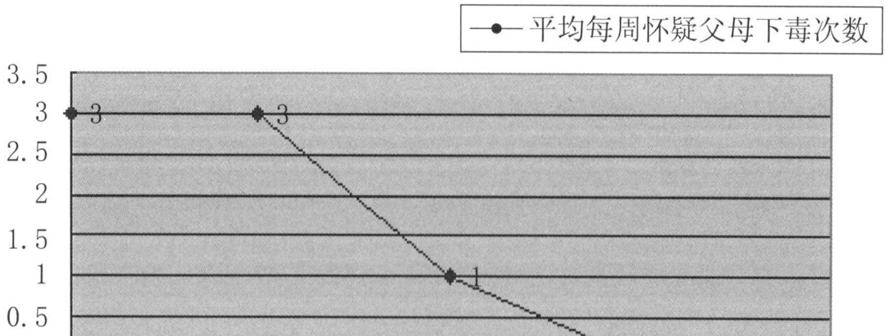

五、社工反思

（一）残疾人服务需要相互支持、转介的平台

本项目的工作范围主要是通过外展的方式进入服务对象家庭提供个案服务，而服务对象的需求往往不是通过面谈、心理辅导就能解决的，需要其他的手段甚至是其他服务平台的支援才能完成。以此个案为例，社工的主要作用是协助服务对象家庭理清行动计划，提供信息支持且转介到合适的服务机构接受服务，并与该机构合作，让服务对象适应新的环境，将其在机构中的良好变化在社区家庭生活中巩固。所以机构与机构间，特别是服务范围互补的机构的合作与沟通是十分重要的，正如该个案，我们机构的强项是社区、家庭中的康复服务，接受转介机构的强项是机构康复服务，双方互补与合作使服务对象在3个多月中就有明显的改善。

但是值得注意的是，这种转介并不适合所有的个案，因为我市现行主要采用政府购买服务的方式资助社会服务，每个项目都有独立且特定的制度、指标、服务范围的规范，没有统一的转介平台和资源系统，不能让服务对象享受到更系统全面的社会服务。

（二）精神病其实并不可怕

社工与案主每周都见一次面，虽然案主有时情绪激动，但整体来说还是稳定和无伤害性的。而案主的邻居、学校知道案主得病后对他处处猜疑、事事防备，让案主产生很多不愉快的感受，也是案主情绪不稳的因素之一。

而社会机构的彼此尊重、相互包容的工作原则，让案主和家属感受到了公平、接纳与希望，这也是案主在康复机构能很好地完成课程，提升能力同时改善情绪的原因，目前社会上还是存在对精神康复者的误解与歧视，这种现象只会令康复者群体难以回归社会的情况得不到改善，甚至对社会产生负面的影响，所以让社会大众正确认识精神病，消除误解与歧视的公民教育非常重要。

同行复元阳光路
社区家庭齐共融

|龚运玑|

一、案例背景

案主明仔，智力二级残疾，精神分裂症患者。

疾病情况：2011年，明仔的母亲发现他不时出现精神异常状态，如自言自语、目光呆滞、严重失眠、忽然大笑或大哭等，案母立即带明仔到医院就诊，最终确诊患上精神分裂症。虽然明仔本身是一名智力残疾人，但得到了单亲妈妈的悉心照顾和循循善导，一直接受着正规的特殊教育，曾在广州市康智乐务中心接受清洁培训，病发之前也在广州市展能中心保安职业培训部参与培训，并即将有机会投入社会参与正常工作。但事与愿违，明仔莫名其妙的精神异常打破了明仔跟他妈妈的计划。虽然通过药物治疗，明仔的病情得到极大程度的稳定，但身体协调性跟思维敏捷性都大不如前。那时的明仔完全失去了信心，案母也意志消沉。

二、介入思路

社工通过引入国外和香港先进的复康理论——“复元”概念，帮助明仔一家应对逆境。所谓“复元”概念，有别于着重追求病征的消除和恢复患病前状态的传统复康观念，“复元”（Recovery）这个崭新的精神复康概念，倡议精神病只是康复者生命的一部分，而非全部生命。介入明仔的家庭之后，社工首先运用“复元”概念当中支援范畴的“重视个人优势”元素，帮助明仔自我发掘自身优势，发现明仔过去学习的清洁技能、性格幽默、乐观主动和经常微笑示人其实都是他的个人优势。然后通过整全范畴里面的“起伏中成长”和“希望”两个元素，让明仔和案母共同明白要重新开始新生命并不会一帆风顺，但是明天总会是更好的，大大鼓励了明仔一家。

三、介入过程

（一）营造阳光家庭心灵的港湾

社工运用“家人参与”这个元素，邀请案母参加了由社工组织举办的“家属复元训练之同行复元路小组工作坊”，在小组当中，案母最大的突破就是认识到要精神病康复者走上“复元”的道路，需要康复者明白他们的“责任”，另外，家长要懂得让他们“自主自决与选择”。案母认真仔细地听了小组的介绍和解释之后，对于在未来的日子里跟明仔共同面对生活显得更有信心了。

在日常个案服务当中，社工了解到明仔过去有被歧视的经历，刚好那段时间社工正筹备举办一个“社区零歧视，你我齐参与”的社区活动，里面有一个环节叫作“真情对话”，希望通过曾经有被歧视经历的残疾人站到台上讲述他们的故事，让参与的市民了解他们内心痛苦的感受，从而消除社区歧视的目的。社工通过细心的解释，此次活动是遵从“尊重与反污名”元素举办的社区活动，同时强调“康复者参与”的重要性，最终明仔答应现身讲述他被歧视的经历。坐在台下的案母看到几近绝望的孩子此时此刻竟然勇敢地站在台上，跟台下的陌生人讲述着自己不幸的遭遇，心情激动不已。

（二）实现自我成长的平台

由于精神病发后，原本的培训机构认为明仔的情绪极不稳定，而自身机构没有太多应对精神病康复者的经验，于是想辞退明仔。社工了解到这个情况，也明白案母一直以来都希望孩子能得到一个不断进步和展现自己的平台。为此，社工动员明仔参与康园工疗站珠光二站的工作。那里除了配有社工跟进残疾人情况以外，还逐步开展清洁训练班、园艺治疗班、餐厨训练班等等，对于明仔的自我实现是一个不错的平台。起初明仔比较抗拒换培训机构，但通过他的一个残疾朋友的“朋辈支援”，最终愿意到该站进行试训。短短一天，他就得到了站内老师的认同，也认识了新的朋友。

四、介入结果

社工首次接触“复元”概念，是通过香港新生会的杨督导带过来的一张DVD，里面包含的很多运用“复元”概念元素的小故事都是由康复者和家属亲自扮演的，因此，社工也向明仔一家提出请求，希望让明仔和案母作为越秀区“阳光家庭”项目最后一年的视频的主人翁。这次不单明仔表示愿意，连之前不愿意上台融入零歧视活动的案母也毫不犹豫地答应了社工的请求。在视频的末端，案母在剧本以外说出了自己的心里话：“社工来之前，可以说是我们最低落的时候。社工来了，带来了欢乐的同时更重要的是带来了希望。在小组里面，我认识了很多有相同遭遇的家长，大家彼此鼓励，相互学习，突然之间又重燃了生活的热情。上次那个消除歧视的活动，我也很佩服我的儿子，我没有想到他竟然有勇气站在台上，虽然说得不流利，又出现错漏，但他的勇气值得我为他骄傲。感谢社工！感谢这个‘阳光家庭’项目！”

走出一片天地

|陈耀龙|

一、案例背景

案主阿强（化名），男，44岁，自小没有读过书，未婚，肢体一级残疾。

家庭情况：与母亲和姐姐住在一起。母亲是铁路退休工人，姐姐是做散工的，无固定收入，家庭经济条件一般。案主在1岁左右时掉进鱼塘而后发烧，最终导致残疾，2003年从湖南老家搬到广州姐姐家住。

疾病情况：案主具有一定的生活自理能力，能够吃饭，能够自己洗澡，扶着墙壁能够上卫生间，能够自己去坐轮椅。

二、介入思路

经过对案主的情况进行全面分析，社会工作者对他的状况有了一定的了解。

在生理上，案主除了有肢体残疾外，其他功能正常，也有生活自理能力，这是他最大的资源优势，是其走向社会、融入社会的良好基础。

在心理上，案主的性格活泼开朗，积极主动，乐于与社会工作者接触，在闲暇时会找朋友打纸牌或下象棋。家人对他也很关心，他的姐姐知道他喜欢看鱼，就买了一个大鱼缸，在家里养了很多鱼。

从社会视角来看，家人对案主的过于保护和关爱，如案主来回工疗站都有人陪同，帮其推轮椅，这容易造成案主依赖、懒惰的心态，这对案主身体的康复及社会功能的恢复都是不利的。

总的来看，案主具有生理、心理上的优势，且其性格活泼开朗，能够在社会层面得到康复，从而更好地回归社会，融入社会。

社会工作者从优势视角出发，挖掘案主的潜能。在助人过程中的首要关注点是案主所具有的优势、兴趣、能力、知识和才华，而非其诊断、缺陷、症状和缺点。如本案中，案主的兴趣是下象棋，社会工作者就从下象棋入手，引导改变案主。优势视角认为每个人都有自己解决问题的力量与资源，并且具有在困难环境中生存下来的抗逆力。即便是处在困境中备受压迫和折磨的个体，也具有他们自己从来都不曾知道的与生俱来的潜在优势。社会工作者采用以优势为本、以服务对象为中心的方法鼓励服务对象，坚信服务对象都具有内在的学习、成长能力，都是可以改变的。

社会工作者为案主制定了两个目标：长期目标为帮助案主肢体康复，可自行行走而不依赖轮椅，更好地融入社会。短期目标是使案主独立自强，可自行用轮椅外出而不依赖他人，能与同辈更好地进行社会交往。

服务计划及策略为：从优势视角出发，鼓励、支持案主积极锻炼身体，在来回工疗站途中不靠他人推轮椅；整合资源，为其制订肢体康复训练计划；跟进评估康复效果，完善训练计划；建立服务对象支持网络，包括资源、情感、同辈支持等。

具体展开：首先，通过两三次探访，使之互相了解，彼此信任，建立良好的专业关系；其次，与家人建立良好的专业关系，引导家人多给予案主正面、积极有效的支持，而不是过于保护案主；第三，支持鼓励案主，帮助他进行自我康复训练。

三、介入过程

（一）建立关系阶段

起初，案主对社会工作者不是很了解，不清楚社会工作者可以给予什么帮助，怎样帮助他。社会工作者首先将“社会工作者是什么，社会工作者可以做什么”解释给他听，并承诺社会工作者可以认真倾听他的诉求，关心、鼓励、支持他做好康复训练。

在努力和案主建立关系的过程中，社会工作者也积极向单位的康复师、社区医生及同工了解相关情况，搜集康复信息。

（二）信任关系建立阶段

在三次探访后，社会工作者了解到案主平时喜欢下中国象棋及打纸牌。于是，社会工作者从案主的兴趣出发，开始与他讨论有关下象棋的一些技巧，与他一起下象棋，鼓励他通过下象棋这一方法与社区居民接触。通过下象棋，社会工作者与案主建立了良好的信任关系，案主能很好地接纳社会工作者，向社会工作者倾诉他的想法，并主动告诉社会工作者他在家乡时参加过哪些象棋比赛等等。

（三）帮助其建立社会支持系统阶段

首先，社会工作者与越秀区残联的康复师联系，了解相关的康复资料，把案主的状况向其介绍。越秀区残联的康复师表示，该案主还是具有肢体康复潜力的，康复的可能性较大，并向社会工作者介绍了一些康复手法，如按摩等，并亲自上门为其进行针灸、按摩治疗。

其次，社会工作者与案主所在街道残联理事长取得联系，进一步切实了解把握案主的情况。街道残联理事长表示，目前该案主已享受到低保等国家福利优惠政策，今后街道方面也会尽心给予帮助。

社会工作者还与工疗站的老师建立良好关系，每月坚持到工疗站向老师了解案主的近况。工疗站的老师对案主也很关心，经常会安排一些学员接送案主，帮忙推轮椅。对此，社会工作者在得到案主同意后向老师介绍了案主的康复训练计划，希望老师可以配合，并对案主进行督促。老师表示欢迎地说："这样很好，对他的康复来说也是一件好事。"

社会工作者通过多次上门探访，取得家庭的支持与配合，巩固康复效果。经过一段时间的康复训练，社会工作者充分认识到要取得更好的康复效果，仅仅依靠街道、工疗站及社会工作者是不够的，还需家庭的支持与配合。因此，社会工作者运用多种访谈技巧，对案主的母亲进行心理支持与情绪疏导，鼓励其支持案主的康复和改变，并对案主的康复训练进行监督。

（四）持续的服务与跟进阶段

经过4个多月的康复训练，案主各方面康复效果良好，但未完全康复，还需长期的康复和训练，也需要社工长期跟进与持续服务。所以目前，该个案仍未结案，社会工作者仍坚持上门探访与案主进行联系，了解他的康复状况、情绪变化等，坚持巩固康复效果。

四、介入结果

在本案初期，经过评估，发现案主的主要需求在于肢体康复，独立自强。这个个案已基本上达成了预期目标。

案主的肢体康复已取得较好的康复效果，经过4个多月的康复训练，案主已自觉进行康复训练，外出已不需他人陪同，并且是站在轮椅后面推着轮椅走，不是坐在轮椅上面推着轮椅。其母亲及工疗站的老师对案主的康复效果很满意。案主还向社会工作者表示，他明年会参加广州市的象棋比赛，希望社会工作者到时可以观看他的比赛。

案主虽性格活泼开朗，且已自觉进行康复训练，但有些冲动，与人争执时容易发脾气，这仍需社会工作者注意。社会工作者也告诉案主，任何人的情绪状态都会出现一些波动，甚至突然转变，但我们可以调节和控制自己的情绪，只要以积极的心态面对日常生活，生活就会更精彩。

五、社工反思

作为一名专业的社会工作者，最重要的是服务心态，服务心态决定服务出发点，服务出发点反映专业追求，专业追求决定工作态度，工作态度决定工作执行力，执行力反映服务心态。

社会工作者需要有同理心，也要有全局思维，协助服务对象分析问题，探讨改变的方向。为残疾人士提供服务需要良好的同理心和耐心，只有用心去与他们沟通才能真正走近他们。服务过程中，社会工作者只有用同理心去感受服务对象及其家庭的感受，才能取得良好的效果。在本案中，该服务对象感受到社会工作者对他的关心，是真正为他服务的，他才会由被动到主动，才会有积极主动改变的意识，这对他的进步有重要作用。

社会工作者的角色很多时候主要在于很好地运用同理心，在于陪伴、引导、帮助服务对象反思并链接相关资源。本案取得较好的康复效果，有一重要原因在于社会工作者寻求越秀区残联康复师的援助，以康复师专业的知识指导服务对象进行康复。社会工作者并不是专业的康复师，不能替代康复师的地位。

服务过程中，社会工作者一方面鼓励、推动服务对象及其家庭做出改变，另一方面教会服务对象康复技巧，并指引他的母亲对他进行正确的引导等，最终达到助人自助的目的。其实，助人最重要的是让其得到自我成长的机会，学会面对困难，解决困难，这样才能真正达到助人的目的。

作为一名社会工作者，需要及时根据服务对象的实际情况做出相应的变动，并坚信“人是可以改变的”，接纳、尊重服务对象。在建立专业关系阶段，不应急于表达自己的意见和建议，也不应强迫服务对象做什么，而是先从服务对象的感受出发，按照服务对象的思路与其交流，然后再引导其朝双方共同协商制定的目标发展。

第二次退休

|马淑华|

一、案例背景

案主银婆婆，女，86岁，早年丧偶。

疾病情况：患有双下肢动脉硬化闭塞症、腰椎间盘突出、Ⅱ型糖尿病。

家庭情况：有五个儿女，其中两个是残疾人，二儿子60岁，患有心脏病、高血压，不能随意走动；小女儿50岁，患有乳癌，手脚无力，不能下床。两个人的生活都不能自理，靠银婆婆独力照顾。大儿子在乡下，另外一个女儿及小儿子在市内居住。他们都各自有家庭需要照顾，根本无暇分身帮助自己的母亲。

经济情况：边缘户，案主有2000多元退休金，子女均无退休金。儿女的医药费和生活费都需要案主负担。

社交情况：案主与街坊邻里的关系很好，有时邻居会帮忙照看其子女，也有一个朋友一直义务帮助案主打扫卫生，清洁其子女身体。亲戚都在乡下，节日会打电话问候。案主腿脚不方便，不能外出，很孤独。居委、街道了解她的情况，有合适的申请都尽量帮助实现。

二、介入思路

2011年7月，案主第一次入院，初入院时情况紧急，需要住院。其女儿和儿子就处于无人看管的状态，社工评估有必要紧急介入，稳定案主的情绪，安排人员充当照顾者，减轻案主的困扰。

案主的资源网络不足，能够获得的福利较少。两个子女的照顾问题直接影响她的健康问题和安全问题。

社工用危机介入理论去分析本次个案服务。危机介入理论认为：危机事变是突发和不可预料的，带来了紧张和压力，而个人惯常的处事方法难以解决压力和事变，如果情况持续，将妨碍个人日常生活，影响个人的功能。危机分为成长危机、家庭成长危机和事态危机。案主目前处于持续的老年期成长危机，面临着经济、疾病、孤独等危机，体现为身体机能衰退，感到生活照顾压力大，没有希望，感到不安。

7月，案主摔倒入院成为近期事态危机的导因：一方面，加剧了案主的病痛，削弱了案主的活动能力；另一方面，缺乏来自家人的关心照顾，让案主感到不安和无助。

三、介入过程

（一）2011年7—8月　接案、预估

社工发现危机，与邻居、案子谈话，掌握基本情况后，订立目标：联系资源照顾残疾人，安抚情绪。案主放心不下，希望尽快出院照顾子女，社工用同理心表达关怀，并愿意做出各种尝试，减轻其负担。首先联系居委会，然后动用志愿者资源，最后尝试申请救助基金。结果是小儿子负责日常照顾残疾人，邻居协助，若发现特殊情况就通知案主，志愿者队伍上门探访。但因案主的病不属于重大疾病，无法申请救助基金。

案主出院后，社工针对照顾子女的问题与案主商量出路，她认为自己年

迈，体力不如从前，不可能再周全地照顾他们，希望社工可从社会途径进行帮扶。社工联系志愿者为其拍摄全家福，并用作网上宣传。志愿者和案主都感到很高兴，有机会与人分享开心的回忆。同时用相片留住案主一家美好的回忆，可以帮助照顾者回想时光，减少回忆伤心的时刻。

（二）2011年9—10月　介入（网络宣传、媒体报道）

社工对图片进行加工，加上文字，再发到微博上，留意社会的回应。不久，有电视台上门拍摄，报道播出后，有养老机构主动联系，他们愿意减免一部分收费接收一对子女。接下来的问题是解决托养费。案主一家没有存款，其他亲戚也爱莫能助，只能从社会途径为他们筹款。电视台跟进报道后，开设了捐款的渠道，最终募得4万元，可以支付2年的费用。此时，案主对财政的不安才得以解决。

（三）2011年11月　介入（住院评估）

社工陪同案主到托养机构参观，了解环境、服务、膳食、医疗等是否符合案主一对子女的需求。经初步评估，设施齐备。

案主子女如愿入院，但案主情绪比较焦虑，担心孩子离不开自己的照顾，遂陪同住院一周。第一天和第一周后社工均上门探访，看他们能否适应新的环境。发现案主儿子走动多了，会打招呼，也会笑。案女虽然还是只能卧床，但与护工相处得不错，甚至有隔壁的老人过来陪她说话。一周后案主的笑容多了，并且睡眠质量提高，可以放心回到家中休养，决定两周后再入院探访。

（四）2011年12月　结案、评估

案主探访子女的次数有所减少（一个月一次），证明其对托养机构有信心，对子女的照顾感到满意。现在她有闲暇时间去饮茶，睡眠也得到改善，在家安心养病。她感激社工以同行者的角色一路陪伴及社会各界的积极帮

助，对未来再次有了信心。

四、介入结果

（一）目标达成情况

1．短期目标：银婆婆入院阶段，安排人员充当照顾者，减轻她的困扰。目标基本达成，案主在医院顺利接受治疗。

2．长期目标：解决案主残疾子女的照顾问题。目标已达成，通过社工的积极联系和媒体报道，已经由广州市某养老服务中心提供床位，热心市民捐助4万元支付托养所需费用。

（二）成效评估

残疾子女被安排入院照顾后，案主减少了心理负担，有闲暇时间去饮茶，享受与家人的聚会。

照顾压力大减，案主日常生活基本可自理，睡眠质量改善，病情较稳定。

五、社工反思

残疾人的配套服务有限，不能提供足够的托养机构和日托服务，导致很多家庭都要自行解决照顾重度残疾人的问题。不少家庭因为不想负累年轻一代，往往由直属关系的父母、兄弟姐妹负责承担照顾责任。但随着他们的年龄增长，照顾压力也越来越大，面对残疾人的未来他们感到非常迷茫。有的人会放弃、遗弃、虐待残疾人；有的人会硬撑下去，就像本案案主一样，坚持了60年的照顾，总有一天会出现危机，造成照顾空白，但现阶段没有这种机构或者志愿者可承担此类服务。如何让他们平稳渡过难关，恢复平衡的生活状态，安享晚年，是政府、社会都需要积极思考的问题。